本书受2024年辽宁省高校基本科研业务费项目“数字经济与数字治理法治研究中心科研平台建设”
2023年辽宁省社会科学规划基金重点建设学科项目“从私益到公益：数据爬取的边界划定法律问题研究”
2022年互联网法治研究院互联网法治重点研究课题“元宇宙风险预防与治理机制研究”资助

辽宁大学法学学术文库

元宇宙

法律风险预防与治理研究

李岩　等/著

RESEARCH ON
THE PREVENTION AND GOVERNANCE OF LEGAL RISKS
IN THE METAVERSE

法律出版社
LAW PRESS · CHINA
北京

图书在版编目（CIP）数据

元宇宙法律风险预防与治理研究 / 李岩等著.
北京：法律出版社，2025. -- ISBN 978 - 7 - 5244 - 0309 - 8
Ⅰ. D922.174
中国国家版本馆 CIP 数据核字第 2025MA9326 号

元宇宙法律风险预防与治理研究
YUANYUZHOU FALÜ FENGXIAN YUFANG YU ZHILI YANJIU

李　岩　等著

策划编辑 沈小英
责任编辑 陈　妮　李晶晶
装帧设计 李　瞻

出版发行 法律出版社
编辑统筹 法治与经济出版分社
责任校对 张翼羽
责任印制 吕亚莉
经　　销 新华书店

开本 710 毫米×1000 毫米　1/16
印张 13.5　　**字数** 221 千
版本 2025 年 6 月第 1 版
印次 2025 年 6 月第 1 次印刷
印刷 天津嘉恒印务有限公司

地址：北京市丰台区莲花池西里 7 号(100073)
网址：www.lawpress.com.cn
投稿邮箱：info@lawpress.com.cn
举报盗版邮箱：jbwq@lawpress.com.cn

销售电话：010 - 83938349
客服电话：010 - 83938350
咨询电话：010 - 63939796

书号：ISBN 978 - 7 - 5244 - 0309 - 8　　**定价**：86.00 元
凡购买本社图书，如有印装错误，我社负责退换。电话：010 - 83938349

撰稿人

吴欣哲　陈泽帆　程帼威　杨济臻
王志文　张思畅　楼雅雯　王　畅

撰写分工

前　言	李　岩		
第一章	第一节	李　岩	程帼威
	第二节	王　畅	
	第三节	李　岩	王志文
第二章	第一节	李　岩	杨济臻
	第二节	李　岩	陈泽帆
第三章	第一节	李　岩	杨济臻
	第二节	李　岩	程帼威
	第三节	张思畅	
	第四节	楼雅雯	
第四章	李　岩	吴欣哲	
第五章	王　畅		
第六章	李　岩	陈泽帆	
结　语	李　岩		

前　言

党的二十大报告指出，“加快发展数字经济，促进数字经济和实体经济深度融合，打造具有国际竞争力的数字产业集群”①。这体现了党和国家坚持以数字化转型整体驱动生产方式、生活方式和治理方式变革的决心。近年来，随着网络通信、物联网、区块链、数字孪生、人工智能、虚拟现实等新一代科技革命不断向纵深发展，“元宇宙”(Metaverse)正日益成为数字经济新形态、数字社会新形式、社会治理新范式的活水之源，被视为新一轮科技革命中至关重要的数字经济增长极，引发各国持续加强政策支持和资源投入。2023年8月29日，为抢抓机遇，引导元宇宙产业健康安全高质量发展，工业和信息化部等5部门联合印发《元宇宙产业创新发展三年行动计划(2023—2025年)》，以期形成全球领先的元宇宙产业生态体系。②

元宇宙又被称为元宇宙空间，是指人类利用科学技术

---

① 习近平：《高举中国特色社会主义伟大旗帜　为全面建设社会主义现代化国家而团结奋斗——在中国共产党第二十次全国代表大会上的报告》，人民出版社2022年版，第30页。

② 参见《元宇宙产业创新发展三年行动计划(2023—2025年)》(工信厅联科〔2023〕49号)，2023年8月29日发布。

手段构建的与现实世界相互映射的各类虚拟空间的统称,被认为是接替移动互联网的下一个新的互联网时代。迄今为止,元宇宙的产生与发展可以划分为5个主要阶段:

第一,概念起源阶段。在这一阶段,有关元宇宙的思想开始产生,元宇宙作为一项新概念首次被人类提出。但是,受限于当时的科学技术水平,在该阶段,元宇宙仅仅停留于人们的宏大构想之中。一般认为,关于元宇宙的构想最早系由美国计算机专家福诺·文奇(Vernor Steffen Vinge)在其作品《真名实姓》中提出。在该作品中,福诺·文奇细致描绘了一个由电子数据组成的虚拟世界。而通过脑机接口的连接,人们在该世界中的活动可以产生与现实生活相一致的感知体验。1992年,美国著名科幻作家尼尔·史蒂芬森(Neal Stephenson)在其科幻小说《雪崩》(*Snow Crash*)中进一步将福诺·文奇提出的电子虚拟世界具象化,并同时正式创造"超元域"(Metaverse)一词。该词英文由"meta"与"universe"两部分组成,其中"meta"源自希腊语介词及前缀"μετά",用于表示从另一个概念抽象出来的概念,"universe"则有"宇宙"之意,作者将二者结合,用以隐喻表达一种虚拟世界。自此,《雪崩》作为"Metaverse"一词的开端,并长期影响着人们关于元宇宙的理解。直至2018年,引发社会关于元宇宙热议的科幻电影《头号玩家》(*Ready Player One*)对于元宇宙的描绘依旧未能超出小说《雪崩》的设想。

第二,技术起步阶段。关于元宇宙的设想远远地超过了它被提出时人类所处的时代的最高技术水平。这意味着它在相当一段时期内只能作为一项概念存在,等待人类技术的发展将其变为现实。"元宇宙"一词并非指向某种特定的技术手段,而是基于Web3.0技术体系构建的虚拟现实系统,是对一系列信息技术的综合集成运用。根据专家的总结,元宇宙所涉的技术基础可以用"BIGANT"(大蚂蚁)进行概述。其中,B指区块链技术(blockchain),是支撑元宇宙经济系统的基础技术;I为交互技术(interactivity),是用户在元宇宙中活动并取得感知体验的关键;G为电子游戏技术(game),是实现数字孪生的关键性工具;A为人工智能技术(Artificial Intelligence,以下简称AI),是元宇宙从传统互联网迈向智能互联网的大脑;N为网络及运算技术(network),被认为是元宇宙空间中的基建;T为物联网技术(internet of things),是沟通虚拟世界与物理世界的桥梁。[①] 尽管上述技术的诞生并非为了实现元宇宙,而是以在其他领域中利用其功能为目的,但其在近年的快速发展,为元宇宙的落地奠定了必要基础,促成了诸如《第二人生》(*Second life*)、《机器砖块》(*Roblox*)等早期元宇宙雏形的诞生。只是在这一阶段,上述技术的发展水平仅能满足简单的游戏型元宇宙的需要。

第三,理念融合阶段。赛博朋克(cyberpunk)是控制论(cyber)与朋克(punk)的合成词,原本代指肇始于20世纪60年代末期的科幻小说潮流。该潮流是在贫富分化、科技垄断的背景下产生的对于科技与社会间的关系的悲观思考,其核心特点是"高科技,低生活"(High Tech,Low Life),经过长期的发展已经形成了一种亚文化。元宇宙本是赛博朋克文化的产物,"元宇宙"一词的创造者尼尔·史蒂芬森便是赛博朋克初期主要倡导者之一。密码朋克(cypherpunk)源自埃里克·休斯(Eric Hughes)的《密码朋克宣言》(*A Cypherpunk's Manifesto*),现用于代表由计算机专家及黑客组成的群体。他们提倡使用加密算法以保护个人隐私和反对政府监视及法律的规制。在这一理念的驱使下,以"中本聪"为代表的密码朋克发明并普及了区块链这一基于加密算法的去中心化分布式数据库技术,并以此为底层技术构建了比特币这一去中心化的支付系统,在货币层面实现了脱离政府与法律的监管。区块链技术的诞生不仅促进了密码朋克理念的实现,其在赛博朋克文化中同样具有特殊价值。元宇宙作为无边界的大型虚拟活动空间,在流量上具有天然垄断性。以中心化机构为主导的运行模式必然导向更大规模及更高程度的垄断与控制,这恰恰是赛博朋克文化坚决反对的,而区块链技术的去中心化信任机制能够实现平台的去中心化管理,解决中心化平台的垄断问题。这意味着区块链技术天然适合于被用来构建元宇宙的经济系统,为元宇宙提供一个开放、安全、去中心的协作机制。然而,区块链对于元宇宙的价值远不限于技术方面,更重要的是其在元宇宙中融入了一种新的政治哲学——新主权主义。新主权主义与密码朋克均强调保护个人隐私和数据安全,二者的不同之处在于,新主权

---

① 参见赵国栋、易欢欢、徐远重:《元宇宙》,中译出版社2021年版,第26~28页。

主义还强调将权力交由直接参与生活的人，主张排除政府或法院等中心权威，由参与者通过技术手段实现自治。[①] 区块链与新主权主义的融入使元宇宙不同于以往任何一种互联网形态，因为它同时具备了实现自治的思想与技术基础，这也让元宇宙不断吸引无数渴望通过数字移民实现天下大同的乌托邦主义者。

第四，资本竞争阶段。信息技术的发展与早期用户数量的积累使元宇宙逐渐受到社会各界的关注。在这一阶段，多国政府相继出台元宇宙产业扶持政策。我国重视对元宇宙产业的政策布局，自2021年起，全国多个地方相继出台元宇宙相关政策规划，2023年发布的《元宇宙产业创新发展三年行动计划（2023—2025年）》更是从国家层面对元宇宙进行系统谋划和战略部署；韩国政府公布了《数字新政2.0》，将"元宇宙"作为5G产业的重点项目，并率先成立元宇宙协会；日本政府也大力推动"元宇宙"相关产业发展，企图在"人工智能技术革命"中建立国家优势，力争使日本成为元宇宙发达国家；俄罗斯方面，普京在出席2021年"人工智能之旅"国际会议时表示，要发挥元宇宙在突破距离限制方面的作用，以促进交流、学习以及落实商业项目。不仅政界对于元宇宙高度关注，商业资本领域对于元宇宙的追逐更为火热。2021年3月10日，被称为"元宇宙第一股"的沙盒游戏平台Roblox最早将元宇宙纳入招股说明书，并成功在纽约证券交易所上市，受到资本市场的热捧；互联网巨头Facebook更是毅然将其集团公司改名为"Meta"，全面拥抱元宇宙概念，以传达商业模式转型的决心；在国内，诸如字节跳动、阿里巴巴、腾讯、百度等知名互联网公司也纷纷开始在这一领域发力。政策的支持与资本的追捧进一步促进了元宇宙相关技术的发展，有力推动了元宇宙产业的落地，使其先后在娱乐、医疗、教育、工业、法律等多个领域投入应用。然而，在商业资本推动元宇宙发展的同时，资本无序逐利招致的诸多隐患亦逐渐浮现，政治、经济、法律、道德、技术等风险开始在元宇宙中迅速蔓延：部分非同质化通证的价值受人为操控导致市场异常波动并带来系统性金融风险、跨国用户群体的观念差异导致

---

① Lawrence B. Solum, *Internet Governance: Infrastructure and Institutions*, Oxford University Press, 2009, p. 56 – 57.

价值对立、去中心化的特征导致传统治理手段失灵等。上述风险不仅危及元宇宙产业的健康有序发展,还给现实世界的平稳秩序产生了严重的不良影响。

第五,规范治理阶段。资本的无序竞争对元宇宙及现实世界造成的破坏引起了国家对元宇宙健康发展的重视,我国《元宇宙产业创新发展三年行动计划(2023—2025年)》强调要推动构建安全高效的元宇宙治理体系,营造健康可持续的产业发展环境。随着资本泡沫的破裂、产业风险的显露以及国家政策的引导,如何规范治理元宇宙,实现元宇宙产业的健康安全有序发展成为社会关注的重点,并在我国学术界掀起了规制"元宇宙"风险的全新学术浪潮。

元宇宙产业的蓬勃发展也给部门法带来了诸多风险,如何对风险进行预防与治理是法律要面对的重要议题,本书将对元宇宙引发的各部分的风险进行梳理,并对各部门法下的风险预防与治理进行初步的研究。"站在人类历史变迁和文明发展的宏观视野来看,元宇宙带来的挑战和困惑,恰恰是激发人类寻找更好的治理方式创造更美好社会秩序的良好契机。"①

① 王奇才:《元宇宙治理法治化的理论定位与基本框架》,载《中国法学》2022年第6期。

目　录

第一章　元宇宙及元宇宙风险

第一节　元宇宙的主要特征

一、元宇宙的虚拟性与现实性相交融

元宇宙架构于网络世界中，其表现方式及参与方式均以虚拟化的场景出现，以数字孪生技术为基础，通过数字代码的形式可以生成现实世界的副本，元宇宙用户可以通过接口技术将意识投入该虚拟世界之中，并以“数字人”而非物理实体的外部状态参与元宇宙活动。目前，元宇宙软件开发人员及推广人员均以自由性作为元宇宙活动运行的基本原则，将元宇宙参与主体与现实世界中的国籍、地区、种族、民族、性别等区分，达到元宇宙世界内部的活动自由与平等，以实现元宇宙虚拟世界与现实世界的完全界分。虽然元宇宙活动均在虚拟世界中进行，但元宇宙参与主体仍属于现实世界中的个体，个体与个体之间可能因元宇宙的发展产生不同形式的交流形式，但仍然要遵循现实世界的固有规则。同时，元宇宙架构于数字模型之上，内部活动存在虚拟化的特征，但现实社会存在的价值、理念、逻辑和原则仍作用于元宇宙之中，元宇宙不可能完全脱离

现实世界。[①] 元宇宙的存在目的和最终意义仍然是为现实世界的人服务的，通过虚拟现实（Virtual Reality，VR）、增理现实（Augmented Reality，AR）、扩展现实（Extended Reality，XR）技术手段的运用，元宇宙可以突破现实世界的社会、物理规律、生理特质、资源种类等限制，为用户提供满足其身份、能力、自由、感官、想象力等需求的内容，从而能够丰富人的情感体验，扩展人的感知阈值，延伸人的创造能力，提升人的价值内涵。[②] 并且，元宇宙设计者也是现实世界的个体，其架构框架仍脱离不了现实世界自然人的价值取向。元宇宙不仅仅是简单的数字技术平台，或者是简单的沟通工具的更新，其实质上是现实世界的延伸与拓展，是能够超越现实世界空间具体存在的数字虚拟化大陆。

二、元宇宙运营的资本主导化

一项新技术的产生与投入使用需要大量人员及相关技术的参加，需要注入巨额资金。元宇宙的设计及运营依托于必要的硬件设施，同时该类硬件设施的使用、维护及运营也均需要巨额资金。小规模企业、个人或非营利组织无法独立参与元宇宙产业的运行。因此，大资本财团是元宇宙架构、运营的主要参与主体。元宇宙正式投入使用并运行良好后必然会产生关联性的产业，资本在参与元宇宙架构及运营过程中投入的大量资金会通过各类元宇宙参与活动实现回笼。因资本参与时间的提前性以及信息掌握的全面性，其将在各类关联性产业占据主导地位。例如，元宇宙使用者在进入元宇宙并参与元宇宙活动时需要借助特殊的接口设备等，资本财团将会首先推出各类产品供消费者予以使用，并占据该类产品的市场。在天然逐利性的驱使下，资本及财团或将成为元宇宙运营的早期主体。

三、元宇宙管理模式的去中心化及 AI 化

元宇宙运行依托于区块链底层技术，其管理模式与区块链去中心化的特点相

---

① 参见周尚君、罗有成：《数字正义论：理论内涵与实践机制》，载《社会科学》2022 年第 6 期。

② 参见王文玉：《元宇宙的主要特征、社会风险与治理方案》，载《科学学研究》2023 年第 9 期。

同。区块链技术是指按照时间先后顺序，以链条的形式将数据内容区块划分并且排列组合成一定的数据结构，通过加密的形式维护数据内容的不可修改、不可伪造，并且每个区块都包含前一个区块的数字信息，这种加密及区块划分的方式可以安全存储各种数据。因数据存储的区块化，每个区块的数据信息在改变的同时需要同时改变在其后的所有区块，这样保证了其数据内容的不可修改和不可伪造。同时，因区块链及内部信息全部上传并保存在所有服务器中，如果部分服务器损坏或失效，在其他正常运行的服务器上均可以找到并导出该区块链的全部信息。这种分散性的存储方式实现了区块链的去中心化，规避了以往仅信任单个服务器上传、存储的相关风险。元宇宙架构基于区块链技术产生，区块链去中心化的管理模式也构成了元宇宙的特征之一。元宇宙管理模式的AI化是指人工智能技术在元宇宙设计及运营过程中(主要是运营过程)的普遍运用。元宇宙中人工智能的运用较现实世界将会大量普及，一方面，元宇宙内部活动的基础性服务、简单的重复性劳动和管理由人工智能替代，参与元宇宙活动的用户可以摆脱基础劳动的困扰，进而投身于自身兴趣，满足精神需求；另一方面，元宇宙中人工智能的普及可以为其在现实世界的使用提供融入空间，进一步推动人工智能的发展。

第二节　元宇宙的社会风险

马克思主义科技观念认为，科技可以极大推动生产力的发展，成为增强人类推动社会发展的力量，但是作为一把“双刃剑”，科技也可能异化为与人类本质相对的力量。[①] 元宇宙的构建是对现代先进科技的集大成应用，在基础架构上涉及大数据喂养训练、用算法解决问题；为了提供沉浸式体验需要有VR、全息影像甚至更先进的脑机接口等技术的支持；在交易方式上以区块链分布式记账的方式代替传统的交易模式，虚拟货币被认为会取代传统货币成为元宇宙的流通货币。元宇宙这一具有划时代意义的设想将有机会极大解放生产力，为人们提供一个更自

---

① 参见李桂花：《论马克思恩格斯的科技异化思想》，载《科学技术与辩证法》2005年第6期。

由的广阔空间。比如,未来可以将在现实中可能会产生危险的实验放在元宇宙中进行,利用虚拟空间的可重复性创造更多价值。但是,正如美国原子之父奥本海默在成功研制原子弹后陷入的道德上的不安和惶恐情绪,科技赋予了人类自我毁灭的力量,但这个世界却毫无准备,当前很多研究人工智能的科学家认为他们又处在了这一"奥本海默"时刻。元宇宙的诞生,或许是人类的新生,但其中蕴含的潜在的、未被规制的风险,也可能会毁灭现有的世界。"当科学文明暴露出在基础和运作方面的不确定性,只有在风险和发展前景的潜在可能得到揭示后,这种不确定性才会被克服"①,所以在鼓励和探索元宇宙发展的同时,相关的研究人员必须正视其中潜在的社会风险,只有在充分预设、评估风险后,才能规制、化解风险,引导元宇宙向成为人类文明延续希望的方向发展。

一、脱离官方监管金融风险高

在元宇宙相关的产品中,虚拟货币无疑是最火爆的概念,无论是比特币掀起的"挖矿"热潮,还是非同质化通证(Non-Fungible Token,NFT)作品被拍卖出天价,在其他元宇宙产品还停留在设想阶段时,元宇宙金融产品已经给现实生活带来了不小的冲击。这一冲击主要反映在两方面:一方面是对行为人在现实世界正常生活秩序的影响,另一方面是因脱离监管可能带来的金融风险。虚拟货币与主权国家发行的法定货币有着本质不同,其在现实世界中缺少具体的运用场景,但被视为元宇宙这一虚拟世界的主流货币。当前元宇宙的整体构建尚未形成,许多投资者却发现了虚拟货币蕴含的巨大财富商机,将其作为炒作题材运作,其在牛市时涨幅一度达到500%,不少投资者甚至放弃了现实的稳定工作来投入这一风口。但是,以炒作虚拟货币来实现财产增值的做法并不可靠,自虚拟币诞生时起,它的价格便一直随着市场暴涨暴跌。到2022年,虚拟财产构筑的财富泡沫已经开始逐渐破碎,比特币的价格呈断崖式下跌,累计下跌超60%,原本火爆的NFT

---

① [德]乌尔里希·贝克:《风险社会:新的现代性之路》,张文杰、何博闻译,译林出版社2018年版,第194页。

交易市场也开始遇冷。[1] 在2023年8月13日,大型加密货币集体暴跌,仅比特币在24小时内就有17.1万人爆仓,爆仓总金额达10.18亿美元(约合人民币74亿元),[2]这些数字的背后是数以万计投资者资产的真实缩水。

收益与风险成正比是投资圈的定律,但是虚拟币的超高回报在监管缺位时会加剧投资者的盲目性。事实上,基于虚拟货币"发掘"规则和技术原理的特殊性,先"挖币"者成功获得原始币的概率会大于后"挖币"者,越早入场越可能在短期内积聚大量的货币。拥有强大计算机算力资源的投资者更有机会持有大量原始币,从而拥有操控市场的能力,而对于普通的后入场散户投资者,很可能会高位接盘,成为被市场收割的"韭菜"。这种不公平的财富分配方式是所有非官方货币的通病,[3]原本充满了美好设想的乌托邦世界很可能演变成新的恃强凌弱、由少数人掌握多数资源的丛林世界。再加上当元宇宙中虚拟财产的交易达到相当的规模时势必会削减对法定货币的需求,货币政策将无法发挥原有的功效进而导致宏观调控失灵,换句话说,放任元宇宙中的虚拟货币交易最终有可能对现实的整个金融市场带来不利影响。虚拟货币以区块链为典型代表的分布式记账技术作为支撑,旨在建立一个没有监管中心,规避政府监管的全新的金融世界,这极有可能蕴藏着巨大的金融风险。虚拟货币诞生于区块链,运用于区块链,其交易的全过程本质上是数据的交换,不会在现实世界留下痕迹,虽然区块链以去中心化著称,但很可能最终去除的只是官方金融机构的监管,取而代之的是掌握了大量计算机和货币资源的垄断者。基于虚拟货币的稀缺性,如果其他用户想参与元宇宙的交易活动,通常只能与这些垄断者交易,这意味着垄断者的承诺取代了官方的金融机构,缺少公权背书的私人信用代替了国家信用,[4]这种信用的无序扩张不仅会让元宇宙中的金融秩序充满不确定性,还会严重影响现有的金融体系。因为

---

① 参见罗俊:《元宇宙迷局:集成式创新的路径选择与风险预判》,载《学术论坛》2022年第6期。

② 参见投资家:《崩盘,17万人一夜爆仓》,载澎湃新闻网2023年8月21日,https://www.thepaper.cn/newsDetail_forward_24299579。

③ 参见高奇琦、周荣超:《从私权到公权:用公权力来规范私权区块链的发展》,载《学习与探索》2021年第6期。

④ 参见刘嘉铮:《元宇宙货币系统的风险分析与法律对策》,载《东方法学》2022年第6期。

区块链去中心化和匿名化的特点，监管者无法同在传统金融市场那般在发现异常时就迅速作出反应，对相关投资者的动向进行追踪，最终只有在市场崩盘时才能明确金融风险的大小，但此时社会风险已经酿成。①

二、数字化浪潮威胁政治安全

元宇宙设想以虚拟货币为基本货币，虚拟货币又以区块链为基础架构，而区块链最大的特点就是“去中心化”和“隐匿性”，这本质上也蕴含着“去国家化”的设想，意图建立一个能与现实世界并行的无国界世界。当前现实世界以国家划分，国家公权力为政治权力中心，经济秩序也为国家公权力所掌控，而区块链的构建试图打破这一传统，传统独立的主权形式在元宇宙中将难以为继，这将给国家的主权安全带来较大的风险，②其中蕴含的政治风险不言而喻。科技为社会治理提供了更高效的手段，但是在以科技辅助治理的过程也限缩了传统权力施展的空间，在无形中解构了以往被国家垄断的公共秩序。③ 对技术的吸收和依赖甚至会出现技术凌驾权力的倾向。但是就目前社会的发展水平而言，尚未达到可以去政府化的程度，在治理体系中国家和政府依然发挥着至关重要的作用，如果缺位可能会造成系统性的功能停滞。④ 这将会把现实世界带入极其危险的境地，原本有序的生活将变得混乱无序。

除了元宇宙去中心化的威胁，如何保存和管理数据，保护数据安全、应对国家机密泄露、文化入侵等风险，是各国在元宇宙空间必须应对的课题。全球化的数字浪潮已经为数据和信息的跨境流通提供了便利条件，信息的传递不受地理距离和国界的约束，可以在瞬间就传达到世界各国，其产生的影响难以控制，后果也难

---

① 参见于伟、王玉荣、易宪容：《数字加密货币的金融风险：特征、机制及其防范》，载《江海学刊》2022年第1期。

② 参见高奇琦、隋晓周：《元宇宙的政治社会风险及其防治》，载《新疆师范大学学报（哲学社会科学版）》2022年第4期。

③ 参见于京东：《元宇宙：变化世界中的政治秩序重构与挑战》，载《探索与争鸣》2021年第12期。

④ See Marcella Atzori, *Blockchain Technology and Decentralized Governance: Is the State still Necessary?* 1 Journal of Governance and Regulation 6 (2017).

以消除。在元宇宙中任何活动都会以数据信息表现,这些信息可以囊括个人、企业、国家的各类信息,映射经济、文化和政治机密,一旦这些数据被窃取、滥用,将会对国家安全造成严重威胁。元宇宙作为数据构建的虚拟世界,始终需要现实世界的服务器和行为人为支点,而这种现实与虚拟交织的互动加剧了对国家安全的威胁,提升了管理的难度。①

信息迅速流通产生的另一大风险是随着信息输入的意识形态的入侵,威胁国家文化主权安全。更关键的是,元宇宙打造的是一个高闭合度的空间,它沉浸式的叙事特点意味着它在对内容筛选和对用户信息的推送上拥有"可见性"的权力,②而它嵌入的政治形式和意识形态的投射也会远高于一般的网络平台。③ 一方面,当前在元宇宙的构建上主要是由世界知名科技公司牵头,而这些主导的公司又基本来自西方国家,无论是从技术还是入局的体量上看对于元宇宙空间的构建当前依然由西方国家掌握话语权。这就意味着它们完全可以借助元宇宙的平台,将西方价值进行数字化包装后迅速扩散,隐秘渗入元宇宙空间的各方面,潜移默化地解构国家文化主权。④ 另一方面,也有学者担心元宇宙会将严肃的政治议题娱乐化,元宇宙的高自由度会让行为人的极端政治倾向缺乏约束,对极端民族主义和恐怖主义的宣传会增加且变得难以控制,且一旦将虚拟世界的行为带入现实,很可能会导致种族和国家冲突加深,引发国际争端。⑤

三、主体价值动摇有陷入虚无主义的风险

在元宇宙的世界中,随着 VR、脑机接口等新技术的运用,人们在虚拟世界中

---

① 参见郎平:《主权原则在网络空间面临的挑战》,载《现代国际关系》2019 年第 6 期。

② See Bucher T. *Want to be on the Top? Algorithmic Power and the Threat of Invisibility on Facebook*, 7 New Media & Society 14 (2012).

③ 参见余南平、栾心蔚:《元宇宙:从物理世界到数字世界的权力重构与挑战》,载《广州大学学报(社会科学版)》2023 年第 2 期。

④ 参见孙冲亚:《数字帝国主义时代的文化安全风险及其应对》,载《马克思主义研究》2021 年第 6 期。

⑤ 参见张爱军、贺晶晶:《元宇宙赋能数字政治主体:表现、风险与规制》,载《广西师范大学学报(哲学社会科学版)》2022 年第 5 期。

的沉浸感进一步增强，但这也意味着虚拟和现实的界限被进一步模糊。在平面互联网时代，个性化推送的短视频和制作精良的游戏已经逐渐侵占人们的生活，人们面对手机屏幕沉浸在互联网世界的时间已经到了需要防沉迷的地步。不难想象在元宇宙这一虚拟空间中，当主体在其中拥有全方位沉浸式的体验时，尤其是当脑机接口技术可以通过对神经的刺激直接满足主体的激励需求时，主体将极有可能产生对元宇宙的高度依赖而沉迷其中。① 当人们在虚幻的世界中可以阅历风光，体验不同的角色，拥有重复选择的机会时，还会有多少人愿意直面生活的考验，坚守真实的唯一呢，那些因为唯一而变得珍贵的时刻，是否也将不再有价值。虽然人作为意识存在于元宇宙时可以拥有更多的可能，但是"生命的意义却很可能在景观社会和消费社会的牵引下陷入虚无"②，走向价值的幻灭。

自由，对于人而言，首先是一种自主性，也就是人可以认识并理解自己的行为，并可以基于对后果的理解而控制这一行为，这种按照自己意愿作出选择的自由是人获得权利和承担责任的基础。③ 但在元宇宙这个由意识和数据构成的世界，人拥有的自主性可能会受到限制。因为所有的行为都需要转化为数据进行传输，一旦数据被篡改，也就直接影响了人所作所为的准确性。这意味着人将自己的行为自主权的部分让渡给了程序和程序操控的主体，一旦程序被恶意把控，在虚拟世界中的人无法从沉浸感中挣脱，也无法摆脱技术的操控时，原本为自由而设的世界便会成为数字牢笼。以现有的技术而言，通过各类传输设备感知用户心理已不再是难事，对用户的成瘾性操控在当前的互联网时代早已不是新鲜事，当二者产生叠加作用，用户进入元宇宙空间时很可能就意味着自主性的削弱甚至丧失。当技术逐渐吞没人的主体性，使人失去了掌控行为的自由时，人转变成了"单

---

① 参见张昌盛：《人工智能、缸中之脑与虚拟人生——对元宇宙问题的跨学科研究》，载《重庆理工大学学报（社会科学）》2021 年第 12 期。

② 高奇琦：《填充与虚无：生命政治的内涵及其扩展》，载《政治学研究》2016 年第 1 期。

③ See Sententia W., *Neuroethical Considerations: Cognitive Liberty and Converging Technologies for Improving Human Cognition*, 1 Annals of the New York Academy of Sciences 1013 (2004).

向度的人”①。尤其是当现实世界经济下行，生态环境遭到破坏，人们的生存空间逐渐限缩时，投入虚拟世界的怀抱很可能会成为多数选择。如果因为贪图虚拟世界的欢愉而放弃对现实世界的探索，人类的文明最终变成虚拟的文明，用数据构建的虚拟世界，虽然逼真，但也脆弱，一旦将虚拟的幻境打破，所有其中的联结将不复存在，对于沉溺其中的人而言无疑又一次崩塌。真实的人与数字人的区别是什么，人作为拥有自主意识的主体的尊严与价值的意义何在，当我们在探寻虚拟世界的奥妙时，应当时刻谨记这些拷问，抵御在元宇宙中人的主体性被消解、幻灭的风险。

第三节　元宇宙的法律风险

一、元宇宙的资本化运营阻碍法律公益性目标实现

资本化运营是指围绕资本保值、增值而进行经营管理，把资本收益作为管理的核心，实现资本盈利能力的优化。元宇宙的运作需要依靠资本支撑，资本化经营可以为其提供源源不断的资金投入，甚至可以借助不断提升的营利能力进一步优化元宇宙的运营建设。② 但必须意识到，资本运营的核心目的在于实现经济效用的最大化，提升使用者的服务体验也仅是获取更多利益的一种手段。尤其是在资本财团建设的元宇宙中，为运营财团谋利才是元宇宙运行的终极目标。用户的体验提升只有在竞争的前提下才可能发生，处于垄断状态下的元宇宙只要能继续实现为运营资本财团盈利的目标，不仅不会主动提升用户体验，还会选择以节约成本为由削减用户本应享受的服务。③ 建设元宇宙的资本财团反而会基于自身占据的强势地位，建立与公权力相对应的包括准立法权、准执法权和准司法权在内的独立自治体系，从而确保其资本数字化运营方式的稳定持续，并最终在元宇

① 参见［美］赫伯特·马尔库塞：《单向度的人——发达工业社会意识形态研究》，刘继译，上海译文出版社1989年版，第48页。

② 参见程凡卿：《元宇宙对行政权力行使的阻碍与应对》，载《上海法学研究》2022年第11卷。

③ 参见程凡卿：《元宇宙对行政权力行使的阻碍与应对》，载《上海法学研究》2022年第11卷。

宙资本运营者的隐性算法和算力牵引下，通过将用户牢牢地束缚于元宇宙的隐形福利之上，逐步实现了对用户的隐私权和自由接收权的智能化控制。

元宇宙的运行必然要依靠资本作为支撑，而资本运营的核心目的必然是追求更多的利润而并非社会公益。而政府作为行政机关，必然以社会公众的利益为核心目的。资本运营的逐利性与行政公益性难免产生冲突。以元宇宙为背景，资本企业在负责元宇宙的日常运营的同时，也必将获得在现实世界中难以比拟的权力，由此对政府的规制模式提出了全新的挑战。对元宇宙发展过程中的风险进行规制，即通过设立专业的行政规制机构，对元宇宙可能造成公共危害的风险进行评估和监测，并通过制定规则、监督执行等手段来减轻或者消除相应的风险。在元宇宙治理的过程中，针对各种法律风险，需要行政力量发挥其强制性与公益性的作用，根据风险的特点构建对应的预防机制与治理机制。政府应当开辟元宇宙行政规制的治理路径，在与市场力量携手推动元宇宙建设的同时，通过对市场主体的服务与监管，促使其自我监督、自我改进、自我治理，共同构建法治自治共治相结合的多元治理体系，以实现元宇宙风险的预防与治理。

二、虚实交融的元宇宙冲击传统法律体系的建构逻辑

现实世界的法律关系难以直接对标虚拟世界中的网状关系。“元宇宙”的运营必然伴随用户身份虚拟化、万物代币化与数字化以及更具侵入性的个人数据搜集新常态。首先，关于用户虚拟身份主体地位问题。因元宇宙构想的虚拟世界，是与现实世界平行和交互融合的数字化生存空间，相较目前的平面 2D 互联网空间，其进化和发展表现在人类能够以其化身在元宇宙中生活、生产、交易、娱乐。由此引发的法律问题便是，用户的虚拟身份是否具有独立的法律主体资格，能否具有权利能力和行为能力，进而为其行为承担相应的法律责任。如果不具有独立的法律主体资格，那么接下来则会产生新的法律问题，例如，如何界定元宇宙中化身的行为的性质？

其次，关于虚拟资产的确认与保护问题。第一，元宇宙数字财产与现实世界财产存在非对称性的映射关系。《中华人民共和国民法典》（以下简称《民法典》）

并未针对数字财产定义予以明确规定，故社会公众对于数字财产的认定主要基于能否变现、能否交易进行判断。基于物权法定原则，势必需要就数字财产的定义予以明确规定，因定义模糊，亦导致司法实践中对权利客体性质认定存在桎梏，对于以“二进制”形式存在的数字资产应认定为“虚拟财产”还是“数据”难以形成统一认识。第二，元宇宙数字财产关系与现实世界财产关系变动之伦理秩序存在对立性。未来，社会公众可以在虚拟现实中创建与自身对应的数据载体从而在虚拟世界中实现“数据自我”的“永生”，并且借由该“数据自我”在虚拟世界中创造一个完全独立、区别于现实世界的社交关系网。因此在元宇宙背景下探讨数字财产，势必需要就网络账户所附带的社交属性部分财产予以探讨，诸如“婚戒”“礼服”的赠与、分割、继承，虚拟世界的社交网络与现实世界的不相重叠甚至截然不同，由此产生的问题便是数字财产关系与现实世界财产关系变动之伦理秩序相对立。

再次，关于元宇宙个人隐私权保护问题。在互联网时代下，软件公司可以通过应用程序获得大部分用户的数据。巨头公司开发的网站和应用程序等被世界各地的许多人使用，实际上可以获得大量的隐私信息。通过处理诸如用户在相关内容上花费的时间、他们的喜好、评论和与其他用户的互动等信息，获得关于用户的数据。基于这些数据，当具有类似兴趣和选择的用户通过人工智能算法进行分组时，软件公司可以获得许多关于用户的私人信息，从他们的兴趣到政治取向，正如 Facebook 公司①在剑桥分析公司丑闻事件中所做行为。在英国脱欧公投前，Facebook 公司通过处理约 5000 万人的 Facebook 数据，为英国脱欧宣传并在国际社会引起了很大的反响，即便司法当局尚未完全确定复杂的算法对选举的影响，但英国当局仍对 Facebook 公司不能保护其用户数据的行为征收 50 万英镑的罚款。对 Facebook 公司作出这种处罚是出于一种预防性的考量，因为元宇宙等平台可以提供来自其用户的更多数据流，滥用这些平台可能产生的后果是不可控

① Facebook 公司于 2021 年 10 月 28 日改名为 Meta 公司，此事件发生于 2018 年，为方便区分，此处仍沿用旧称 Facebook 公司。

的。与传统社交媒体平台相比,元宇宙将获得更多的用户隐私信息。公司将能够从元宇宙中的用户那里获得生物识别数据,如心理反应、面部表情、语气、心率或呼吸频率。单独看这些数据,人们可能会认为它们没有任何意义。然而,当数百万用户的数据被收集起来并加以评估,他们将能够对用户的行为和生活方式进行有意义的分析,这些信息可能为广告的个性化推荐或政治宣传的最有效传播铺平道路。《民法典》第 1032 条、第 1033 条划定了隐私的法定范围和权利客体,并明确规定禁止实施侵害他人隐私权的行为。《中华人民共和国个人信息保护法》(以下简称《个人信息保护法》)第 28 条还规定了敏感信息的处理必须具有特定目的和充分的必要性,并采取严格的保护措施。因此,如果没有数据主体的明确同意及其严格的保护措施,元宇宙平台提供商大量收集、处理隐私数据的行为就具有侵犯隐私权的可能。总而言之,个人权利的有效保护,须通过法律设置来明确"元宇宙"中分身或者化身的法律责任,但现实世界的人权、产权以及行为准则的导入,亟须一个合理、有效的标准。①

最后,从总体上来看,在元宇宙世界中,法律自身的传统功能受到影响,传统的法律治理通过预先设立规则的方式对人产生相应的影响,以发挥指引、预测、评价、强制和教育的功能,但在元宇宙的环境下,法律规范的生效需要以数据和算法为传导,如何将法律规范倡导的价值规范融入代码的编写和运行逻辑当中,这是政府治理方式面临的又一重大挑战。另外需要注意的是,元宇宙的技术框架未必能够完全代替政府提供元宇宙治理公共品,以政府为主导的治理模式亦有其独特的存在价值。算法本身并非完全中立,具有一定的价值偏向,元宇宙的技术治理框架必然是来自设计者有目的的设计,如此,单纯的技术治理模式也无法保证其中立性。此外,技术本身无法依靠自身实现民主合法性,在公共治理方面难以保证其对世效力,在技术治理模式下仍然存在治理失灵的风险。

---

① 参见唐林垚:《"元宇宙"的规制理论构建及中国方案》,载《上海大学学报(社会科学版)》2022 年第 5 期。

三、算法黑箱的利维坦瓦解传统治理规范的运行机制

元宇宙大量使用 AI 技术进行公共管理对促进人类生产力进步有着积极的作用,但这种 AI 技术,尤其是其背后算法的运用也往往会对传统治理规范的问责机制产生瓦解性影响。[①] 具体来讲,元宇宙 AI 借助算法在大数据采集与再交换、分解与再聚合、分析与再过滤的内嵌使用,实现了数据的智能分发与经济需求的双向适配。然而囿于元宇宙资本因逐利而天然存在的"发展攻击性",内嵌在元宇宙运行逻辑中的算法看似因符合"技术中立原则"而公正且可靠,但在实践中,其往往会随着商业资本的无限扩张而出现异化,即元宇宙会利用算法的机器优势,通过对用户予以即时性、持续性、反复性调控,而迫使其成为没有任何意志与能动性的"玩偶人",以最终实现用户行为轨迹与元宇宙商业利益的完美契合。[②] 基于此,我国专门出台《互联网信息服务算法推荐管理规定》(以下简称《算法推荐规定》)并对网络算法服务作出限制性规定。然而,受限于规范抽象性以及算法技术的"技术黑箱",该专门性算法规定在以下方面尚须完善:第一,在用户权益保护方面,缺乏落地实施细则。以用户自主选择权为例,《算法推荐规定》虽然可以要求元宇宙应当向用户提供不针对其个人特征的选项以及删除用于算法推荐服务的针对其个人特征的用户标签的功能。但在落地实施层面,就如何缓解算法推荐的服务便捷性与侵犯用户权益间的矛盾,如何实现元宇宙隐形标签的删除管理等问题,规范的抽象性决定了对此类问题无法予以回应。第二,在算法规制方面,忽略过程公平原则。现行算法规范更多体现"结果公平"理念,如针对"平台骑手困境",即提出平台运营者应当保护劳动者的合法权益,不得利用算法实施不公平对待。但对于过程公平,如算法设计的公平性、数据输入的公平性以及算法管理的公平性等却规定寥寥。但事实上,过程公平对于算法规制有更重要的意义,因

---

① 参见程凡卿:《元宇宙对行政权力行使的阻碍与应对》,载《上海法学研究》2022 年第 11 卷。

② 参见范如国:《平台技术赋能、公共博弈与复杂适应性治理》,载《中国社会科学》2021 年第 12 期。

为“过程”有塑造结果的能力。[①] 第三，在监督管理层面，原则性要求有待细化。作为实现算法监督的前提，《算法推荐规定》第 16 条要求元宇宙应当以显著方式告知用户其提供算法推荐服务的情况，并以适当方式公示算法推荐服务的基本原理、目的意图、运行机制。然而，算法作为通过剖析事物原始特性并进行归纳总结之后的结果，其往往存在非专业人士难以洞悉的算法黑箱。故如何有效实现算法透明性原则，现行算法规范仍存在适用上的难题。

四、去中心化的特征削减传统治理规范的外部监管效能

元宇宙的底层技术是区块链，具有天然的跨国界、不变性、安全性、抗审查和去中心化特点，且元宇宙自身是不分层级的扁平化结构，这些都展现出其去中心化的整体框架。随着元宇宙的出现，互联网平台逐渐由平台制定规则，和用户签订格式合同，走向 PGC[②]，再到现在的 UGC[③]，所有参与者可以共建共治共享，用户本身既是使用者也是价值创造者，用户依靠发布的作品，共同社区与共同话题讨论，互相连接，平台存在感逐渐弱化，这样的内部生态也决定了其强调自治的走向。但是同时也极大地增加了法律层面的治理难度。[④] 传统法律治理与监管，往往依靠中心化组织管控和中心化分层治理，这与本身去中心化，扁平不分层级的元宇宙结构相冲突。[⑤] 也正基于此，如何在平台自治和规范干预间实现一种有机动态平衡，便成为横亘在实现平台有效治理的一道难以跨越的“鸿沟”。具体来讲，第一，现行规范虽具有内容稳定性、制定程序民主性、实施强制性等在传统农业和工业社会下颇具优势的制度特征，但这些特征在面对层出不穷的元宇宙经济

---

① 参见许可：《算法规制体系的中国建构与理论反思》，载《法律科学（西北政法大学学报）》2022 年第 1 期。

② PGC：Professional Generated Content，指专业生产内容，经由传统广电业者按照几乎与电视节目无异的方式进行制作，但在内容的传播层面，却必须按照互联网的传播特性进行调整。

③ UGC：User Generated Content，指用户生成内容，即用户原创内容。UGC 的概念最早源于互联网领域，即用户将自己原创的内容通过互联网平台进行展示或者提供给其他用户。

④ 参见罗艺、佘瑾杨：《元宇宙法律问题的回应性治理》，载《上海法学研究》2022 年第 11 卷。

⑤ 中心化是指中央控制器通过直接命令或使用权力等级制度（如命令一个中层构成去指示较低级别的构成）来对系统的底层构成进行控制的一种系统。该系统表现出的复杂行为，是中央控制器对系统中底层构成施以控制的结果，包括对中底层构成的动态监督。

新业态、新模式时，往往会因规范固有的滞后效应而导致“规范失灵”。譬如，针对以元宇宙为中心的垄断问题，现有反垄断法虽然可类推《国务院反垄断委员会关于平台经济领域的反垄断指南》的规定或可根据元宇宙一边的商品界定相关商品市场，也可根据元宇宙所涉及的多边商品，分别界定多个相关商品市场。但由于其并未进一步释明选择“一边”或“多边商品”进行相关市场界定的具体情形。如何在个案中恰当界定相关市场以实现对元宇宙涉嫌垄断行为的认定，对于实践来讲仍然是一道棘手的难题。第二，不可否认，元宇宙自治虽然在参与主体、治理程序、规制内容以及具体实施层面，比规范干预更多元化、灵活化、广泛化与柔性化，面对日新月异的元宇宙经济也更具回应性和探索性，但问题在于，一旦未把握好元宇宙自治授权的范围与程度，隐藏于元宇宙自治后的资本逻辑势必会随着其市场控制力的增强而招致异化。这一点亦可同平台经济发展进行类比。以网络平台中最为常见的用户协议签订为例，平台用户协议的准入性质和订立方式的特殊性使网络平台往往借助其优势地位滥用契约自由原则，对双方权利义务进行不合理的风险分配。而用户为了使用平台服务，却往往不得不接受用户协议所规定的全部内容。可见，元宇宙自治化过程必然会导致用户在传统私有领域正当权益的逐渐丧失。此外，元宇宙的去中心化机制本身也有潜在的巨大隐患。其国界区分不明的全球互联互通性特点，易导致社会原子化分散，虚拟世界里公民性丧失，削弱现实世界主权国家的权威性，造成公共事务快消化。所以，探讨如何缓解元宇宙与传统中心化治理的矛盾，能否借助元宇宙平台去中心化特点，调和元宇宙内部天然去中心化与传统法律中心化治理，在顶层设计上的理念冲突，达到法律治理效果显得十分重要。①

五、全新的元宇宙关系秩序挑战内蕴传统伦理道德的现行规范

元宇宙被称为 Web4.0，它与 Web3.0 时代的互联网相比，构建了一种全新的场景与关系。元宇宙的一个核心特征是“现实性”，有学者提出这是一个“新现

---

① 参见罗艺、佘瑾杨：《元宇宙法律问题的回应性治理》，载《上海法学研究》2022 年第 11 卷。

实”世界，它与物联网、体感技术、社会规则相互交织。① 也正是因为这一现实性，元宇宙中的活动不再是单纯的虚拟游戏，而会对现实世界产生影响，进而使法律对元宇宙的规制显得更加必要和重要。② 长期的互惠关系有利于实现利益最大化，因此现实世界的秩序建立在个体间的伦理规范契约之上。法律规范与行为人之间自发性的制约是相辅相成的，对于秩序的破坏者需要有法律的强制性制裁，而伦理契约的自觉履行是法律能够被自觉遵循的重要原因。但是在元宇宙这一虚拟空间，因为没有受到实际伤害的风险，且行为人的个体性被强化，个体间伦理契约的必要性就被削弱了。③ 再加之行为人形象的虚拟化，一个角色背后可以拥有多重的身份、年龄、体质，导致行为人在交往中的不信任感进一步加强。现实世界中秩序维护者的权力来自社会契约中所有社会公民权利的让渡，这样的权力产生形式可以确保在现代民主国家中公权力的行使是受到监督的，避免了权力过分集中的情况。元宇宙号称要打造一个去中心化的世界，但实际呈现的是另一番景象，集中掌握了技术和资源的垄断者获得了规则制定、资源分配甚至控制个体行为等方面的支配能力，成了元宇宙秩序维护者和资源利益分配者，与官方不同的是他们的权力并没有正规途径授权，也没有制约程序，④因此这些垄断者可以操控、利用元宇宙空间，其他的元宇宙用户将面临严重的剥削风险，现有限制公权力、保障私权利的制衡体系将会被打破。上述因素的叠加，将会使元宇宙面临严重失序的风险，而这种因为元宇宙全新关系导致的失序，对现有的法律规范也会是一种挑战。

自由、不受约束的空间，让人们摆脱肉身束缚获得更多的体验是元宇宙的美好愿景，但是，当过度的自由与无政府化的趋势结合后，违背现实世界伦理和突破传统公序良俗的情形可能会在元宇宙中频繁出现。元宇宙全新的体验模式，给行为人带来全新的感官体验的同时可能会打破传统行为与结果的因果关系链条，导

---

① 参见周志强：《元宇宙、叙事革命与“某物”的创生》，载《探索与争鸣》2021 年第 12 期。

② 参见程金华：《元宇宙治理的法治原则》，载《东方法学》2022 年第 2 期。

③ 参见曾毅、包傲日格乐：《从虚拟现实到“元宇宙”：伦理风险与虚实共治》，载《哲学动态》2022 年第 9 期。

④ 参见王文玉：《元宇宙的主要特征、社会风险与治理方案》，载《科学学研究》2023 年第 9 期。

致部分现行的行为规范在元宇宙中无法适用。有效的法律行为,首先意味着人可以认识并理解自己的行为,并可以基于对后果的理解而控制这一行为,这种按照自己意愿作出选择的自由是人获得权利和承担责任的基础。[①] 自由意志问题是一经典的哲学命题,也是探讨法律责任时的哲学基础。在自由意志和法律责任关系的讨论中,一个最基本的逻辑是,不能要求人为自己不理解和不可控制的事情负责。元宇宙虚拟空间的分布式和庞杂的信息输入导致的复杂结构很容易造成因多元性而引起的无知,形成错误的认知和信念,导致没有获得正确认知的行为依然在继续。[②] 简单来说,在元宇宙空间将更容易发生因无知而产生的不当行为。实验已经表明,技术可以捕捉隐藏在神经信息中的情绪状态,通过改变音乐、调节光照环境等方式实现对个体用户情感状态的调动和操控。[③] 因此如果在元宇宙中针对性地向用户推送可以刺激其情感的内容,并通过穿戴装备配合调节用户情绪,将容易实现对用户的不良诱导和隐性操控。[④] 此时行为与后果之间的因果关系链条看似依然成立,但是用户在被隐性操控后实施的这一行为是否还能被视为自由行为?如果不能,谁又该为这一行为后果负责?显然以现有的规范来衡量这一问题时将面对更复杂的局面。

自然法理论尤其强调对生命秩序的关注,正如霍布斯所言:"对死亡的恐惧、对生活必需品的渴望以及经由劳作获取舒适生活的希望,是将人推向和平的动力。"因此在现实世界中人们普遍能遵循基本善的秩序。但是在元宇宙空间,个体有生命这一自然法的客观基础被动摇了,元宇宙中的行为人以代码展现的虚拟形象而存在,即便受到伤害也不会对真实的肉体产生影响,甚至可以无限次复活。故意伤害、谋杀等严重的罪行在可被恢复的代码中减轻了行为的残酷性和沉痛

---

① See Sententia W., *Neuroethical Considerations: Cognitive Liberty and Converging Technologies for Improving Human Cognition*, 1 Annals of the New York Academy of Sciences 1013 (2004).

② 参见季卫东:《元宇宙的互动关系与法律》,载《东方法学》2022 年第 4 期。

③ See Andujar M. Crawford, *Artistic Brain Computer Interfaces: The Expression and Stimulation of the User's Affective State*, 2 Brain Computer Interfaces 60(2015).

④ See Andujar M. Crawford, *Artistic Brain Computer Interfaces: The Expression and Stimulation of the User's Affective State*, 2 Brain Computer Interfaces 60 (2015).

感,这就导致原本为延续个体生命而构建的基本道德秩序在元宇宙中的约束力减弱。如果只是将元宇宙视为独立的虚拟空间,不过是一场大型游戏,便不必为此担忧。但是对元宇宙的设想是希望将其作为真实生活的拓展与延续,元宇宙由人构建,由人参与,需要将人的基本秩序融入元宇宙秩序,也正是因为如此,“一个人应该选择而且只能选择那些与整体人类繁荣相适应的意愿和行为”①这一象征自然法的善的秩序依然适用于元宇宙中。毕竟一个混乱无序、不适宜人类活动的元宇宙不会是多数人希望的。其实无论是在现实世界还是元宇宙空间,都不会有绝对自由的出现,因为秩序和自由会呈现此消彼长的关系,对公共秩序和公益利益的追求必然会在一定程度上限制个体的自由。② 现在关键的问题是如何在元宇宙中处理好秩序与自由这一对关系的平衡问题。元宇宙对现有规范的另一冲击体现在反馈机制上。现实世界对秩序的强制性维护措施主要是惩罚性机制为代表的负面反馈机制,以威慑力让行为人能规范行事。但是数字空间的秩序机制多为正向反馈,以奖励、诱导为主。③ 这二者只是逻辑的不同,没有优劣之分,但是如何处理迥异的秩序机制之间的关系,从而让法规范更好发挥效力是值得进一步思考的问题。

---

① See Finnis J., Boyle J. & Grisez G., *Nuclear Deterrence, Morality and Realism*, Oxford University Press, 1988, p. 283.

② 参见李慧敏:《自由与秩序:元宇宙准入的价值选择与身份认证的元规则》,载《法治研究》2022 年第 2 期。

③ 参见季卫东:《元宇宙的互动关系与法律》,载《东方法学》2022 年第 4 期。

第二章　元宇宙治理的基础理论

第一节　元宇宙的治理基础

一、元宇宙治理的政治基础:总体国家安全观

元宇宙作为具备新型社会体系的数字生活空间,是一种不以人的意志为转移的社会性力量,被视为人类社会发展呈现的新形态。[①] 这种新形态对政治安全带来三重挑战。首先,挑战国家数字主权独立性。数字经济一方面对传统商业模式产生了较大冲击,另一方面也使经济活动的属地特征日益模糊。随着经济全球化的不断深入,数字全球化也随之发展,数据要素的跨境流动越发不受物理意义上的国界范围约束,从而影响数据安全,对地缘政治及数字主权的独立性造成一定冲击。其次,挑战国家数据安全。元宇宙作为一个依靠技术搭建的超现实数字世界,技术层面的依赖性会致使数字鸿沟的加剧,进而促使"数字殖民地"的形成,技术垄断在国家意志层面便会扩张为一

---

① 参见吴楠、耿言虎:《元宇宙是社会发展呈现的新形态》,载《中国社会科学报》2022年5月23日,第2版。

种技术霸权,并在跨国竞争中含有剥削和压迫的企图。① 最后,挑战意识形态安全。一方面,元宇宙奉行的"去中心化""社区自治"理念会在一定程度上帮助极端民粹主义思潮的兴起。另一方面,由于元宇宙诞生和发展于西方数字资本主义的意识形态之下,具有一定资本主义意识形态的整合,而意识形态随经济基础的变化而产生变动,元宇宙经济的主流平台多为资本主义国家的互联网巨头搭建,如果主流平台存在意识形态渗透,再加之区块链技术以加密性和去中心化为底层逻辑从而呈现的反集权天性,使政府监管难以穿透介入。② 可见,如果元宇宙经济逐步发展过程中的经济治理措施及政治安全风险不到位,那么现实世界可能出现危害数据安全、架空国家数字主权、挑战意识形态、威胁国际关系等方面的政治风险。

为应对元宇宙世界存在的上述政治风险,在宏观层面上应坚持总体国家安全观,治理与防范数字经济时代元宇宙发展的政治风险,构建"法律 + 技术"的二元监管体系。具体而言,首先,开展元宇宙伦理研究,将主流价值和伦理要求贯穿技术研发应用全过程。加快技术探索,积极主动地组织相关专业人员及学术人员研究和发展元宇宙的理论与实践,包括元宇宙的经济基础设施、技术基础设施、概念与内容框架、组织结构等。其次,建立我国的风险预警体系与干预机制。全球范围内的数据开放性,要求国家要尽早对数字主权独立进行全面部署。风险预警体系与干预机制应覆盖从底层技术到场景应用的各个阶段,并对技术、产业、伦理和法律进行全方位、常态化安全风险评估,建立安全风险事件处置机制。③ 再次,建立我国协同治理体系。持续完善相关政策法规,打造部门协同、社会参与的治理体系。明晰元宇宙监管责任主体及其主体职能,完善内容审查、风险处置、违规处理等规则流程。最后,加强国际协作。在元宇宙经济发展孵化期,世界各个国家

---

① 参见高奇琦、隋晓周:《元宇宙的政治社会风险及其防治》,载《新疆师范大学学报(哲学社会科学版)》2022 年第 4 期。

② 参见胡乐乐:《元宇宙与意识形态、国家安全:技术、挑战、治理》,载《云南民族大学学报(哲学社会科学版)》2022 年第 5 期。

③ 参见高奇琦、隋晓周:《元宇宙的政治社会风险及其防治》,载《新疆师范大学学报(哲学社会科学版)》2022 年第 4 期。

和地区都应当准确识别元宇宙经济的系统构成、发展规律以及可能产生的经济治理新问题。[①] 我国应深度参与元宇宙国际治理规则和标准制定，推动建立多边、民主、透明的国际元宇宙治理体系与监管体系，加强元宇宙国际交流合作，[②]提升国内元宇宙企业的国际化水平，探索建立全球元宇宙产业经济治理的规范体系。

二、元宇宙治理的经济基础：通证经济的治理

随着 Web3.0 时代的到来，元宇宙形态框架的发展完善，最重要的内驱动力在于其蕴含的重要经济价值。数字经济正处于一个快速发展的转型时期，计算力的提升、信息的数字化，以及连通性的增强使经济活动的交易方式发生了诸多新变化，鉴于数字经济的发展往往是实践先行、理论后行，这为数字经济治理的开展及落实带来了一定挑战。基于区块链、人工智能和拓展现实等技术集群融合产生的新兴互联网社会形态，元宇宙具有一套与现实世界打通却又具有相对独立性的经济系统。经济基础决定上层建筑，经济系统的异质性决定元宇宙经济治理也应作出必要调整。

从本质上来说，元宇宙产业是数字经济发展的新兴经济基础设施。而新兴数字技术如云计算、物联网、大数据、AI 技术等细分领域是重要的经济增长动能。在元宇宙世界中，数据要素的重要性日益凸显，其中最突出的体现就是非同质化通证。NFT 因其稀缺性和不可篡改性而具有财产性价值，随着元宇宙概念的炒热，NFT 在币圈也越发备受追捧。用户通过以太币购买 NFT，此时，以太币作为元宇宙世界中的重要价值衡量工具，在一定程度上发挥元宇宙世界的价值尺度、流通手段与支付手段职能。正因如此，以太币被披上数字货币的外衣。然而尽管在实践中被普遍认同，但在法律层面上其合法性却备受争议。诸如比特币、以太币等秉承“去中心化”“社区自治”理念的私人货币，基于区块链加密技术，其发行和流通往往游离于主权国家和国际组织的法律规制和监管之外，具有极大的市场

① 参见韩永辉、刘洋：《元宇宙经济的层次架构、运转规律与治理方向》，载《国际经济评论》2023 年第 3 期。

② 参见《元宇宙产业创新发展三年行动计划(2023—2025 年)》(工信厅联科〔2023〕49 号)。

风险、信用风险和数据隐私安全风险。[①] 同时,非同质化通证缺乏公权力信用背书,其价格主要是基于市场需求和人们对其独特性的认知共识,即缺乏统一的、同质的价格锚定物。[②] 一旦 NFT 存在流动性缺口,或市场热度大幅降温,持有者资产可能会永久性蒸发。非同质化通证底层商品中若包含证券、保险、信用贷款、贵金属等金融融资产品,会构成变相发行金融产品。[③] 当 NFT 共识机制出现危机,其价格会大幅波动,极易诱发金融风险。因此元宇宙治理的经济基础在于通证经济的治理及数字货币治理。

我国现阶段对通证经济的治理,从无为规则转向禁易规则现又偏向管制规则。2017 年 9 月 4 日 7 部门联合发布《关于防范代币发行融资风险的公告》(以下简称《九四公告》)明确禁止代币发行融资、禁止代币融资交易平台的虚拟货币兑换等业务。自此之后,多个部委以及行业协会多次发布了关于防范虚拟货币相关风险的提示、公告、通知。2022 年 4 月 13 日,中国互联网金融协会、中国银行业协会、中国证券业协会发布《关于防范 NFT 相关金融风险的倡议》,进一步提示防范非同质化通证的潜藏风险,并对 NFT 金融化作出明确的禁止性要求。但是考虑到元宇宙概念及其相关产业成为数字经济重要增长极,蕴含极大经济价值,我国的经济治理路线是在加强去金融化监管的基础上,推动元宇宙经济发展。2023 年 8 月 9 日,5 部门印发《元宇宙产业创新发展三年行动计划(2023—2025 年)》,[④]明确在完善元宇宙协同治理机制、强化安全保障能力建设的基础上大力推动元宇宙产业发展。本书认为,在通证经济治理层面,应坚持对 NFT 交易进行去金融化引导,遏制元宇宙虚拟财产的金融化、证券化倾向。具体而言,一方面,应当针对数字藏品发行的平台方建立备案审查制度,平台方的设立须就业务经营

① 参见刘磊、吴之欧:《数字货币与法》,法律出版社 2022 年版,第 128 页。

② 参见吴一楷:《金融法维度下非同质化通证的属性研究与监管构建》,载《上海金融》2022 年第 11 期。

③ 参见尹华容、王惠民:《非同质化通证的法律规制路径研究》,载《湘潭大学学报(哲学社会科学版)》2022 年第 6 期。

④ 2023 年 8 月 29 日,工业和信息化部办公厅、教育部办公厅、文化和旅游部办公厅、国务院国资委办公厅、国家广播电视总局办公厅印发《元宇宙产业创新发展三年行动计划(2023—2025 年)》。

范围等事项进行许可申请并备案;如果想要退出 NFT 交易市场,须依一定的程序备案撤销。另一方面,通过立法立规及其他政策性引导,积极引导 NFT 交易的去金融化,并对集中交易、持续挂牌交易、合约交易等违规金融行为制定防范措施。

三、元宇宙治理的技术基础:区块链应用治理

数字技术应用对产业生产组织结构产生了显著影响,通过生产以及与之相关的流通、分配、消费等诸多环节的数字化发展模式改造,优化了业务流程、提升了管理水平。[①] 但与此同时,元宇宙以区块链作为底层技术,囿于区块链加密技术、分布式计算及匿名化交易规则等技术限制,元宇宙内部空间的规则秩序仅依托于以共识机制为基础的虚拟主体自治,即"代码即法律"。此时,一旦共识机制瓦解,元宇宙世界可能会出现内部秩序缺位。理想的元宇宙图景是虽存在于虚拟空间,但感官体验无限趋近于真实的数字化社会。此时,虚拟身份通过他们的数字化身进行交互时,可能会存在达到物理世界刑事犯罪标准的非法行为,如洗钱、侮辱诽谤、抢劫、煽动民族仇恨、危害国家安全、传播淫秽物品等损害个体人身及财产权益或主权国家经济秩序及社会秩序的行为。完全的匿名化规则会诱发现实社会主体以虚拟数字身份为掩护实施不加限制非法行为的风险。现阶段,法律秩序难以穿透区块链技术,外部监管也难以介入。这意味着元宇宙世界存在的算法失范风险、技术伦理风险、价值歧视风险、财产安全风险难以被有效预防。

元宇宙世界发展与成熟的进程,需要更有序的内部自律共识和基于区块链技术之上更全面的外部监管秩序。首先,加强人才培养。支持高等院校加强元宇宙相关学科专业人才培养,深入推进产学研合作,优化企业与高校、科研机构联合培养人才的体制机制,支持建设区块链技术技能人才实训基地,增强高水平人才供给。其次,建立技术制衡。以技术管理技术是区块链治理的一种科学路径,区块链技术本身就蕴含极强的公平理念。当传统的人工监管在元宇宙系统中的有效性大幅下降时,可以通过前期大量的机器训练和无监督学习,使人工智能通过深

---

① 参见王开科、吴国兵、章贵军:《数字经济发展改善了生产效率吗》,载《经济学家》2020 年第 10 期。

度学习具备自动监测和预防各类风险的能力。[①] 最后,建立元宇宙联盟链。元宇宙区块链技术试图以去中心化技术保障交易公平,但也将规则的制定权和判断权下放于各个社区,内部规则构成治理的基础。因此,建立具有实名认证共识和中立监管方的联盟链:一方面,建设元宇宙数字身份管理平台,建立以实名认证机制为共识的元宇宙联盟链,要求物理世界的主体对其虚拟世界交互行为负责。另一方面,引入风险预防及监管机制,构建全链路可信识别服务体系,构建更完善的具有国家信用背书的共识信任机制。

第二节　元宇宙的治理逻辑

作为新一轮科技革命中至关重要的数字经济增长极,元宇宙在激发社会活力等方面有着巨大的促进潜能,但也可能给社会带来影响深远的结构性冲击。无论是元宇宙的内部秩序建构,还是元宇宙与现实世界的协调问题,元宇宙的健康、有序发展都离不开制度和规范,这已然成为学界的广泛共识。关键的问题在于,采取何种治理逻辑,才能在满足元宇宙的规制需求的前提下,最大限度地发挥元宇宙对我国数字经济产业高质量发展的推动作用。

在回答上述问题前,有必要根据元宇宙的整体架构初步勾勒出元宇宙的治理蓝图,从而整体地把握元宇宙治理中不同治理因素的治理逻辑。根据学者从宏观角度的划分,元宇宙系统可以划分为三层次架构,包括现实世界、虚拟世界以及由二者重叠部分组成的交互层。其中,现实世界是指区块链节点设备、通信和网络设施以及算力设施等基础设施,虚拟世界指由用户化身及其他数字人共同建设的数字虚拟空间,交互层则指通过虚拟现实、数字孪生等技术将现实世界与虚拟世界相联系的部分,如用户内容生成器等。[②] 这一划分标准契合了元宇宙作为现实

---

① 参见高奇琦、隋晓周:《元宇宙的政治社会风险及其防治》,载《新疆师范大学学报(哲学社会科学版)》2022 年第 4 期。

② Haihan Duan et al., *Metaverse for Social Good: A University Campus Prototype*, 1 Proceedings of the 29th ACM International Conference on Multimedia 153 (2021).

性数字虚拟社会的本质，且将元宇宙划分为传统的纯现实世界、具备新特征的纯虚拟世界以及二者相交而成的交互层，有助于治理者根据各层次特征的不同进行治理。基于上述3个层次的元宇宙构造，有学者进一步提出了相应的治理架构：现实世界为元宇宙发展提供法治、现实世界与元宇宙交互时进行共治以及元宇宙内部生态系统建设和运行的自治。[①] 尽管上述将法治、共治、自治与元宇宙的三层次架构逐项对应的观点存在过于理想化的嫌疑，但仍从宏观层面大致说明了元宇宙的治理蓝图，即法治、法律与技术共治以及元宇宙社区内的技术自治。

一、元宇宙治理的技术逻辑

由法律与技术构建的新型秩序形态是元宇宙治理蓝图的重要组成部分。但是，目前学界对于这种秩序形态的构想存在不同观点。一种观点认为，这种秩序形态不是法律与代码技术的二元共治，更不是法律和代码的分而治之，而是将法律融于代码之中，实现法律的代码化预嵌。[②] 另一种观点则强调建构治理元宇宙的"法律＋技术"二元规则体系，实现元宇宙中的法律与技术二元共治。[③] 第一种观点强调法律的代码化是为法律的表现形式、实施方式提供了以代码为工具的新途径，否定了元宇宙时代中代码技术作为规范生成来源的地位，本质上仍是法律的一元治理。相较之下，第二种观点洞悉了代码的规范生成价值，并重视法律与技术之间的互动关系，故本书将以此作为后续分析的基础。

在认可了元宇宙中代码的规范生成价值后，需要进一步明确的是，作为既相互联系又相互独立的规范体系，法律与代码的互动可以带来怎样的治理效能变革？或者说，技术规范体系的加入能够为元宇宙治理实现何种治理逻辑的转变？

本书认为，技术规范体系具有的适应性、灵活性以及高效性特征使其具备引导元宇宙治理从传统的治理范式转向敏捷治理的可能性。在元宇宙时代，应用场

---

① 参见程金华：《元宇宙治理的法治原则》，载《东方法学》2022年第2期。

② 参见罗有成：《"元宇宙社会"：内在逻辑与法律治理》，载《西北民族大学学报（哲学社会科学版）》2023年第2期。

③ 参见程金华：《元宇宙治理的法治原则》，载《东方法学》2022年第2期。

景泛化使基于对象场景的分散治理难以统筹治理全局,风险多源性使基于风险预防的事前治理难以发挥预期作用,技术嬗变性使基于法律规范的硬性治理难以提升治理实效,上述问题已经成为以法律为主的传统治理手段的主要痛点。而敏捷治理的核心思想在于针对新兴技术提出的一种治理理念和改革目的,能够在面对事件或环境变化时能"简单、灵活、快速"地作出反应。敏捷治理强调治理过程的互动性,通过自下而上的反馈机制及时识别风险,并以灵活高效的治理工具实现对风险的治理。而元宇宙社区主张的技术主导性治理模式恰好契合敏捷治理的这一特征需求。元宇宙社会的技术规范体系以代码为表现形式。若将其同法律与社会之间的关系作类比,代码就是虚拟世界中的法律。在元宇宙中,一切事物皆以数字化方式存在,人类主体在元宇宙中的行为亦需要受到代码与算法的限制。元宇宙中的身份认证、协议运行、交易规则等都需要借助代码得以实现。并且,借助区块链技术,由全部用户节点共同担任社区的管理者,通过全员投票机制实现代码制定的全员参与,能够更及时地针对新出现的社区治理问题制定新的技术规范,弥补了传统治理手段在面临新问题时严重滞后的缺陷。以此,元宇宙中法律与技术形成的二元规则体系之间的互动,应当以实现敏捷治理为其运行逻辑。

二、元宇宙治理的伦理逻辑

技术自治是元宇宙社区参与者对于元宇宙治理的最初构想,尽管实践与理论均证明了纯粹的技术自治无法实现元宇宙的良性治理,但这并非意味着技术自治在元宇宙社区中完全失去了其适用空间。恰恰相反,法律有其固有的治理边界,技术自治作为用户主导型治理模式有利于共建共治共享理念的实现,在一定范围内有其特殊的治理价值,故有必要针对其在理论与实践中反映出的问题加以解决。

目前,技术自治反映出的伦理失范问题已经成为阻碍其发挥治理价值的首要原因,这主要表现在以下方面:第一,数字身份的不平等性。元宇宙为人类提供了自由创设虚拟身份的机会,通过虚拟身份,能够在一定程度上摆脱人在现实世界遭受的不平等境遇，从而促进个体平等的实现。但是，虚拟身份的创设有其局限性，核心原因在于数字身份仍然属于人类心智的创造，而人的心智与偏好是社会不平等的重要原因，这种偏好可能会再次引发歧视，造成实质意义上的不平等现象。第二，纯粹利益导向导致的社会分裂。在元宇宙社会中，用户参与社区治理的投票权源于其持有的通证，而通证本身亦具有一定的经济价值，能够为持有者带来经济利益。从现有的去中心化自治组织的实际运行情况来看，无论是针对通证本身，还是投票权的行使，绝大部分用户关心的都是如何实现自身利益，而非实现社区的良性治理。甚至大部分用户选择放弃通证所赋予的投票权，向机构抵押通证以获得收益。这与如今大多数中小股东不参与甚至不关心公司的决策，而只在乎二级市场中公司股票价格波动的情形类似。而在投票权行使方面，绝大多数用户都是以自身利益最大化为投票权行使的目的，这种利益驱动型的参与方式必然导致各参与方之间形成严重的利益冲突格局，因为每一次投票都可能切实地影响自身的利益实现。如果投票权的行使涉及用户的核心利益，便可能造成社会的分裂。对此，2016 年发生的以太坊硬分叉事件便是典例。

针对上述问题，在元宇宙技术自治中融入伦理规范，以强化伦理对于技术自治的引导便成了必要。科技伦理治理引导有两条主要路径，即推进人类主体权利的保护和推进责任体系的创建。① 前者强调明晰要保护的人类利益，可以通过建立元宇宙社区伦理委员会参与元宇宙社区治理而实现，后者则强调对整体责任的认识和内部责任的划分，具体可以依靠元宇宙的自身技术优势提升社区运行的信息透明度与留存期限以保障问责的可操作性。

三、元宇宙治理的法律逻辑

作为以技术手段构筑的新生虚拟世界，元宇宙自诞生伊始，就承载着人类对于乌托邦的美好憧憬，以实现"没有政府的治理"为最初愿景。随着信息技术的不断成熟，元宇宙的基本轮廓越发清晰，并不断走向商业化与社会化。在这一过

---

① 参见张文显：《构建智能社会的法律秩序》，载《东方法学》2020 年第 5 期。

程中，一方面，元宇宙“数字公地”（digital commons）[①]的属性逐步增强，元宇宙平台对自身合法性更加重视；[②]另一方面，现有元宇宙社区中的道德、经济、安全等社会失范问题越发凸显，元宇宙技术自治模式的局限性及其对于法律的需求开始显现，一个随之而来的问题便是如何构建元宇宙法律规制体系。

针对这一疑问的解答必须首先建立于对元宇宙本质的正确理解之上。元宇宙绝非虚拟游戏空间，而是一个具有客观实在性的社会。诚然，早期元宇宙的主要推广者是各类游戏公司，元宇宙的应用也多局限于游戏领域，但是随着新理念、技术、资本、用户的不断涌入，元宇宙已然化身人类经济、社交、文化活动的新场域。在元宇宙中，具备客观实在性的社会产生于社会主体的交互行为之中，社会主体和人际社会关系构成了元宇宙空间中的社会核心。因此，与其说元宇宙是以技术构建的虚拟世界，不如说元宇宙是现实社会的虚拟延伸，其基础设施、运行能源、知识、边界、规则和价值基准等都源于现实社会，[③]甚至现实社会映射的问题也同样存在于元宇宙社会之中。因此，以现实世界为本，就成了元宇宙法律治理的逻辑起点。针对元宇宙的法律制度，需要以现实世界的法律体系为其制度基础，元宇宙平台的合法性必须由现实世界的法律予以确认，元宇宙的基础设施需要由现实世界的法律进行保护，元宇宙社会中虚拟人的法律人格以及新型虚拟财产需要由现实世界的法律加以承认，元宇宙“去中心化治理”机制的实现需要以现实世界的法律作为保障。

当然，在现实世界法律规范的笼罩之下，元宇宙法律规范体系的构建还面临社会特征转变以及过度立法与重叠规制的问题。一方面，正如卡多佐大法官所言：新一代人带来的新问题，需要新规则来解决。这些规则可用旧规则作蓝本，但必须适应未来的需求，必须适应未来的正义。虽然元宇宙在本质上具备社会属性，但是绝不能把元宇宙社会完全等同于原有的现实社会。现实世界中的各项法

---

① See Juliet B. Schor & Steven P. Vallas, *The Sharing Economy: Rhetoric and Reality*, 47 Annual Review of Sociology 369 (2021).

② 参见王奇才：《元宇宙治理法治化的理论定位与基本框架》，载《中国法学》2022 年第 6 期。

③ 参见罗有成：《“元宇宙社会”：内在逻辑与法律治理》，载《西北民族大学学报（哲学社会科学版）》2023 年第 2 期。

律机制虽是元宇宙法律规制体系的构建基础，在元宇宙社会中仍有延伸适用的空间，但若不同“元宇宙”的内部秩序相勾连，则可能存在大量风险盲区。另一方面，我国许多城市已经相继发布各自的“元宇宙”产业政策文件，在司法地方化的情形下，原有“政策先行试点”意义上的对“元宇宙”发展、促进、规制的规则探寻，极有可能“名正言顺”地异化为变相的行政干预。① 此外，元宇宙的建设者、发起者以及参与者均可能是跨越主权国家边界的，以现实世界主权国家制定的国内法为基础去规制元宇宙，则面临各国各自为政、共识瓦解，无法为未来元宇宙的建设与发展确立现实物理世界的全球性法律架构的难题。以现实世界为蓝本仅仅是元宇宙法律规范体系构建的宏观逻辑构想，元宇宙社会新型法律规范体系的构建需要通过国际合作机制形成元宇宙治理共识，在明晰元宇宙发展特点与发展风险的前提下，与既有的规则制度相互衔接，形成兼具针对性、统合性、灵活性的法律规范框架。

① 参见唐林垚：《“元宇宙”的规制理论构建及中国方案》，载《上海大学学报(社会科学版)》2022年第5期。

第三章　元宇宙民事风险预防与治理

第一节　元宇宙数字财产权风险预防与治理

一、元宇宙对传统财产权制度的挑战

随着元宇宙的发展阶段的逐层递进,其经济系统的独立性亦将越发凸显,在元宇宙语境下数字财产权关系的构成要素难以被传统财产权体系所囊括。然而新兴科技与产业现象不能自在运转,而是应当将其作为法律的调整对象纳入既有法律调整架构中予以规制。下文将从财产权的主体、客体与保护3个层面分析元宇宙经济系统的异质性特征对传统民事财产权制度带来的挑战。

(一)虚拟数字财产难以归入传统财产权客体范围

现有法律规范未对虚拟财产的范畴进行明确界定。《民法典》第127条将虚拟财产规定为民事权利客体,但未明确划定虚拟财产的范畴,虚拟财产的范畴决定了新兴的、具有一定价值的数据衍生品是否以及在多大程度上能够受到法律的保护。有学者将虚拟财产定义为在网络环境下,模拟现实物,以数字化形式存在,既相对独立又具排他性的信息资源;或是依附于虚拟世界,以数字化形式存

在且能为人力所支配，兼具竞争性、永久性、互联性和用户可使其增值性的信息资源，并将“虚拟入口”[①]背后存储在网络服务器上的种种信息实体均纳入虚拟财产的外延。[②] 上述定义对于虚拟财产范畴的界定，存在一定的共识，都承认虚拟财产是存在于虚拟数字环境中的，有财产性价值的数字化存在。在这一共识层面上，一方面，元宇宙虚拟财产以区块链技术为底层逻辑以数据化形式留存于区块链上，具备虚拟数字性；另一方面，以非同质化通证为主要代表的 NFT 数字藏品因其稀缺性和不可篡改性而具有财产性价值，符合既有法律规范对虚拟财产的基本的共识性界定。然而，作为当前元宇宙主要资产形式的 NFT 除具备上述法律特征外，也具有一定的代币属性，因而其合法性尚存争议。2017 年 9 月 4 日 7 部门联合发布《九四公告》明确禁止代币发行融资、禁止代币融资交易平台的虚拟货币兑换等业务。自此之后多个部委、行业协会多次发布了关于防范虚拟货币相关风险的提示、公告和通知。中国互联网金融协会、中国银行业协会、中国证券业协会于 2022 年 4 月 13 日联合发布了《关于防范 NFT 相关金融风险的倡议》，进一步提示防范非同质化通证的潜藏风险，并对 NFT 金融化作出明确的禁止性要求。在此背景下，我国对非同质化通证的治理，有从无为规则偏向禁易规则的趋势，致使学界、实务界对元宇宙虚拟财产的可保护性莫衷一是。

元宇宙虚拟财产与现实财产权客体之映射关系存在非对称性。虚拟财产的法律属性决定了在对其进行保护时应当适用的相关法律规范。现有法律规范对虚拟财产的范畴及其法律属性的暧昧态度，致使元宇宙新兴虚拟数字财产的定位更模糊。元宇宙数字资产是指在虚拟现实和增强现实环境中使用的数字资产，如虚拟货币、游戏道具、数字土地和数字艺术品等。这些资产通常是以加密货币的形式存在，并由区块链技术进行管理。从类型划分的层面来说，元宇宙语境下的虚拟数字财产包括普通数字资产、同质化通证即数字代币（Fungible Token，FT）、部分同质化通证（Partially-fungible Token，PFT）以及 NFT。通证经济为元宇宙经

---

① “虚拟人口”即用户接入网络空间的关卡，其通过创制一个新的节点和一条可交换路径使用户在虚拟世界里被发现、被承认，进而成为适格的信息资源提供者和搜索者。

② 参见梅夏英、许可：《虚拟财产继承的理论与立法问题》，载《法学家》2013 年第 6 期。

济体系与现实世界的链接提供了桥梁，其中 NFT 在元宇宙经济体系中发挥重要的价值锚定功能，并通过区块链和 NFT 技术将非标准化、个性化、独一无二的东西，在元宇宙世界中进行数据资产确权，在此基础上实现低成本甚至零成本的交易。在学理上，多数学者都从"数字原始性"（Digital Authenticity）、"数字稀缺性"（Digital Scarcity）的层面肯定了 NFT 的民事权利客体地位。但由于 NFT 在元宇宙世界中锚定的虚拟物品的种类不同，依据现有法律规范很难将 NFT 归入某一具体的财产权客体范围。就虚拟财产的法律属性而言，代表性观点有"物权说""债权说""知识产权说""新型财产权说"等。持"物权说"的学者主要从特定性与排他性两个层面论证虚拟财产的物权特征。① 在 NFT 铸造过程中，铸造者将其数据信息输入并通过哈希算法，得出唯一且无法篡改的数字 ID，从而实现 NFT 的特定化；在 NFT 发行及转售过程中，铸造者通过智能合约将 NFT 的数字 ID 储存到区块链上，获得 Token ID 和通证统一资源定位符（Uniform Resource Locator，URL），铸造者及购买者凭借 Token ID 和 URL 两串独一无二的元数据即可实现对 NFT 的排他性占有。但问题在于这种所谓的"占有、支配"只是借用描述物权支配方式的词语形象地描述计算机操作行为及程序运行后果，②在法律层面上，只能证成 NFT 权利人的确享有支配权，但此种支配权并非绝对权。通过 Token ID 和 URL 实现的排他控制无法脱离元宇宙平台方的给付，呈现出一定的请求权特征，而物权是绝对权。绝对权在性质上均为支配权，但在范围上是大于支配权的上位概念，不能错误地将支配权等同于物权。③ 假设 NFT 是物，而 NFT 的持有人对其享有物权，那么所有的数字藏品买家就可以依据《民法典》第 235～238 条规定的物上请求权要求（起诉）中国的 NFT 数字藏品平台向自己返还私钥。物上请求权，又称"物权的请求权""物上诉权"，是指当物权的圆满状态被损害或者有

① 参见杨立新：《民法总则规定网络虚拟财产的含义及重要价值》，载《东方法学》2017 年第 3 期；李祖全：《虚拟财产保护的物权法借重》，载《海南大学学报（人文社会科学版）》2006 年第 4 期；钱子瑜：《论数据财产权的构建》，载《法学家》2021 年第 6 期。

② 参见李逸竹：《NFT 数字作品的法律属性与交易关系研究》，载《清华法学》2023 年第 3 期。

③ 参见李岩：《"虚拟财产权"的证立与体系安排——兼评〈民法总则〉第 127 条》，载《法学》2017 年第 9 期。

被损害的可能性时，物权所有人为恢复其权利的圆满状态，所拥有的可以请求损害行为人为或不为一定行为的权利。一般认为，物上请求权的外延应当包括归还原物请求权、排除妨碍请求权、消除危害请求权、恢复原状请求权和损害赔偿请求权等权利。毋庸置疑，承载了 NFT“唯一性”“排他性”等特征的价值核心在于私钥，那么，购买者完全可以主张购买一个 NFT，平台却不把私钥交出的行为属于未交付行为，同时该行为妨害了购买者享有的占有、使用、处分和收益的权利。那么此时要求平台返还私钥应该得到法律的支持。很明显，这与我国数字藏品行业的实践不相符。此外，物权客体特定性要求符合一物一权原则，而在本质上 NFT 无法脱离于平台基础硬件设备独立存在，此时权利人和元宇宙平台都可以对 NFT 实现彻底性销毁(Burn)，有悖于传统意义上的一物一权原则。① 持“债权说”的学者认为元宇宙平台用户与平台方存在合同关系，用户权利实现仍有赖于平台方的技术配合，且受服务器等硬件基础设施的限制，是故这种需要给付行为配合的财产权属于债权，不能被定性为物权。② 但问题在于，区块链是一个去中心化平台，数据分布式储存，系统的运行与更新依赖于各节点用户的自发“挖矿行为”，不存在一个能够掌控全系统平台的特定平台方，没有具体的主体作为合同相对人，则难以将元宇宙虚拟财产定义为债权。持“知识产权说”的学者认为 NFT 本质上属于一种智力成果。③ 用户通过元数据上传建立新的区块，权利人对这种技术性智力成果享有知识产权。然而，知识产权说无法解释 NFT 的独创性检验问题、著作权时间和区域限制问题及其与著作权邻接权的对应问题。持“新型财产权说”的学者认为 NFT 的独特性使其无法被物权、债权、知识产权等传统财产权客体囊括，应当创立新型财产权予以规制。④ 亦有学者认为《民法典》将虚拟财产的法律保护条款定位在“民事权利”章的体系位置，跳出了“物债二分”的体系进路，而是

---

① 参见龙卫球：《数据新型财产权构建及其体系研究》，载《政法论坛》2017 年第 4 期。

② 参见陈旭琴、戈壁泉：《论网络虚拟财产的法律属性》，载《浙江学刊》2004 年第 5 期；王雷：《网络虚拟财产权债权说之坚持——兼论网络虚拟财产在我国民法典中的体系位置》，载《江汉论坛》2017 年第 1 期；宋晓红：《元宇宙数字财产权保护》，载《上海法学研究》2022 年第 11 卷。

③ 参见石杰、吴双全：《论网络虚拟财产的法律属性》，载《政法论丛》2005 年第 4 期。

④ 参见龙卫球：《数据新型财产权构建及其体系研究》，载《政法论坛》2017 年第 4 期。

将虚拟财产置于整个民事权利体系之中，意在表明虚拟财产是多种权利客体集合的权利束客体。[①] 截至目前，现有研究对虚拟财产法律属性的讨论莫衷一是，司法实践中对虚拟财产保护适用的具体法律规则也难以统一，究其根本在于立法存在滞后性，元宇宙新兴虚拟财产的出现需要相关法律规范的进一步完善。

（二）元宇宙虚拟数字身份法律地位不明难以对应传统财产权主体

虚拟数字人法律地位尚不明确。我国现行法律并未明确规定虚拟数字人的法律地位，学界对此亦莫衷一是。传统观点认为网络虚拟账号属于财产权客体，归属于民事权利主体。[②] 目前法律对于虚拟人的定性仍无明确的规定，需要根据具体应用形式分类讨论。如元宇宙世界中的虚拟员工可以视为企业的生产工具，虽然虚拟员工不是实物，但与电脑、服务器、工作软件及其他机器设备等具有相同的性质。再如虚拟偶像，可被理解为一种虚拟产品。然而需要注意的是作为用户的虚拟数字人的法律地位，区别于传统网络虚拟账号，元宇宙通过数字孪生技术将现实世界自然人的意志上传至元宇宙数字空间，使自然人的意志表达无障碍穿梭于虚实世界之间，从而实现了虚拟数字人、自然人在社交系统、身份系统与经济系统上的人机融合。元宇宙世界的虚拟数字人包括“与真身结合的智能数字人”及“与真身分离的智能数字人”形态，[③]后者是通过机器学习算法驱动，脱离现实世界主体操控时亦能在元宇宙世界中从事一系列经济性活动的人工智数体。[④]同时，基于区块链技术搭建经济体系，元宇宙世界是典型的用户驱动型经济，即每一个用户都可以自行构建新的云能力、创造新的云价值，此时经济价值的捕捉均非向外索取，而是来自虚拟数字身份的内容创作。是故虚拟数字人往往表现出一定程度的意志性，即具备人格独立性，因而不能笼统纳入作为民事权利客体的“财

---

① 参见瞿灵敏：《虚拟财产的概念共识与法律属性——兼论〈民法总则〉第 127 条的理解与适用》，载《东方法学》2017 年第 6 期。

② 参见李佳伦：《网络虚拟人格保护的困境与前路》，载《比较法研究》2017 年第 3 期。

③ 参见李慧敏：《自由与秩序：元宇宙准入的价值选择与身份认证的元规则》，载《法治研究》2022 年第 2 期。

④ 参见吴江、曹喆等：《元宇宙视域下的用户信息行为：框架与展望》，载《信息资源管理学报》2022 年第 1 期。

产”的范畴进行规制。[①] 综上，虚拟数字身份不属于民事财产权客体，应纳入民事主体制度调整。

虚拟数字人拟人化特征对民事主体制度带来挑战。用以表现用户的“虚拟数字人”形象，一方面，通过聚合科技创造存在于虚拟世界，且具有类人特质的数字形象、身份标识；另一方面，虚拟数字人作为人机融生交互的组成部分，也是自然人在虚拟时空进行内容创作与经济活动的主要载体，是元宇宙世界中虚拟数字财产权益的主体。在第二种情境下，虚拟数字身份仿佛已然具有一定的“民事主体”属性。有观点认为，穿梭于现实与元宇宙两个截然不同的社会场景之间的自然人具有双重法律人格，即自然人民事权利能力与虚拟人民事权利能力。虚拟人享有独立的民事权利能力，即虚拟人在元宇宙中可以独立参加民事活动，享有民事权利和义务，承担民事责任。[②] 反对者则认为将现实世界的自然人行为和意志，通过数字迁徙形成元宇宙中全息生存的数字化身，是现实世界既有主体借助网络技术媒介的表意行为、事实行为或其他行为的展现过程，不具有自然人法律人格的构成要素，法律不应赋予虚拟数字人民事主体地位。[③] 笔者亦赞同后者观点，正如法律不会干涉纯粹停留于网络游戏世界的“财产权”变动一般，元宇宙虚拟数字人间的网络交互行为如若不发生能够引发现实民事法律关系变动的法律后果，则不会成为民法的调整对象。人格法需要调整的是能够映射至现实世界的民事主体、具备完整的人格要素的法律意义上的自然人，因此不需赋予虚拟数字人法律意义上的自然人身份，通过调整现实世界民事主体的法律行为从而映射至元宇宙虚拟数字身份的交互行为即可。此外，在元宇宙世界中，“身份”只是模拟肉体实际存在时的思维与行动逻辑，通过 AI 训练进行虚拟世界活动的数字化身。基于区块链、智能合约、加密算法等技术手段，通过将数字身份和数字资产与区块链技术相结合，实现数字资产的安全存储和传输，同时也确保数字身份的唯一性、

① 参见杨延超：《网络时代论元宇宙中的民事权利》，载《东南大学学报（哲学社会科学版）》2022 年第 4 期。

② 参见杨延超：《网络时代论元宇宙中的民事权利》，载《东南大学学报（哲学社会科学版）》2022 年第 4 期。

③ 参见张力：《“元宇宙”语境中的数字财产关系探正》，载《学术界》2022 年第 12 期。

安全性和可验证性。但与此同时,元宇宙虚拟数字身份也具有匿名性,各虚拟数字主体在进行交互行为时不需要公开真实身份信息,存在民事权利能力及其相关制度的解释与适用困境。作为典型的用户驱动型经济,元宇宙意图赋予虚拟数字身份无限的数字化生命,进而构建一个平行现实世界的“无限游戏”。虚拟数字身份人的生命只有“创造”与“删除”,而自然人的民事权利能力始于“出生”,终于“死亡”。现实世界民事主体民事权利能力终止时,其在元宇宙世界存续的虚拟人格及其财产会面临继承问题。然而目前法律框架并没有完全考虑到元宇宙虚拟数字身份的存在和影响,一方面,数字作品的继承可能面临“人格继承”问题;另一方面,在继承过程中可能出现诸如数字身份所有权和数字资产继承方式的法律难题,诸如一个人在元宇宙中拥有的虚拟资产和虚拟物品,如果没有明确告知用户各类虚拟财产的“私钥”,受技术原理制约,可能造成虚拟财产在客观上无法被继承。虚拟数字身份的生命无限性要求数字身份和虚拟资产的继承方式需要更加灵活和多样化(如通过遗嘱或者数字信托等方式实现),需要探索通过技术手段实现数字身份和虚拟资产的自动化继承,从而使继承过程更便捷和高效。

(三)去中心化格局挑战传统财产权保障体系

虚拟数字身份匿名化挑战法律行为效力瑕疵规则。传统财产权体系通过法律行为的效力瑕疵规则保护民事主体的意思自治。然而在元宇宙语境下,元宇宙经济系统依托于区块链技术,其理想愿景是期望建立一个去中心化、为参与者共同拥有与治理的网络空间。元宇宙“多线性叙事”与匿名性特征趋近于四维空间图景,用户可以通过现实的真实身份和虚拟世界的数字身份的一致行动,在时间维度上,利用多个数字身份在同一时段内进行内容生产和世界编辑;在空间维度上,每个用户亦可以在多个虚拟空间拥有不同的数字身份,并从事一系列的社会和经济行为。[①] 此时,民事主体通过元宇宙平台进行交易时,交易主体的民事行

---

① 参见李慧敏:《自由与秩序:元宇宙准入的价值选择与身份认证的元规则》,载《法治研究》2022 年第 2 期。

为能力无法被检验。不论何种民事行为能力者，都可以通过账号注册取得元宇宙交易资格。而民事行为能力与民事法律行为的效力密不可分，在元宇宙语境下，因民事行为能力引发的民事法律行为无效、效力待定情形，都会被具有强制执行性及不可撤销性的智能合约交易规则视为有效。例如，行为人通过网络诈骗工具盗取 NFT 权利人的 Token ID 后出卖 NFT，民法上的无权处分规则，在元宇宙世界中难以适用。再如，《民法典》第 168 条通过对自我代理与双方代理行为的限制，保护民事主体的意思表示真实、意思表示自由。但此规则也因元宇宙“多线性叙事”与匿名性特征而难以适用。

区块链底层技术逃避现实民事责任财产追溯制度。基于民事法律规范的一般原理，民事主体应当以其全部财产为限，对其所负债务承担民事责任。然而，囿于元宇宙去中心化特征及其匿名交易规则，现实世界民事主体享有的元宇宙虚拟财产，往往难以通过财产调查发现，即使能够调查发现债务人具有元宇宙财产，除非债务人主动披露并积极配合提供 URL，否则也难以定位至具体的 NFT。加密环境的价格具有波动性，这对 NFT 资产进行评估也带来了挑战。当 NFT 发行的平台企业资不抵债需要进入破产重整或清算程序时，其现有数字资产的评估作价也具有相当大的难度。2022 年 10 月多家数字藏品发行平台宣布关停退服。① 中链艺藏发布退款公告，将对平台首发藏品按照首发 40% 的价格进行回购退款，回购时间截至 2022 年 10 月 14 日；希维数字艺术将对旗下首发藏品按照原价的 30% 进行回购退款，2022 年 10 月 8 日暂停数字藏品相关业务，退款登记截至 2022 年 10 月 30 日。这些宣布清退的收藏平台，退款比例通常在 5% ~50% 不等，也就是说，用户如果接受退款，将遭遇至少一半的直接经济损失。而如果用户不接受退款，用户购买的藏品，也会因为平台服务器的关停无法显示，这意味着平台并不能兑现 NFT 发行时所谓的“永久持有”的宣传话术。值得注意的是，平台退款公告还注明“选择退款即表示您同意撤销所有通道的投诉，双方不再互负权

① 参见杨郑君：《20 余家数藏平台发布清退公告，多按原价 5% –30% 退款》，载新浪财经网，https://finance. sina. com. cn/blockchain/roll/2022 –11 –23/doc-imqqsmrp7264906. shtml。

利义务，且不得再有任何诋毁和投诉平台的行为，如果仍然恶意投诉平台，平台有权追回退款金额并追究法律责任”。此时，一旦用户接受退款，或可发生放弃剩余债权的法律效果，即使不发生上述法律效果，平台的破产一旦被公示，其旗下不具有价值锚定功能的数字藏品将立即受市场影响，价格剧烈波动，用户平台资产都将大幅蒸发，进入破产清算程序后，用户将遭受巨大的财产损失。此外，数字藏品价格受市场波动影响较大，NFT 等数字资产即使能够被法院财产保全程序查封、冻结，其价格也会面临剧烈波动，相对人财产权益很难被真正保全。在强制执行过程中，民事主体在元宇宙中的虚拟数字财产，还存在执行不能的问题。区块链上的虚拟财产权利变动需要利用区块链技术和智能合约生成专属私钥，即 Token ID。没有专属私钥，则无法实现 NFT 的交易流转及权属变动。

二、元宇宙中的数字财产权风险

（一）虚拟财产权属性不明致使法律真空保护风险

我国现行法律基于“网络虚拟财产”保护仍是建立在维护现实世界财产秩序与变动制度稳定的价值理念之上，并未建立“网络虚拟财产”自身的权利保障体系。就“财产”受保护的范围而言，目前我国相关法律仍持审慎态度，以权益取得与交易场所的合法合规为保护前提。在司法实务中，对区块链数字资产作为受保护权利客体持否定性评价的案件仍大量存在，涉及加密虚拟货币的合同往往被判无效不受法律保护。就“财产”受保护的方式而言，理论界对元宇宙数字财产权之属性的讨论莫衷一是，而元宇宙世界的数字财产权并非单一的权利而是包含多种权利的权利束，物权说、债权说、知识产权说均无法对其进行周延保护。忽视元宇宙“财产法”的特质完全照搬现实世界中的财产制度，无疑将造成虚拟世界之规则僵化，带来经济交往的规则空缺与司法裁判的法律空白。

根据《民法典》第 127 条的立法精神，司法实践中普遍认可网络虚拟财产的有价值性及可保护性。但囿于既有法律规范对虚拟财产的法律属性尚未明确，司法实务对虚拟财产保护适用的法律规则难以统一，裁判结果也存在一定的逻辑混乱。在“成某某诉天津某科技有限公司网络侵权责任纠纷案”中，法院认为成某某的游戏币、游戏账号、游戏道具具有财产利益的属性，可作为网络虚拟财产依法予以保护，天津某科技有限公司停止服务器运营损害了成某某的合法权益，判决该公司赔偿未使用游戏币对应的充值金额，其他已购买游戏道具的部分游戏币价值及平台充值赠送的部分不予赔偿。[①] 与此类似，游戏公司停服运营后，用户要求返还充值游戏币金额时，江西省上饶市人民法院认为，游戏币、游戏账号、游戏道具属于虚拟财产，在一定的游戏环境和技术条件下，上述虚拟财产具有经济价值，但该价值仅限于满足游戏用户对某些游戏功能的需求，游戏终止或者用户注销时，虚拟财产即消灭，用户账号、角色及获得的虚拟装备就不再具有经济利益。游戏公司仅就用户充值但未使用的游戏币对应的充值金额承担损害赔偿责任。[②] 从物权保护规则角度出发，游戏公司擅自停服致使虚拟物灭失，应当对全部虚拟财产承担损害赔偿责任；从债权保护规则角度出发，网络服务合同为继续性合同，债权客体为游戏公司的持续性给付行为。如若认定用户使用游戏币购买游戏道具，即"接受了游戏运营商提供的一定期限的游戏服务并享受了游戏乐趣"[③]而不再享有已兑换部分的财产性利益，实质上是混淆了一次性给付与持续性给付义务。上述法院判决均将游戏币、游戏账号、游戏道具定性为虚拟财产，一方面否认了虚拟财产的绝对权属性，另一方面又为依据债权保护规则对权利人予以充分救济，成因在于对"虚拟财产"的法律属性界定不清，难以统一适用具体的财产保护规则，裁判过程缺乏体系化的逻辑思维，致使虚拟财产面临真空保护风险。

（二）元宇宙虚拟数字主体法律地位不明诱发数字侵权风险

依据传统观点，虚拟数字人是虚拟数字人开发者通过运用 3D 建模、渲染、动作捕捉等技术赋予其拟人外貌，再通过算法赋予其交互及深度学习等功能的产物，凝结了开发者的劳动成果与智慧，具有一定的经济价值；同时，虚拟数字人也是依赖数据及网络空间而存在的，属于信息类产品，是数字化、非物化的财产，故

---

① 参见北京互联网法院民事判决书，(2020)京 0491 民初 5335 号。

② 参见江西省上饶市人民法院民事判决书，(2019)赣 1121 民初 2237 号。

③ 参见北京互联网法院民事判决书，(2020)京 0491 民初 5335 号。

应将虚拟数字人定义为财产权客体。然而,在元宇宙世界中,如果单一地将虚拟数字身份定义为财产权客体难以对现实世界主体的人格权进行周延保护。《民法典》第四编第四章对肖像权有详细的规定。任何组织或个人公开或使用公民的肖像应当经肖像权人的同意或许可;任何组织和个人不得丑化、污损,也不得侵犯肖像权衍生出的财产权利。此外,《民法典》还对自然人的姓名、声音参照肖像权一并作出保护。与肖像权一样,名誉权也属于法定受保护的权利。名誉是对民事主体的品德、声望、才能、信用等的社会评价,此类社会评价的贬损将致使对自然人或社会组织名誉权的侵犯。如果行为人采取了捏造、歪曲事实或使用侮辱性言辞贬损他人等情况,不仅面临民事赔偿责任,情节严重者可能需要承担刑事责任。在元宇宙世界中,"虚拟数字形象"就是现实世界的人在元宇宙的"分身",其呈现的外貌形象可以与现实世界主体具有同一性,也可能截然不同于现实世界民事主体。现阶段我国司法实践多通过著作权保护虚拟身份的外在形象,诸如最高人民法院(2013)民申字第368号裁定书认为,涉案虚拟人物形象,其表现形式既借鉴了真人的体格形态,又采用了虚拟夸张的手法,对头、脸、眼、鼻、耳等部位创作出不同真人的特点,具有独创性,属于利用线条、色彩、图案等表现方式构成的具有审美意义的具有人物造型艺术的作品,构成受《中华人民共和国著作权法》(以下简称《著作权法》)保护的美术作品。但问题在于匿名化规则下元宇宙虚拟数字身份对应的现实世界民事主体难以识别,侵权行为发生时,难以通过现有技术实现民事责任的承担。同时,将元宇宙数字形象定义为著作权,如果元宇宙虚拟数字人呈现的外貌形象与现实世界主体不具有同一性时,侵害元宇宙数字身份的名誉,则难以依据现有法律规范进行保护。元宇宙虚拟数字身份的行为完全受到现实世界人的控制和影响,很大程度上体现了现实世界的人格特征。就好比在移动互联网时代,我们每个人都拥有不同的社交账号,这些账号就是我们在互联网的身份证,而我们在互联网上的言行举止也会波及账号后面处于现实世界的人。当你使用账号在互联网上侵害他人或受到他人侵害时,首先出面干预的往往是相关监管机构,严重的就会由现实世界公安、司法机关处理。例如,有人在微博上对你实施了言语侮辱、造谣诽谤等毁损名誉的行为,你可以先向微博管理员投诉对该账号采取禁言、封号等措施。如果该行为已经严重到违法犯罪程度，还可以向公安机关报案，由公安机关对账号后的主体采取相应制裁手段。然而，在元宇宙世界，URL 和 Token ID 的技术组合使元宇宙虚拟数字身份在很大程度上排除公安机关、司法机关以及其他监管机构的控制，对虚拟身份名誉的侵害可能会影响元宇宙虚拟数字人的交易信誉，致使虚拟身份名下数字资产的贬值，进而影响现实世界民事主体的财产权益。

在既有民法制度中的间接占有规则与资产数字化的共同作用下，客观物理意义上数字化的资源的占有者可能并未实际占有或控制数字化资源的财产价值，这一“人数分离”状况可能诱发三重侵犯数字财产权风险：非所有权人或使用权人利用元宇宙匿名交易的特点非法获取经济利益；合法占有者利用元宇宙匿名交易的特点实施超越其权利范围的行为；所有者利用元宇宙匿名交易的特点作出了减损合法占有者权益的行为。无论是虚拟社会还是现实社会，规则与秩序都意味着社会关系的稳定、主体行为的规范、未发生事件的可预测。元宇宙世界并非“平行”于现实世界，而是存在于现实世界之中的。法律的权威性及其执行力不仅存在于物理世界，也应通过技术手段实现对虚拟世界的干预。现阶段，囿于客观技术限制，元宇宙的内部空间的规则秩序仅依托以共识机制为基础的虚拟主体自治，即“代码即法律”。法律秩序难以穿透，意味着元宇宙世界存在数字侵权风险。2022 年，英国英格兰和威尔士高等法院受理了一例 NFT 被盗案。原告拉维尼亚·奥斯本（Lavinia Osbourne）拥有的两个存储于 OpenSea 电子钱包中、由被告 Boss Beauties Inc. 铸造的 NFT 被盗至另外两个他人的电子钱包中，拉维尼亚·奥斯本可以追踪该两个钱包，但无法知悉钱包背后的民事主体，因此被告之一是“Persons Unknown”。可见，一旦 Token ID 被钓鱼链接或其他形式骗取，元宇宙匿名化规则会致使侵犯虚拟财产责任主体不明。此时，虚拟数字身份不具备独立承担民事责任的法律地位，在实践层面亦缺乏强制其承担民事责任的可操作性。除此之外，缺少国家信誉背书时，以权益和资产为核心的通证具有极高的交易系统安全性需求。[①] 技术安全不代表财产安全，当前元宇宙身份准入与识别机制缺乏责任规则，难以保障用户财产安全，元宇宙虚拟数字主体法律地位不明会诱发数字侵权风险。

(三)非同质化通证价值锚定缺失易诱发金融泡沫

NFT 价格波动引发资产蒸发风险。按照马克思政治经济学理论，商品的价值来自凝结在商品中无差别的人类劳动。NFT 的价值来自其创作者与发行人的劳动注入，但与传统的实物资产(如黄金、房产或艺术品)不同，NFT 的价格没有一个固定的参考点或标准，其价格主要是基于市场需求和人们对其独特性的认知共识，即缺乏统一的、同质的价格锚定物。[②] NFT 的价格趋向是由市场上愿意为其支付的人确定的，因此在市场提供要求的影响下，价格可能会出现大幅波动。例如，美国纽约南区地方法院审理的"美国证券交易委员会诉瑞波公司案(SEC v. Ripple Labs)"中，原告指控被告向公众出售价值超过 13 亿美元的瑞波币，瑞波币涉及证券属性，而被告从未取得美国证券交易委员会授权的证券发行资质。该案一经社会公布，瑞波币价格迅速崩盘，投资者遭受巨大财产损失。与此类似，2021 年第一季度国际 NFT 市场销量已经高达 20 亿美元，在 2021 年 8 月到达顶峰后，于次年发生了多次断崖式暴跌的"插针"[③]行情。虚拟财产持有者短时间内财产大量蒸发的主要原因在于，NFT 价格具有很强烈的社会属性，在很大程度上，人们对于 NFT 这种特殊商品的价值认知共识决定了此类特殊商品的价格交易共识，这种共识机制并不稳定，受法律法规、发行平台信用状况、货币政策、市场供求关系等多重因素影响。一旦 NFT 存在流动性缺口，或市场热度大幅降温，持有者的资产可能会永久性蒸发。

去中心化格局监管缺位诱发金融风险。元宇宙试图以去中心化技术保障交易公平，但也将规则的制定权和判断权下放于各个社区，内部规则构成治理的基

① 参见陈源、胡慧超、刘蕴如等:《通证学》，机械工业出版社 2019 年版，第 38 页。

② 参见吴一楷:《金融法维度下非同质化通证的属性研究与监管构建》，载《上海金融》2022 年第 11 期。

③ "插针":币圈术语，用以描述数字货币价格在短时间内剧烈下跌。

础。而 NFT 无准入门槛、无实名、缺乏统一且规范的定价机制、公链系统缺乏风险管控机制的特性，使其不可避免地成为炒作对象，存在一定的金融风险隐患。元宇宙的技术组合一度被认为是通证经济的理想运行环境。① 以权益和资产为核心的通证具有极高的财产安全性需求，但问题在于，非同质化通证底层商品中若包含证券、保险、信用贷款、贵金属等金融融资产品，会构成变相发行金融产品。② 自 2017 年《九四公告》明确首次代币发行本质是非法融资，该模式便被明令禁止。主要原因在于，首次代币发行模式会绕开法律监管，极易产生非法发行、欺诈发行、内幕交易、市场操纵等金融风险。③ 投资者风险识别能力不强，再加之私人发行主体可能存在伪造交易量及换手频率等虚假性宣传、诱导性宣传行为，一旦注入大量资金，极有可能会造成资本试图以垄断的方式谋求绝对的控制权，被私人发行主体"黑箱"运行。同时，当前各类元宇宙平台更多充当搭台者而非监管者，因而难以引入第三方干预监管。一方面，监管的空白可能为违法违禁商品流通、变相资金输送、腐败及洗钱等违法犯罪行为提供空间。另一方面，也会引发金融安全隐患，投资者财产权益面临巨大风险。

三、元宇宙数字财产权的风险预防与治理

（一）区分元宇宙数字财产权与传统财产权并适时推进数字财产权立法

明确 NFT 不具有虚拟货币属性并坚持去金融化导向。通证经济语境下的数字资产包括同质化通证、非同质化通证、部分同质化通证，其中同质化通证以比特币为代表多以货币为蓝本，可以执行一定的价值尺度功能，而非同质化通证 NFT 则不具有虚拟货币属性。反洗钱金融行动特别工作组将虚拟货币定义为：以数据为存在形式，并具有交换媒介、记账单位、价值储存等属性的非法定性货币。④ 就

---

① 参见李晶：《元宇宙中通证经济发展的潜在风险与规制对策》，载《电子政务》2022 年第 3 期。

② 参见尹华容、王惠民：《非同质化通证的法律规制路径研究》，载《湘潭大学学报（哲学社会科学版）》2022 年第 6 期。

③ 参见刘磊、吴之欧：《数字货币与法》，法律出版社 2022 年版，第 131 页。

④ The Financial Action Task Force, *Virtual Currencies: Key Definitions and Potential AML CFT Risks*, FATF（Sept. 6, 2014）, http://www.fatf-gafi.

NFT 的本质而言：首先，没有任何中心化信用主体为其提供担保，价值缺乏统一的锚定资产，价格不稳定，不具有记账单位属性及价值尺度功能。其次，典型的虚拟货币如比特币，在同一时间节点，每一枚比特币的价格是相同的，且可以分割成十分之一、万分之一枚比特币。[①] 然而元宇宙 NFT 不具有自由分割性，无法在同质商品间进行自由兑换，不具有交换媒介属性。最后，虚拟货币应当符合占有即所有的基本法理，而 NFT 标记原生数字资产所有权功能不能通过占有真正实现所有权转移，不管 NFT 如何流转，转售者都须向铸造者支付 NFT 数字作品出售差价的一定比例的费用。[②] 因此在现阶段，我国 NFT 尚不具有虚拟货币属性，也正因如此，我国 NFT 多被称为数字藏品而非数字代币。但是不可否认的是，一旦 NFT 面向不特定群体或面向公众提供或发行，提供或发行主体对 NFT 作出流通性承诺抑或提供一定的流通性保障服务，进而提高 NFT 的市场认可价格，使 NFT 在“流通市场”上实现增值，在此情形下，NFT 则具有了金融资产属性甚至可能被证券化，NFT 交易也具有了金融投资属性。因此，应坚持对 NFT 交易进行去金融化引导，遏制元宇宙虚拟财产的金融化、证券化倾向。具体而言，一方面，应当针对数字藏品发行的平台方建立备案审查制度，平台方的设立须就业务经营范围等事项进行许可申请并备案；如果想要退出 NFT 交易市场，须依一定的程序备案撤销。另一方面，通过立法立规及其他政策性引导，积极引导 NFT 交易的去金融化，并对集中交易、持续挂牌交易、合约交易等违规金融行为制定防范措施。

应将 NFT 定性为新兴财产权并适时推进数据财产权立法完善。NFT 是一种特殊的具有稀缺性的链上数字资产，其交易本质是通过智能合约来实现、通过区块链来记录权利转移过程的元数据文件的交易。[③] 元宇宙世界的数字财产权并非单一的权利而是包含多种权利的权利束，将元宇宙虚拟财产归入物权体系或债

---

① 参见吴一楷：《金融法维度下非同质化通证的属性研究与监管构建》，载《上海金融》2022 年第 11 期。

② 参见李逸竹：《NFT 数字作品的法律属性与交易关系研究》，载《清华法学》2023 年第 3 期。

③ 参见陈吉栋：《超越元宇宙的法律想象：数字身份、NFT 与多元规制》，载《法治研究》2022 年第 3 期。

权体系都难以兼容数字财产权不同之处以衔接其他法律法规,[①]将客体范围不断扩张的虚拟财产纳入传统财产权体系面临诸多无法解决的法律障碍,且此种法律障碍会随着数字经济的进一步发展而越发难以进行体系解释。忽视元宇宙“财产法”的特质完全照搬现实世界中的财产制度,无疑将造成虚拟世界之规则僵化,带来经济交往的规则空缺与司法裁判的法律空白。元宇宙经济系统的异质性特征表明数据财产权单独立法具有一定的必要性。元宇宙具有与现实世界打通却又具有相对独立性的一套经济系统,其特征包括:其一,数字原生性。相较于数字孪生模式而言,数字原生不仅仅是现实世界的单纯数字化映射,而且会随着元宇宙的发展衍生出和现实世界没有对应关系的财产形态、财产权属等。其二,用户驱动性。每一个用户都可以自行构建新的云能力、创造新的云价值,此时经济价值的捕捉均非向外索取,而是来自用户的内容创作。其三,生命无限性。元宇宙不是零和游戏,而是无限游戏。“身份”是每个人在元宇宙中的数字化身,通过 AI 训练,按照肉体实际存在时的生活逻辑,赋予用户无限的数字化生命。其四,平台依赖性。元宇宙世界在技术上必须依附于特定的网络平台而存在,元宇宙数字财产权益的产生也必然依附于特定的网络身份、网络账号的创设而存在。其五,资产非同质性。元宇宙以 NFT 作为价值标记物,NFT 依托于区块链的二次开发,是一种独一无二、无法互换、不可拆分、不可替代的数字资产通行证明。元宇宙经济系统的异质性特征表明数据财产权单独立法具有一定的必要性。同时,应当注意的是,由于国情不同,域外资产数字化的模式不适合在我国推广,因此我国的虚拟财产需要发展自己的科技以及制定符合中国国情的法规,建立符合中国国情的数据与虚拟财产制度。特别是中国特色的虚拟财产是非金融化的,不触及货币,也不是金融产品,而类似于商品的数字化。数字财产是元宇宙世界的经济命脉,基于元宇宙数字经济的巨大潜在价值,通过数字财产权相关的单独立法适应元宇宙对数字财产权的发展具有必要性。[②] 此外,当前我国现行法律体系通过行为规制

① 参见宋晓红:《元宇宙数字财产权保护》,载《上海法学研究》2022 年第 11 卷。

② 参见王清、陈潇婷:《区块链技术在数字著作权保护中的运用与法律规制》,载《湖北大学学报(哲学社会科学版)》2019 年第 3 期。

数字财产交易行为的路径存在先天局限，无法为权利人提供全面救济。[①]“立善法于天下，则天下治；立善法于一国，则一国治。”在全面依法治国的今天，只有良好的法律才能为新型数字经济发展提供强有力的保障。加快数据、网络虚拟财产的专门立法，既是加强国际竞争力的需要，也是保护民众权益的需要，同时也是加强监管的需要。对于金融资产，已有相应的规范明确监管举措，但对于新涌现的大量非金融虚拟财产，目前还是法律真空地带，需要尽快立法治理数据与非金融虚拟财产，为数据与非金融虚拟财产构建合适的法制框架，明确数据与非金融虚拟财产的法律属性、法律地位及其法律救济等，保障相关产业可以安全稳定发展。[②]《民法典》第127条为数字财产权保留了一定的引致空间，通过单行法对数字财产权进行规则细化具有可行性。不过目前《民法典》的规定属于概括式、宣示性的立法模式，在解决具体争议时，还无法将这一规定作为直接依据。因为其无实际规范内容，目的在于为后续的专门立法提供一个具备兼容度的制度接口。对数据与虚拟财产应当如何认定又如何进行法律保护，所需要的具体法律依据亟须通过专门立法来解决。不同于《民法典》立法之时，当前对于数据和网络虚拟财产的概念范畴、保护范围、权利属性、权利和义务内容等研究已较为深入，对数据和网络虚拟财产进行专门立法的条件已基本成熟。因此，应将此类数字经济发展过程中涌现的虚拟财产定性为新型财产权，并适时推进以虚拟数字财产为客体的数字财产权立法完善或适时推出数字单行法。同时，鼓励和支持地方政府出台“先行先试”的法规政策，地方立法先行，发挥改革试验田的作用，加快中国特色非金融Web3等元宇宙科技在各地的发展。

（二）构建以双重法律人格制度为基础的元宇宙联盟链

推动建立国内以实名认证机制为共识的元宇宙联盟链。元宇宙是整合多种新技术而产生的新型虚实相融的互联网应用和社会形态，它基于扩展现实技术提供沉浸式体验，基于数字孪生技术生成现实世界的镜像。理想的元宇宙图景是虽

---

① 参见郑佳宁：《数字财产权论纲》，载《东方法学》2022年第2期。

② 参见蒲晓磊、赖昱宏：《制定网络虚拟财产保护法填补法律监管真空地带》，载《法治日报》2023年9月19日，第5版。

存在于虚拟空间,但感官体验无限趋近于真实的数字化社会。此时,虚拟身份通过他们的数字化身进行交互时,可能会存在达到物理世界刑事犯罪标准的非法行为,如洗钱、侮辱诽谤、抢劫、煽动民族仇恨、危害国家安全、传播淫秽物品等损害个体人身及财产权益或主权国家经济秩序及社会秩序的行为。更大程度上的“虚实交互”意味着虚拟数字身份的行为会对现实民事主体带来无限趋近于物理世界的影响与干预。完全的匿名化规则会诱发现实社会主体以虚拟数字身份为掩护实施不加限制非法行为的风险。因此,元宇宙世界发展与成熟的进程,需要更有序的内部自律共识和更全面的外部监管秩序。其中一个必要的约束手段就是建立具有实名认证共识的联盟链,要求物理世界的主体对其虚拟世界交互行为负责。建立以实名认证机制为共识的元宇宙联盟链,既可以打通元宇宙与现实世界之间货币和资产的交换,也可以构建更完善的数字财产权信任机制。

承认虚拟数字身份民事行为能力现实主体承担补充责任。元宇宙基于区块链技术搭建经济体系,将虚拟世界与现实世界在经济系统、社交系统、身份系统上密切融合,映射现实物理世界,但又具有一定的独立性。虚拟数字身份的行为效果先于元宇宙世界产生直接影响,并可能影响到现实物理世界民事主体的财产权利变动。在此背景下,不宜在责任承担层面直接将虚拟数字身份行为归于现实民事主体。有学者提出,可参考法人人格制度构建元宇宙语境下的双重法律人格民事主体制度。首先,虚拟数字身份以全部虚拟财产承担元宇宙世界的“财产责任”。其次,现实民事主体就虚拟数字身份实施的损害现实财产权的行为承担连带责任。承认虚拟数字身份独立的民事主体资格可能会导致其不受约束地从事偏离法律规则的行为。2022 年年初,池州破获一起非法获取计算机系统虚拟货币数据案,涉案价值约 5000 万元人民币,抓获李某、刘某、宋某等 8 名犯罪嫌疑人,成功摧毁了一个利用“后门”私自提取他人虚拟货币,并利用区块链虚拟货币交易平台进行销赃的犯罪团伙。[①] 因此,如果虚拟数字身份行为对物理世界财产

---

① 周磊:《池州破获一起非法获取计算机系统虚拟货币数据案》,载中国警察网,http://ah.cpd.com.cn/n2217615_18653/202201/t20220117_968163.html。

造成了损害,那么应强制披露其物理世界真实身份,通过元宇宙区块链上资金分析查询并结合司法强制措施,依现实法律规则承担民事责任,即"刺破虚拟人格的面纱",追究真正行为主体的民事责任。①

(三)兼顾交易秩序与财产安全,构建"法律+技术"的二元治理规则

建立完善元宇宙虚拟财产救济制度。首先,明确元宇宙虚拟财产的特殊权属确定规则。在民法制度中的间接占有规则与资产数字化的共同作用下,物理资源/价值的合法占有者可能并未占有数字化的资源/价值。由于原始数据上传成本较大,现阶段 NFT 铸造多为将描述性数据上传至区块链上,即元数据上传。②因此不宜依据数据所有权确立元宇宙虚拟财产的权属确定规则。同时,传统财产权体系占有的事实状态具有占有推定效力。在元宇宙语境下,Token ID 与 URL 组合即发生对 NFT 等数字资产的占有事实,但由于区块链的不可篡改性、自动执行性与交易不可逆性,客观上无法实现占有推定效力的推翻。基于"法律+技术"的治理逻辑,应建立元宇宙语境下特殊权属确定规则——占有即所有的确定性效力规则。同时,此种所有并非对原始数据或元数据的独占性、排他性所有,而是尊重元宇宙共识机制规则前提下,对 NFT 上的财产权利的所有,包括展览权、转让权、许可使用权等。其次,设立盗窃"所有权"惩罚性赔偿规则。如认定元宇宙虚拟财产占有即所有,则须建立相应的 NFT 所有权保护规则,对于隐私密钥被窃取而丧失所有权的原虚拟财产所有人赋予必要的保护。一方面,要承认盗窃者取得被盗虚拟财产的所有权。出于维护元宇宙交易规则秩序与虚拟财产保护的综合考量,NFT 被盗后可能会再次发生转让行为,依据传统物权变动规则盗窃者系无权处分,须对善意取得进行法律评价,但元宇宙交易的不可逆性使此种评价因不具有操作可能性而失去意义,因此只能承认盗窃者取得所有权。另一方面,要通过施加更严格的侵权责任保护财产安全。承认盗窃者所有权能够最大限度

---

① Simon Chesterman, *Artificial Intelligence and the Limits of Legal Personality*, 69 International & Comparative Law Quarterly 4 (2020).

② 参见杨延超:《元宇宙中数字财产权的制度建构——以若干 NFT 科学实验为基础》,载《治理研究》2023 年第 2 期。

保护区块链账本公信力和交易之动态安全，但也必须对原权利人的财产性利益给予充分救济。[①] 侵权法兼具补偿功能和预防功能。[②] 就财产性侵权责任的承担方式而言，包括恢复原状及损害赔偿。此时可赋予侵权人选择权，即在恢复原状与损害赔偿之间择一行使，并同时适用惩罚性赔偿规则——让侵权人承担倍数于虚拟财产市场价格的赔偿责任，以保障元宇宙虚拟财产的静态财产安全。

构建“法律+技术”的二元治理规则。元宇宙是超越虚拟与现实的终极愿景，承载用户社交娱乐、创作展示、经济交易等一切活动，为人类社会拓宽无限的生活空间。在全球范围内，元宇宙经济正在带动包括社交经济、身份形象、数字商品、金融投资多领域的商业模式创新。多国政府高度关注元宇宙带来的技术创新和经济增长机会，一些国家和城市从法律法规和产业政策入手，但目前尚无任何国家形成完整的、体系化的元宇宙经济发展方案。鉴于新型技术的法律规制往往采用回应型立法模式，这种立法模式强调社会需求在法律规制中的重要作用。[③] 为规避因政策的不确定性带来的科技发展负面影响，明确“技管结合”是推动元宇宙风险预防与治理的基础逻辑。[④] 同时应明确元宇宙治理进程中推动与限制的基本边界，尤其是要严格把握 NFT 发行与流通过程中的法律红线。“技术治理+法律治理”的二元治理模式，意欲以技术治理进行内部调整，以法律治理实现外部规范。在技术层面上，应当从元宇宙基础设施治理入手。引导相关团体与机构加快制定相关各类数据与网络虚拟财产的技术标准（包括软件、硬件、服务等），通过规范技术来规范数据与网络虚拟财产业务与行为，推动自主科技创新，从而有力推动中国数字经济发展。一方面，把握以区块链为底层技术的治理逻辑，利用“区块链+智能合约”的不可篡改性及全过程可查性，实现元宇宙交易的

---

① 参见杨延超：《元宇宙中数字财产权的制度建构——以若干 NFT 科学实验为基础》，载《治理研究》2023 年第 2 期。

② 参见程啸：《侵权责任法》（第 3 版），法律出版社 2021 年版，第 17～20 页。

③ 参见苗泽一：《论区块链技术的应用与规制——从“腾讯诉老干妈案”谈起》，载《重庆大学学报（社会科学版）》2023 年第 1 期。

④ 参见刘艳红：《数字经济背景下元宇宙技术的社会安全风险及法治应对》，载《法学论坛》2023 年第 3 期。

全流程记录、全节点见证、全方位协作。同时,进一步完善区块链存证功能的技术创新。在技术层面上,可以通过联盟链的建立,实现在智能合约执行过程中,一旦一方违约程度达到一定的预设阈值,则通过联盟链系统自动转入纠纷解决的司法流程。目前我国已有3家互联网法院,包括北京互联网法院、杭州互联网法院和广州互联网法院,国内多法院也在实践探索元宇宙法庭,建议由3家互联网法院牵头搭建元宇宙司法区块链存证传输系统,确保电子证据全链路可信。另一方面,基于元宇宙的技术特征,应加强元宇宙风险预防和治理的国际合作。区块链的分布式记账和智能合约自动执行为跨国犯罪提供了便利条件,但同时也为跨国犯罪协助的互信机制建立提供了技术支持。因此,应当完善国际合作机制,共同打击利用元宇宙技术组合的跨国诈骗、洗钱等经济犯罪行为。尤其应当注意的是,在金融领域的跨国犯罪行为。在法律层面上,借助"卡－梅框架"建立兼顾效率与安全的治理格局。① 首先,通过禁易规则构建元宇宙安全门槛。禁止利用元宇宙技术发行或变相发行证券等金融产品及数字代币,禁止以与"元宇宙相关的游戏制作、人工智能、虚拟现实等概念"为名目编造项目等,虚假宣传高额收益,并借机吸收公众资金,从而涉嫌非法集资、诈骗等违法行为;禁止以"区块链游戏"名义进行宣传,并诱骗参与者通过兑换虚拟币、购买游戏装备等方式投资,即在区块链游戏中进行投资,但实际上游戏运营方在社会公众大量投资后卷款跑路的诈骗行为;禁止利用元宇宙账户进行洗钱等违法犯罪活动。② 坚决打击借"元宇宙"名义开展的违法犯罪活动。其次,通过管制规则建立市场准入机制。从为NFT发行平台设立市场准入条件,颁布合规指引,同时保障平台用户隐私及财产安全,确保平台技术稳定。最后,通过责任规则,完善救济保障机制。就元宇宙发展过程中可能涉及的侵权风险,考虑到深度学习型算法的隐蔽性和不可预测性,建议区分算法类型选择性适用无过错责任原则或过错推定进行侵权判定,③更好地保

---

① 参见尹华容、王惠民:《非同质化通证的法律规制路径研究》,载《湘潭大学学报(哲学社会科学版)》2022年第6期。

② 参见《关于防范以"元宇宙"名义进行非法集资的风险提示》。

③ 参见张凌寒:《网络平台监管的算法问责制构建》,载《东方法学》2021年第3期。

护作为弱势方的平台用户的合法权益，矫治算法权力的倾斜现状。

第二节　元宇宙虚拟财产交易风险预防与治理

一、元宇宙虚拟财产交易的当今发展

数字投资公司 Tokens. com 花费 240 万美元（折合人民币 1650 万元）拍下了 Decentraland 上的一块虚拟土地；美国虚拟房地产开发商 Republic Realm 以 430 万美元（折合人民币近 3000 万元），买下 The Sandbox 中一块土地。除了元宇宙内部虚拟财产产生的交易，传统行业也发现了元宇宙中蕴含的商业启发。NIKE 在 3D 沙盒创意社区 ROBLOX 中搭建了 NIKELAND 虚拟世界吸引用户在其中游览、建设。餐饮行业中奈雪的茶也在虚拟世界中推出其虚拟品牌大使"NAYUKI"，同时推出该 IP 的 300 份 NFT。元宇宙空间属于虚拟世界，上述涉及的也只是虚拟世界中的虚拟产业，但围绕虚拟产业间的交易活动与现实世界息息相关，元宇宙与现实世界互相关联。元宇宙中虚拟产业之间的交易活动，参与主体不仅有买卖双方还有元宇宙实际运营主体、投资机构等，基于多方主体产生的交易活动会在不同交易过程中产生不同的权利义务。

在过往网络世界的虚拟环境中，用户参与网络活动无须暴露自己真正的身份，可以随意设置自己的身份信息，并且可以设置多个角色用于切换，与现实世界个体之间进行了分割。在用户运用虚拟身份进行网络交易活动时，交易双方因无法确定对方真实身份，易导致交易欺诈现象发生。① 在未实际连接真实身份的元宇宙中，元宇宙世界用户同样以网络作为现实身份与虚拟身份的隔断，用户容易利用元宇宙世界赋予的虚拟身份放大内心的情绪，违反道德赋予的文明、法律规定的权利义务。元宇宙交易围绕数字代码展开，以虚拟财产为交易标的，数字身份、数字财产、数字货币等要素相融合形成的整体。

依照《民法典》第 127 条的规定，数据以及虚拟财产属于民事财产权利并受到

① 参见汪世荣、陈思思：《"元宇宙"时代：科技革命与未来法治》，载《河北法学》2023 年第 1 期。

法律保护。同时数据以及虚拟财产在司法实践中也被纳入民事财产权利保护范围。但《民法典》对虚拟财产的保护仅作概括性表述，尚未明确规定虚拟财产权的归属。在元宇宙架构过程中，虚拟财产越发成为参与者之间进行交易活动的主要对象，明确虚拟财产权的归属以及畅通虚拟世界与现实世界的交换渠道亟须得到解决。随着元宇宙产业的发展、虚拟财产交易活动的密集，交易过程中也会同步产生大量的问题。例如，交易磋商过程无法确定对方身份、交易过程中支付方式难确定、交易结束后产生的交易纠纷等。

二、元宇宙交易风险呈现多样化态势

（一）虚拟货币在交易中存在适用性缺陷

货币是交易活动的媒介，支付是元宇宙虚拟财产交易的重要环节。元宇宙本身具有跨地域的特征，对于元宇宙用户来说，交易双方、多方可能来自不同国家或者是不同运营主体之间，需要统一多种电子支付方式。目前，元宇宙项目活动主要以比特币、以太币等虚拟货币进行定价。元宇宙尚处于雏形阶段，高流动性、匿名性的虚拟货币，成为大多数参与者的第一选择。用户在前文中提到的购买、出售虚拟空间中虚拟土地等元宇宙项目活动时需要使用法定货币兑换、交易虚拟货币后运用虚拟货币进行支付。部分虚拟货币实质上已经形成了对法定货币的替代。①

一般认为虚拟货币是指同质化加密货币。同质化加密货币主要是私人发行的比特币、以太币等虚拟货币，比特币是目前使用范围最广、市值最高的虚拟货币，市值比重达到40.50%。截至2023年年初，比特币价格高达2.5万美元每枚。除比特币外，其余加密货币在数字资产交易中也占有较大比重。因区块链的不可更改性，该技术可以对多种数字化资产交易安全进行保障。交易一方与相对人或中间人进行数字化资产交易时，区块链内部储存了世界范围内许多去中心化的不同节点，实现交易的非居间化以及去中心化。借助区块链，交易各方能够准确知

① 参见邓建鹏：《元宇宙及其未来的规则治理》，载《人民论坛》2022年第7期。

晓交易过程中产生的各种信息,建立起相互之间的信任。除区块链赋予的安全性外,虚拟货币本身具有匿名、高效等特点。通过与现有资产交互,虚拟货币能够克服传统纸币部分缺陷,自2008年比特币诞生以来,基于去中心化、分布式记账技术生成的私人数字货币市场逐步建立,并逐渐实现了跨境交易、计价支付等功能,客观上满足了现有用户的使用需求。[①] 依托以太坊等公有链系统的区块链金融应用正成为行业主流。从世界范围来看,平台上集成各种生态应用,允许代码开发人员从以加密货币为基础的激励模型中获益,各种应用的开发者则无须为每一个应用开发新的区块链。作为通用平台,以太坊允许开发者为其特定目的编写任何程序,用户无须下载特别软件即可马上使用。近年来,公有区块链的技术研发和商业模式日新月异,行业专家认为,未来区块链生态将由开放的非许可型区块链网络支撑,而各种许可型区块链则专注特定领域的应用,由于开发者和用户不受监管机构审查,公有区块链可以用于合法目的,也可以用于非法途径,这些非法系统日渐增多,花样百出,难以防止和控制。

因此,有学者认为在元宇宙世界里,传统国家的法币将逐渐在与虚拟货币的竞争中消灭。[②] 但私人货币市场无法满足基于全宇宙用户形成的元宇宙世界,存在法偿性缺失等自身的法律缺陷。并且,虚拟货币的广泛运用破坏了纸币代表的国家发行、金融主权统一,同时破坏了国家运用法币实行货币政策。私人发行的数字货币的发行流通也可能导致铸币税私有化。[③] 早期参与者以及原始取得者将虚拟货币广泛流通产生的增值归为私人享有,该类发行主体真实身份仍未知,无法受到法律监控,这些原应归属于社会公众财富并置于国家主权下在公民之间有序分配的利益,被私人投资者不正当取得,形成对后来投资者或非使用者的财富掠夺,破坏社会分配制度。[④]

除此之外,虚拟货币由中央银行外的各方私主体或团队发行,对中央银行稳

---

① 参见许多奇、王沛然:《货币法偿性制度的历史"原罪"与现实转向》,载《政法论丛》2021年第4期。

② 参见鲁照旺:《元宇宙的秩序和规则》,载《学术界》2022年第2期。

③ 参见张力:《"元宇宙"语境中的数字财产关系探正》,载《学术界》2022年第12期。

④ 参见袁曾:《"元宇宙"空间货币治理的中国方案》,载《上海大学学报(社会科学版)》2022年第2期。

定金融系统正常运作、促进宏观经济增长的职能造成影响。在元宇宙发展初级阶段,虚拟财产交易主体之间大多运用比特币、以太币等虚拟货币进行交易,虚拟货币的广泛流通使用导致中央银行无法有效开展货币政策,不能获取有效信息控制货币供应,进而对中央银行的职能产生威胁。① 元宇宙的形成将加速经济系统的运转,进而加速人类对自然能量的消耗。从系统论的角度分析,现有的经济机制是以人的基本需求为动力,借助社会大生产方式满足人们需求而形成的一个巨大的能量消耗系统。而这一系统越大则意味着人们可以得到更丰富的产品,系统运转得越快则人们的需求将得到越及时的满足,因而系统越大、运转得越快则人们的需求量也就越大,人们对自然的能量消耗也就越大。元宇宙的出现无疑会加速经济系统的运转并扩大经济系统的规模,借助可穿戴设备能够使人在元宇宙中获得更多的生活体验,更能刺激人的消费欲望,从而促使生产者生产更多的商品。同时,新一代通信技术会加速人与人之间的信息传递,而信息传递的提速必然会将消费者的消费需求信息快速传导给生产者,生产者更易为消费者提供个性化需求的产品,从而加速经济系统的运转速度。②

元宇宙经济本质上属于虚拟经济,与实体经济不同,虚拟经济虽然可以创造庞大的货币型财富但并不能产生物质性财产。通过虚拟经济的运作,用户个人虽然可以获得一定量货币财富的增加但对于物质社会并未产生贡献。③ 并且虚拟货币本身缺乏法偿性,无国家、政府背书的特征易造成其价值回落,给投资者带来不可挽回的损失。以比特币为例,比特币发行之初一文不值。至2021年年底,比特币交易价格冲击到顶峰,一枚比特币以67,519.06美元(折合人民币46万余元)交易;2023年年初,比特币价格又降价为24,658.5美元(折合人民币约17万元),价格落差极大。在比特币总量确定的情况下,挖掘时间的不断增加,比特币的含量也不断减少,欧易OKX官网显示,比特币目前仅剩200万枚左右,大概到

① 参见[德]萨法里·卡西亚安托、[德]穆斯塔法·基林茨等:《元宇宙的法律难题》,郑志峰、罗有成译,载《财经法学》2022年第6期。

② 参见牛英豪:《元宇宙时代"智慧生态人"的法律塑造》,载《东方法学》2023年第3期。

③ 参见罗来军、蒋承、王亚章:《融资歧视、市场扭曲与利润迷失——兼议虚拟经济对实体经济的影响》,载《经济研究》2016年第4期。

2140 年,比特币将全部开采完毕。随着比特币价格的不断飙升,越来越多的人参与到比特币的挖掘以及炒作中。比特币因隐秘性高、难以监管的特点也常用于赌博、洗钱等犯罪活动,影响社会治理。各个国家对比特币等虚拟货币的治理态度不同,日本、欧洲等国家和地区认为比特币可以在日常生活中合法使用,在我国比特币的炒作以及挖矿等行为被严格禁止。元宇宙不断发展中产生的具有经济性质的数字资产在未获得相关部门批准的情况下违规发行、使用,部分虚拟货币在不断演化中逐步获得法币替代的功能,威胁我国金融安全,需要多部门协调监管。[①] 因此,针对虚拟货币国家出台了一系列规定,以防范虚拟货币交易炒作,维持金融秩序的稳定发展。2017 年中国人民银行等 7 部门联合发布的《九四公告》指出,比特币、以太币等所谓"虚拟货币",本质上是一种未经批准非法公开融资的行为。"代币"以及虚拟货币不具有法偿性与强制性等货币属性,不具有与货币相同的法律地位,同时不能也不应以货币名义在市场上流通。"任何所谓的代币融资交易平台不得从事法定货币与代币、'虚拟货币'相互之间的兑换业务……不得为代币或'虚拟货币'提供定价、信息中介等服务。"[②]2021 年中国人民银行等部门联合发布的《关于进一步防范和处置虚拟货币交易炒作风险的通知》,该通知规定,境外虚拟货币交易所通过互联网向我国境内居民提供服务同样属于非法金融活动。对于相关境外虚拟货币交易所的境内工作人员,以及明知或应知其从事虚拟货币相关业务,仍为其提供营销宣传、支付结算、技术支持等服务的法人、非法人组织和自然人,依法追究有关责任。我国认可虚拟货币在网络虚拟财产的范围之内,受到法律保护,但其不能以货币的方式在市场流通使用。

有学者称,"随着科技的进步,支付手段的革新,财产呈现出虚拟化和观念化态势,难以按照传统的有体性和物理性标准衡量"[③]。《民法典》第 114 条规定物权概念时,仍依照传统法律观念采用有体性、支配性、排他性的表述。这种理论体

---

① 参见刘嘉铮:《元宇宙货币系统的风险分析与法律对策》,载《东方法学》2022 年第 6 期。

② 参见《九四公告》。

③ 邓毅丞:《财产性利益的界定标准体系重构——以利益转移罪的认定为中心》,载《当代法学》2022 年第 5 期。

系对数字资产仍缺乏强力的解释。在区块链时代下,传统民法上的财产的外形已经逐渐由有形转化为无形,需要从解释的视角和方法作出相应梳理,同时需要新的法学理论与法律制度进行规制。民法学家指出,"我们不能在数字财产这样一种在物理形态、生成过程和利用方式上都有重大变化的财产样态上简单地沿用建立在物必有体基础上的财产权规则"①。加密资产形成从未有过的利益和权利义务结构关系。民法学家认为,"数据中存在着复杂的权益类型,可以参考'权利束'理论作为数据权益的分析框架。其所讨论的数据权益包含个人信息权益,与个人信息具有不可分割性"②。但是这种分析框架可能不能完全适用于与个人信息权益并无关联的加密资产,大量涉及比特币及其他稳定币等不同加密资产的案件存在法官认知空白,陷于"无法司法"和同案不同判的困境。虚拟货币除同质化货币外也包括非同质化货币。③ 非同质化是指每个 NFT 与其他通证均以独特的加密手段进行区分。与比特币等同质化货币可以同类替代不同,NFT 消灭或失去后无法进行替换,如同世界上没有相同的两片树叶一样,每个 NFT 都是独一无二的。本书认为,NFT 不属于虚拟货币类。NFT 拥有者虽然可以运用 NFT 换取相关物品,但 NFT 自身不具有等量替换的特性,在现有实用阶段 NFT 多以商品形式出现,由交易方通过虚拟货币的形式进行交换,不能作为物品交换媒介使用。NFT 作为货币使用在法律规制中也存在大量合法性问题。其本身不是由主权国家发行的,不以货币名义使用,作为货币也未获得我国法律承认。"我国参与非同质通证技术的企业也将该类产品更名为'数字藏品',将'货币'与'数字藏品'相区分。"④但现有阶段而言,虚拟货币虽具有币值波动大、去中心化等特点,但基于技术优势仍将存在于元宇宙货币体系中。传统法定货币暂时很难完全取缔虚拟货币地位,虚拟货币将会与法定货币、中央银行发行的数字货币等货币在接下来的很长一段时间里共存于元宇宙中。

---

① 王利明:《迈进数字时代的民法》,载《比较法研究》2022 年第 4 期。

② 王利明:《论数据权益:以"权利束"为视角》,载《政治与法律》2022 年第 7 期。

③ 参见袁曾:《"元宇宙"空间货币治理的中国方案》,载《上海大学学报(社会科学版)》2022 年第 2 期。

④ 苏宇:《非同质通证的法律性质与风险治理》,载《东方法学》2022 年第 2 期。

(二)虚拟财产交易缺乏平台及监管机构

元宇宙开发者大多为各大互联网巨头公司,具有强大的数据、资金与技术储备,因此,元宇宙数字资产交易大多为个人、企业与元宇宙数据平台企业进行点对点式交易,缺少国家机关、政府部门等公权力予以监督和规制。互联网公司以利益为出发点,在缺少法律与公权力制约的情况下会导致元宇宙市场野蛮发展。"仅以元宇宙运行平台作为虚拟空间的治理者会侵害公权力治理权能。"①目前元宇宙发展正处于起步阶段,公权力缺位、监管制度不成熟也会阻碍普通群众进入元宇宙空间,难以达到治理目标。② 因监管制度的不成熟,数字财产交易纠纷频发,许多不法分子利用信息差、群众分辨意识不足等,编造"元宇宙投资""元宇宙游戏"等标题吸引大众投资。很多涉及元宇宙的投资实际上是层层包装下的金融诈骗,利用投资者投机心理"割韭菜"。元宇宙用户在进行虚拟财产交易时虽然利用虚拟货币等方式支付,避开了中央银行监管,但仍需要在虚拟钱包和虚拟货币交易中心进行存储虚拟货币。虚拟货币交易所或虚拟钱包因无法受到国家、中央银行以及商业银行的监控的同时也失去了银行才能具有的保护手段,容易受到网络犯罪分子、黑客的攻击,投资者权利无法受到保护。比特币曾经最大的两家股票交易所 BTCT 和 BITFUNDER 的倒闭、INPUTS. IO 钱包监守自盗、全球最大的加密通货交易所 Mt. Gox 被黑客攻击等事件充分显示出了监管缺位下的投资乱象,拥有者权益无法得到有效保障。元宇宙货币体系中虚拟货币仍处于重要地位,在支付方式难以得到监控的情形下,元宇宙发展也将会受到重创。传统法律核心要素之一是有特定的归责主体,如中心化组织机构、特定行为人或个体。在法律责任承担主体无法确定的情况下,规制手段无法运用、规制效果无法达成。公有区块链参与、运行节点不确定,匿名使用者身份无法捕捉,政府监管难以落到实处,如在以太坊或其他生态系统上,全球范围内不同程序、代码开发者在其中搭建了数量庞大的应用及程序。2020 年以来,以太坊生态系统中去中心化金融产

① 张力:《"元宇宙"语境中的数字财产关系探正》,载《学术界》2022 年第 12 期。

② 参见宋芳斌、甘锋:《NFT 艺术品的风险与二元保护模式》,载《南京社会科学》2022 年第 8 期。

品应用成为行业主流，包括去中心化交易所、借贷、支付、投资理财、跨链桥、衍生品和保险等，其中最重要的应用为稳定币、借贷市场和交易所。这些金融或类金融应用在虚拟世界中无法受到统一监管，在现实世界本应受法律规制（如民间借贷利率的金融管制等），但去中心化应用代码、程序开发者来自世界各地，身份无法确认。“去中心化金融应用也无须相关行政许可，无须用户真实身份的识别，脱离了主权国家的金融监管及规制体系。”①

自 2017 年 9 月以来，中国监管机构逐渐清退境内加密资产、虚拟财产交易所。但是，政策能否落到实处引发学者讨论。有专家指出，完全禁止数字货币的使用更容易导致其规避资本管控，游走于灰色地带，绕过金融、法律监管并逐渐发展为非法活动的温床。数字货币的相关法律规制由完全的禁止交易规则转向管理规制规则更贴近于数字货币发展趋势。“数字货币激励性法律规制的宏观目标是维护金融世界的稳定与安全，鼓励促进金融机构、数字资产交易平台以及投资者合法合规开展金融交易活动，避免发生系统性金融风险。”②有学者认为，“地域上的限制、区块链中加密资产去中心化特性使得我国监管机构对境外加密资产交易的管控几乎无法实现，加密资产使用者的正当权益也无法得到完全保护。通过实际效能较弱的传统监管手段对加密资产进行流通、交易的限制，不如在一定程度上承认加密资产的合法性，并交由监管机构予以常态化监管”③。还有学者认为，“从金融角度来说，缺乏有效监管的民间借贷对金融秩序会产生较大破坏，具有较大法律风险”④。不受监管的去中心化金融方式成为一种开放方案，这种方案使任何人可以通过智能手机和互联网连接访问全球性金融服务。“传统金融产品销售商违反法律规定的适当性义务，必须承担相应的民事责任。”⑤但去中心化金融可能使黑客从事违法活动却逃避法律规制。比如，黑客将盗窃的加密资产兑

---

① 邓建鹏：《区块链的法学视野：问题与路径》，载《学术论坛》2023 年第 3 期。

② 赵莹：《数字货币激励性法律规制的逻辑与路径》，载《法商研究》2021 年第 5 期。

③ 柯达：《我国代币票券法律制度的发展与完善——基于加密资产监管的视角》，载《金融法苑》2019 年第 2 期。

④ 陈兴良：《高利放贷的法律规制：刑民双重视角的考察》，载《华东政法大学学报》2021 年第 6 期。

⑤ 何颖、阮少凯：《论金融产品销售商的投资者适当性义务》，载《财经法学》2021 年第 1 期。

换为去中心化稳定币DAI,并将该稳定币作为洗钱的新通道,规避法律与政府监管。去中心化金融应用具有典型"去法律化"意味,并通过代码来构建法律之外的另一规则体系,该类金融应用未来很可能与传统金融活动构成两个并行空间。

近年NFT应用区块链中去中心化技术构建数字作品,为其赋予了独一无二的权利凭证技术,数字作品进行确权、交易时也仅能通过独立的密钥进行转移占有,这些底层技术基础,激发NFT创作者的动力,"但同时也出现大量现实作品在未经授权的情形下即遭他人'铸造'NFT并发售的违法现象,以及借助NFT的特征实施洗钱等犯罪行为"①。加密资产在国内公法或监管法中大多被严厉禁止,对数字资产是否可以进行交易以及交易依照何种法律并未制定相关规定,围绕数字资产的相关综合研究也极为有限。这些数字资产法律属性的学术争议不断,在知识产权、债权、物权、信息权及数据权等不同定性中难以确认,概念的难以确定在实务中给法官带来了认知的不统一,形成对加密资产的困惑。司法实践中出现大量涉及加密资产的案件同案不同判的现实情况。法官在有罪与无罪之间无法确定也更难以有效保护加密资产合法持有人的权利,以及有效打击违法犯罪行为。去中心化金融涉及加密资产以链上资产形式记录在区块链账本上,以智能合约实现交易,以哈希算法保持数据一致和不可篡改性,由非对称加密算法建立安全账户,以太坊每个用户对应一个直接记录余额的账户,交易附带参与交易的账户信息,包括外部拥有账户(Externally Owned Accounts, EOAs)和合约账户(contract account)。外部拥有账户的用户可以通过账户对应的私钥创建和签署交易,合约账户常由合约代码控制,可以被外部拥有账户的用户触发,从而执行对应的合约代码,进行各种预先定义的操作。中心化金融体系往往需要司法机构、金融监管机构、立法机构、企业内部合规部门、会计师事务所、律师事务所、交易所和证券机构等架构支撑,并满足用户身份识别、反洗钱及反恐怖融资等各项合规要求。中心化金融体系众多架构复杂,运行成本高。在去中心化金融中,代码是

① 邓建鹏、李嘉宁:《数字艺术品的权利凭证——NFT的价值来源、权利困境与应对方案》,载《探索与争鸣》2022年第6期。

区块链系统的“法律”，智能合约自动执行。智能合约部署在区块链上无法被篡改，没有事后违约行为。去中心化金融系统没有正式立法机构、执法机构以及企业法务，智能合约自行判断金融交易是否可执行。元宇宙平台数字资产交易围绕NFT展开，以NFT作为交易标的的侵害知识产权、诈骗等案件层出不穷。NFT可以利用加密手段以区别于其他物品，加密货币与资产带来的巨大经济收益促使创作者基于元宇宙内容进行创作，可以预见的大量数字创作将会带来数字资产的指数型增长。但NFT去中心化的特质使用户真实身份无法被识别，违法行为隐秘性增加。不法分子可以通过技术手段创造出一模一样但非加密的同种物品，这种伪造NFT在被低价销售时易引发投资者投机心理，最终元宇宙用户花费大量金钱最终得到的只是伪造NFT。NFT作为金融藏品可以通过向多人发售，购买者通过共同出资获得其权利。多人共同拥有NFT使该藏品具有一定社交属性，若购买者在不同交易平台进行交易后，利用不同的交易规则引发数据权属争议，在后续交易中有可能出现交易混乱以及交易诈骗，最终导致NFT交易市场崩盘。各国暂未对NFT发行、交易平台主体资格进行审查，对参与NFT交易的投资主体也未设计保护措施，仅依赖元宇宙开发公司维护市场秩序无法规制遍及全球的投资者，容易形成混乱市场。

国外元宇宙创造及运营公司聚焦于NFT文化属性、艺术内涵、体育游戏等领域的结合，国内较大的互联网公司、平台同样关注NFT与传统艺术领域的衔接，发行、出售数字藏品及数字艺术品，但领域之间的相互沟通仍处于起步阶段，多领域共同参与较少。国内针对数字藏品金融化程度较国外相对低，NFT在国外数字资产交易市场交易火爆，炒作、投机等行为屡见不鲜，扰乱正常交易市场。私人数字交易市场带来的隐秘性及流通性的同时给政府监管部门追查交易方增加了难度。元宇宙产业发展迅速，越来越多的传统行业进驻，NFT市场越发火爆。政府监管部门尚未制定监管政策对元宇宙交易平台予以监督管理，无约束的交易平台在利益驱使下也会逐渐显露出经营乱象。部分金融机构可能逐渐会演化出以

NFT 为支付、结算等业务。[①] 中心化的传统监管方式在技术与产业的冲击下无法适应元宇宙的发展速度。元宇宙背景下，人与人之间的交易套上了“虚拟面具”，监管主体、监管责任等不明晰，在数据与算法的加成下法律的功能大多停留在规范层面，无法真正落入实践。[②]

NFT 作为一种数字通证与比特币、以太币一样具有金融投资属性，在投资交易过程中容易影响国家金融秩序。其使用以及交易方式与虚拟货币类似，在规制手段不成熟的情形下，可能导致诈骗、洗钱等违法犯罪活动。NFT 同虚拟货币一样需要保存在网络云端之中，在技术手段、保护措施尚不成熟时会引发被盗风险。目前，NFT 市场尚处于起步阶段，大量 NFT 资源流通率较低，无稳定、合法的交易市场供用户选择，NFT 在法律上的定性尚未清楚，规制手段以及法律规定尚不完全。“在元宇宙不断发展的当下，NFT 发行、交易也将会不断火热，需要在深入技术原理的基础上不断完善相关法律架构，建立起完备的交易平台与监管机构。”[③]

(三)虚拟财产交易纠纷解决机制不完善

虚拟财产交易纠纷具有虚实相结合的性质。虚拟财产虽然仅存在于元宇宙世界中，仅是系统中的代码或数字，但其可以直接与现实世界的货币进行交换，具有一定的价值属性。元宇宙用户以虚拟形象进入元宇宙，以数据、代码的形式在虚拟世界活动，不能因其虚拟属性否定其行为具有法律效力。

智能合约满足了区块链中人与人之间相互信任的需求，完全依赖于智能合约也可能会带来虚拟人格不平等的弊端。智能合约内容可以由平台运营者直接拟定，也可以由全体成员参与制定，在一定程度上可以保障内容的平等性。但智能合约制定过程由人为操作，大多反映平台以及创作者的喜好和投资者的偏好，不可能满足所有用户的需求。同时也会产生诸如投资巨头对少资金参与者的压迫，在先投资者对在后投资者的歧视等。发生上述问题后，作为全体成员共同规范的智能合约，即使是小规模修订也需要较长时间，难以及时保障元宇宙用户合法

① 参见宋芳斌、甘锋:《NFT 艺术品的风险与二元保护模式》,载《南京社会科学》2022 年第 8 期。
② 参见李晓楠:《网络社会结构变迁视域下元宇宙的法律治理》,载《法治研究》2022 年第 2 期。
③ 刘嘉铮:《元宇宙货币系统的风险分析与法律对策》,载《东方法学》2022 年第 6 期。

权益。

基于元宇宙基础架构的技术原因,区块链的匿名性使权利侵害存在一定的隐蔽性,加剧纠纷解决的滞后。共识机制和算法信任产生的智能合约一定程度上可以依赖于交易习惯、常识及基础法律规定,高效率地解决法律关系简单的争议,① 但涉及主体复杂的纠纷解决仍须依靠现实世界纠纷解决机制。针对转让人与受让人之间的纠纷,存在纠纷当事人处在不同国家、不同地区,处于区块链上的行为跨越不同司法管辖地区等情况。各个国家对虚拟财产以及智能合约管控力度不同,不同行为在不同国家或地区也存在合法性差别。元宇宙中可能出现诸如博彩、跨境转账等行为,在特定国家受到法律保护但在其他国家会成为犯罪行为,难以处理不同国家以及地区之间的法律冲突。元宇宙金融行为难以受到统一的法律规制。针对用户与平台、运营者之间的纠纷,平台处于固定场所,虽易确定行为以及保全证据,在缺乏统一法律规制下元宇宙平台、运营者也可能借助信息差、自身科技优势,恶意阻挠用户收集证据。元宇宙金融具有去中心化的特征,其内部资产以及交易变更保存在系统云端数据中。元宇宙世界下交易各方产生的纠纷过程可以全部保留在数据之中,能够即时在存储空间中保存,利于证据固定。但传统中心化的管理手段如房产登记管理部门无法发挥作用,不能确认虚拟财产的法律关系。司法机关查封、扣押、冻结等行为也会因区块链的去中心化难以落到实处。

虚拟世界参与主体主要包括国家、元宇宙运行平台、用户与第三方未参与人。"元宇宙缺乏统一身份认证体系"②,区块链系统网络节点遍布全球,用户参与数字资产交易无须真实身份,权利义务主体不明确,义务人容易利用匿名性不正当履行义务,规避法律责任,权利人无法确定请求权行使对象,难以保障资产权利。③ 元宇宙虚拟财产价值仅具有形式意义,缺少实际标价,价格基本完全由市

---

① 参见杨锦帆:《基于区块链的纠纷解决机制研究》,载《陕西师范大学学报(哲学社会科学版)》2021年第4期。

② 丁道勤:《元宇宙的法律规制》,载《财经法学》2022年第5期。

③ 参见邓建鹏:《元宇宙金融规制理论》,载《财经法学》2022年第5期。

场自发调节，容易出现价格操盘，不具有客观的参考标准。通过虚拟货币对虚拟财产进行交易，难以通过现有法律手段对其进行定义，交易纠纷难以解决。参与主体多元化、分散化可能会使侵权行为频发。以 NFT 为例，NFT 所有权存储于区块链中，每笔交易以及交易信息都会以数据的形式保存下来。但代表 NFT 所有权唯一途径的密钥保存在权利人的手机或电脑等终端介质中，行为人可以通过盗取现实世界密钥保存介质的手段实现 NFT 的转移占有。2022 年 4 月 1 日，周杰伦在 Instagram 上发文表示自己被电话告知其名下存储的 NFT 被钓鱼网站盗取。参与人员复杂也会给系统在评判责任承担以及惩罚违规行为带来障碍。元宇宙运行处在动态变化中，具有波动性，依照现有法律手段对该纠纷的解决容易导致处理时间长、维权效率低，用户合法权益难以得到保障。

三、元宇宙交易风险的法律应对

（一）利用数字人民币等国际背书的数字货币克服虚拟货币自身劣势

2020 年中国人民银行发布了《中华人民共和国中国人民银行法（修订草案征求意见稿）》，第 19 条明确规定人民币包括实物与数字形式，在法律上确认了数字人民币的法律地位，数字人民币是数字化的人民币现钞。2021 年中国人民银行发布了《中国数字人民币的研发进展白皮书》，明确数字人民币是中国人民银行发布的数字形式的法定货币。同时“数字人民币……由指定运营机构参与运营，以广义账户体系为基础，支持银行账户松耦合功能，与实物人民币等价，具有价值特征和法偿性”①。随着科学技术的发展，数字人民币以数字形式代替实体形式实现价值移转。并且，数字人民币以国家信用为支撑，具有法偿性。数字人民币克服了虚拟货币无强大国家背书的弊端，任何参与元宇宙经济活动的国家、团体都应当接受数字人民币作为交换媒介。虚拟货币基于私主体发行，流通性差，缺乏价值保证，容易受到金融波动难以保证价值稳定。数字人民币币值稳定，不存在违反法律受到封禁、取缔、炒作的情况，随着元宇宙世界不断发展成熟后，数字

① 《中国数字人民币的研发进展白皮书》，中国人民银行 2021 年 7 月 16 日发布。

人民币优势会进一步显现。

数字人民币具有匿名性，一方面，满足使用者小额度使用匿名的要求，另一方面，采用大额资金可溯性的方式，防止不法分子利用数字人民币匿名性的特点从事赌博、洗钱等违法行为。中国人民银行对数字人民币内部设置防护墙，禁止任意查询。[①] 结算的安全性以国家基础设施为技术保障，通过使用数字证书体系、安全加密等技术保障数字人民币安全使用。元宇宙下数字人民币可以接入智能合约系统，在预设的条件下实现自动支付交易。数字人民币与实物人民币长期存在、并行发行，中国人民银行对数字及实物人民币共同统计、统筹管理。采取中国人民银行与商业银行二元发行路线，一方面满足国内零售支付需求，另一方面面向商业银行等机构发行用于大额结算。现行货币体系数字人民币与运营机构的电子账户共通，商业银行可以在中国人民银行认可下加入数字人民币的支付服务功能。中国人民银行以中心化的管理方式，可以对数字人民币数据以及技术具有管控能力，实现对数字平台权力垄断的限制。[②] 运用双层运营模式，在中国人民银行保障竞争环境公平的基础上充分发挥市场资源配置的作用，利用中国人民银行的中心地位，发挥其他商业银行及运营机构的创新性，提高数字人民币的流通能力。中国人民银行与商业银行及其他金融机构共同参与实体与数字人民币建设，为元宇宙下虚拟世界支付体系奠定了基础。

货币使用存在“马太效应”，当某一类货币在一定范围或领域内获得普遍认可后，他种货币抢占市场将会非常困难。[③] 目前，国际金融市场混乱因素增多，人民币国际化趋势稳步向前发展，已经成为全球第五大支付货币、第五大储备货币，具有广泛的使用基础。元宇宙发展处于初级阶段，元宇宙内部数字资产交易大多使用虚拟货币的形式，数字人民币抢先进驻元宇宙货币体系有助于积累用户，较其他货币可以取得支付先发优势。数字人民币基于区块链底层技术产生，其支付、流转蕴含大量主体及资金信息资源，中国人民银行可以利用中心地位，通过处

① 参见《中国数字人民币的研发进展白皮书》，中国人民银行 2021 年 7 月 16 日发布。
② 参见杨东：《论反垄断法的重构：应对数字经济的挑战》，载《中国法学》2020 年第 3 期。
③ 参见袁曾：《元宇宙空间铸币权论》，载《东方法学》2022 年第 2 期。

理分析相关数据获取更多网络资源，推动建设稳定持续的元宇宙货币体系。同时，数字人民币在元宇宙世界的广泛使用有助于推进构建全球跨境支付系统，帮助用户在虚拟世界形成完整的支付交易体系，避免网络主权遭受侵害。

元宇宙下利用数字人民币替代虚拟货币作为支付手段仍需要相对统一的支付治理规则。数字人民币系统的稳定关系我国金融安全及国家信用，因此必须保证底层技术掌握在中国人民银行及其他国家机关手中，并建立起相关防火墙措施，在充分监管测试后投入使用，确保数字人民币支付体系安全。元宇宙下虚拟人格与实体人格相统一，虚拟财产也具有一定的现实价值，元宇宙经济体系也会影响现实世界金融秩序。比特币等私有货币已经侵占传统货币的服务空间，因此需要建立以数字人民币为基准的支付结算系统。在现有阶段，虚拟货币在元宇宙货币体系中仍占据较高地位，各国对于虚拟货币态度不一，监管制度、法律规定各不相同，难以形成统一的监管秩序。元宇宙货币系统以区块链为基础，底层技术促使用户运用法定货币兑换虚拟货币并通过虚拟货币进行交易。数字人民币即使取得元宇宙下的主导支付地位仍无法排除虚拟货币在数字空间中的交换、使用。因此，有学者也提到我国在推广数字人民币的使用时需要确定数字代币与数字人民币的对接治理方案。[①] 现阶段，数字人民币与虚拟货币之间并不是相互排斥的关系，两种货币之间可以承担不同功能。国家在推行数字人民币的同时应构建虚拟货币监管体系，建立虚拟货币运营双重许可制度，运营者参与虚拟货币经营时首先取得中国人民银行等主管部门许可，并对营业主体营业资质进行实质性审查。虚拟货币运营商在获得主管部门许可后就其具体开展的业务种类报分管部门批准，分管部门由中国人民银行牵头，与金融、财政等部门组成，同时也可以向无利益牵扯的其他科技公司共同评估营业许可。除此之外，主管部门应当组成虚拟货币监管部门，定期对开展虚拟财产业务交易的运营主体进行审查。比特币、以太币等虚拟货币基本以美元定价，建立健全私有货币与数字人民币沟通兑

---

① 参见袁曾：《"元宇宙"空间货币治理的中国方案》，载《上海大学学报（社会科学版）》2022 年第 2 期。

换系统,并推动监管规范以及监管系统的组建,在推动元宇宙经济秩序发展的同时有助于削弱美元霸权、推动我国数字经济领域建设。

(二)搭建回应虚拟财产交易风险的监管机制及责任体系

元宇宙产业不断发展,产生诸如虚拟货币交易、NFT炒作等乱象,需要建立虚拟财产交易监管体系。构建良好的元宇宙经济、金融秩序,需要国家、元宇宙运行平台、元宇宙社区组织、个人等共同努力。2022年中国人民银行公布《中华人民共和国金融稳定法(草案征求意见稿)》,对如何建立维护金融稳定长效机制提供了思路。虚拟财产交易风险的管控需要建立以中国人民银行、国家金融监督管理总局和中国证券监督管理委员会为主,多协会共同监管的监管体系。

元宇宙运行平台是元宇宙治理的重要主体:一方面,需要加强元宇宙运行平台的治理能力,通过立法以及政府部门授予权限,提高自身治理效率。在技术治理方面套用元规制理论:如在网约车模式下应用元规制理论,政府监管部门主导网约车平台的安全保障义务外,在规制方面架构平台内部管理机制。① 通过授权平台内部管理机制保障,元宇宙平台治理分担了政府责任,同时强化了政府治理效能。另一方面,需要制约和监督运行平台管理权能。元宇宙平台治理实际上替代了政府以及国家相关职能,政府与国家通过法律规定、行政授权提供法律支持的同时需要立法予以监督。有学者认为,"政府监管对象主要是开发区块链协议和智能合约的人"②。监管开发者可以从源头出发,以监管区块链协议以及智能合约的方式监管元宇宙交易。仅以开发者为监管对象也会存在漏洞,数字代码以及智能合约内容复杂,涉及层面广,事前监管难以落实。元宇宙开发人员除科技巨头中的工作人员还有少部分分布在全国各地的小规模团体,这部分小团体无具体负责人难以直接监管。随着元宇宙产业的不断发展开发人员也会不断增多,少部分参与者可能通过匿名、境外架设服务器等方式逃避监管,全面监管开发人员会大幅度增加监管成本。目前,大型区块链以及元宇宙项目开发者主要集中于欧

① 参见马光泽:《网约车元规制:功能、合法性及其实践重塑》,载《理论月刊》2019年第8期。

② [法]普里马韦拉·德·菲利皮、[美]亚伦·赖特:《监管区块链:代码之治》,卫东亮译,中信出版社2019年版,"导论"第XIII页。

美国家，重要技术、核心代码研发服务器大多建立在发达国家，我国监管机构也无法直接参与规制相关人员。①

元宇宙自身建设不能脱离现实世界的道德、伦理与法律秩序，现实世界必须根据元宇宙的内容供给、行为秩序以及运行过程进行有序规制。元宇宙治理者需要在城市元宇宙建设萌芽期对涉及经济、社会相关活动进行设计和规控，确保元宇宙不会成为法外之地。② 有学者认为，在创新初期行政机关应担任规制主体，以指导性规则作为主要部分。经历发展初期阶段后，本身规制问题会经过时间推移慢慢显露，需要将部分规则上升为立法，部分规制会在行业不断发展的过程中不断抛弃。司法机关需要参与创新阶段全过程，作为对立法、行政机关指导性规则的补充。③ 目前，元宇宙发展正处于初级阶段，行政监管机关须主动参与，通过制定行业规则、指导规则并将其转化为数据注入区块链系统中，以智能合约的形式为行业发展提供指引。在元宇宙不断发展过程中，逐步推进元宇宙金融监管与科技相结合，提高监管效率，将监管规则上升为法律规制。从技术手段上来说，行政机关可以利用区块链技术对参与元宇宙虚拟财产交易的当事人进行身份审查以及交易内容审查、建立行为信用记录，保证交易虚拟主体享有对交易客体的真实权益；对元宇宙主要经营者进行常态化监管防止出现垄断等扰乱市场的行为。④ 行政机关需要正确运用政策引导，推动现实社会各种力量共同参与对元宇宙产出的内容监督，促进元宇宙内部社会、经济、文化等秩序的规范性发展以及与现实社会的合理衔接。“元宇宙内部的生产、交易、消费等经济行为必须遵循人类文明建设进程中形成的道德规范和价值体系，兼顾‘数据共享’与‘数据安全’。”⑤同时监管部门应利用原有科技平台的硬件及软件优势，不断丰富技术规则，打造完备的监管体系。

---

① 参见邓建鹏：《元宇宙金融规制理论》，载《财经法学》2022 年第 5 期。

② 参见张钦昱：《元宇宙的规则之治》，载《东方法学》2022 年第 2 期。

③ 参见王首杰：《创新规制的时间逻辑》，载《华东政法大学学报》2022 年第 3 期。

④ 参见李晶：《元宇宙中通证经济发展的潜在风险与规制对策》，载《电子政务》2022 年第 3 期。

⑤ 刘洋、韩永辉：《元宇宙赋能城市治理：机理、问题与路径》，载《深圳大学学报（人文社会科学版）》2023 年第 3 期。

针对元宇宙货币体系中存在的系统内部风险，有学者指出，“我国监管机构需要开通支付投诉通道，对提供服务的各大元宇宙运行平台进行监管，防止其通过设置格式条款限制元宇宙用户交易自由”①。支付监督机制可以提高法定货币或中央银行发行的数字货币利用率，有效控制加密货币的流通与使用，实现元宇宙商品与现实商品价值互通，维护元宇宙经济发展，建立起稳定的元宇宙货币体系。有学者提出，“建立共识监管机制以克服政府中心化的监管弊端，通过加密共识机制建立起元宇宙交流平台，全宇宙用户可以共同参与其中，降低政府参与，提高解决效率”②。共识监管机制可以克服普通监管模式的区域性等弊端，但针对共识监管机制仍需要法律授权、监督，防止元宇宙平台利用技术漏洞直接参与规则内容的制定与实施，保障用户真实意愿可以付诸实践，使监管真正具有全球性与跨界性。

司法机关是维护元宇宙虚拟财产交易秩序的最后一道防线，在政府监管缺失以及未及时发现处理元宇宙交易风险时，司法机关可根据相关人的申请，事后参与交易监管，降低元宇宙经济、金融风险，维护当事人合法权益。同时，司法机关应主动与监管部门、市场主体合作，一方面，以事前方式参与元宇宙活动，增加司法机关灵活性；另一方面，司法机关可以以指导案例的形式弥补行政规制、立法的不足，保护元宇宙经济稳定发展。

监管运营与产业发展相辅相成，通过合理监管可以保障产业健康、稳步发展；产业不断发展的同时可以提高政府监管能力。基于去中心化的元宇宙交易给传统监管方式带来巨大挑战的同时也促进了监管机构的不断进步，监管机构需要多部门协调统筹，以法律为指引、法治为导向，明确规制目的与规制对象，鼓励传统产业及科技公司进驻元宇宙，认可虚拟财产法律地位，保障拥有者的合法权益。监管机构需要平衡合理监管与元宇宙发展之间的矛盾，助力元宇宙经济建设，推动数字产业的兴盛。2019 年 6 月反洗钱金融行动特别工作组实施《旅行规则》

---

① 刘嘉铮：《元宇宙货币系统的风险分析与法律对策》，载《东方法学》2022 年第 6 期。

② 鲁照旺：《元宇宙的秩序和规则》，载《学术界》2022 年第 2 期。

(Travel Rule),《旅行规则》是美国银行保密法案的延伸,其要求交易双方必须出示各自身份。反洗钱金融行动特别工作组要求在 2020 年 6 月 30 日前全部虚拟货币交易所都必须遵守《旅行规则》,不遵守《旅行规则》的单位将被列入黑名单,视为洗钱单位。在 2020 年 6 月 30 日,最终大部分交易所都注册并遵守《旅行规则》。该规则实施之后,美国监管机构可以通过规制验证者从而规制以太坊,通过控制以以太坊为首的区块链交易手段进而控制参与以太坊的全球用户,并且将该区块链作为基点,推动美国国内监管法案适用于全球化,赋予了国内法案适用范围的扩张,打破了固有的属地主义限制。美国监管组织通过法律借助执法机构规制手段已经形成对全球加密货币、加密资产等去中心化金融的支配,将全球参与者都控制于该规制措施之下。该种借助区块链技术实施的全球化经济控制手段也可能成为美国长臂管辖原则的延伸,事实上导致经济、法律实力的滥用,构成了"法律霸权"①。在美国法案发挥实效作用的情形下,我国监管机关更应当采取有力措施用以保护我国投资者的合法权益,提升有效的监管能力。

虚拟财产交易乱象主要围绕 NFT 为标的产生。防止 NFT 金融化,扰乱金融秩序,建立起虚拟财产交易的监管机制。国外 NFT 市场建立在区块链中,无具体监管手段,可以随意交易、炒作严重,严重影响金融秩序。② 因此,国内监管机构更应从严治理,把握 NFT 的发行、交易与流通。2022 年,中国互联网金融协会、中国银行业协会、中国证券业协会联合发布《关于防范 NFT 相关金融风险的倡议》,为我国建设 NFT 产业指明了监管方向。根据 NFT 的技术特征,对 NFT 发行所在的区块链以及智能合约实施监管,避免滥发、侵权发行。有学者认为,"监管部门要求相关企业应当按照法律规定建立合规体系,发行公司在保障 NFT 交易安全的同时搭建交易追溯、权属证明、纠纷解决、合约审计等机制"③。发行公司应当主动、及时、全面披露 NFT 产品信息,保障参与用户的知情权。目前,国内虽不允

① 参见何志鹏:《涉外法治中的管辖攻防》,载《武汉大学学报(哲学社会科学版)》2022 年第 6 期。

② 参见吴一楷:《金融法维度下非同质化通证的属性研究与监管构建》,载《上海金融》2022 年第 11 期。

③ 苏宇:《非同质通证的法律性质与风险治理》,载《东方法学》2022 年第 2 期。

许 NFT 的金融化交易,但仍存在少部分用户利用虚拟钱包匿名化的特征从事 NFT 的炒作。监管机构可以对用户虚拟钱包交易流水实施动态化审查,发现用户拥有境外数字钱包并且存在 NFT 交易流水时进行重点监控。监管部门也可以从 NFT 交易过程出发,对 NFT 交易频率高、交易数量大、交易对象固定等的用户进一步实质审查。监管机构须以交易平台为监管重心,实质审核 NFT 发行、交易平台经营资质;要求平台不得发行 NFT 形式的金融产品;以数字人民币或人民币作为计价、结算工具;要求交易平台进行充分的信息披露以保障消费者合法权益。平台应对参与 NFT 交易的用户实名登记;对洗钱、炒作、跨境转移资产等行为建立防范机制。

元宇宙金融非中心化导致无明确责任承担主体,参与元宇宙经济活动的主要是技术开发团队、虚拟资产产出个人与组织、虚拟财产交易所以及投资机构。技术开发团队是元宇宙基础代码的创造者,塑造了资产创作、交易等元宇宙经济活动的各种运行规则。因此,技术开发团队承担保障元宇宙运行稳定的责任。虚拟资产产出个人与组织是 NFT、虚拟货币等元宇宙经济基础单元的创作者,承担以欺诈等方式发行虚拟财产的责任。

核心技术开发团队基于底层代码的规则体系的设计拥有区块链“立法权”,如以太坊等主流区块链背后有影响力巨大的核心技术开发团队。2020 年下半年以来,以太坊核心技术开发人员提出以太坊平台改进协议“EIP - 1559”,该协议严重影响“矿工”收益。虽然包括算力排名第一的星火矿池对此提出异议,但星火矿池并无更多实质性反对举措。核心技术开发团队对以太坊有足够的影响力,与之背道而驰可能吃力不讨好。以太坊发展史显示,因“DAO 事件”导致原以太坊分叉后,部分矿工主导的旧链(ETC)市场价值远不如核心技术开发者主导的新链(ETH)。核心技术开发团队在区块链发展方面拥有很大话语权和控制力,“因此,核心技术团队负责人应作为重点对象受到法律规制”①。虚拟财产交易所是虚拟财产主要交易平台,也是监管机构的监管重心。其应当在监管机构的指引下

① 邓建鹏:《区块链的法学视野:问题与路径》,载《学术论坛》2023 年第 3 期。

进行充分的信息披露、用户实名登记、建立洗钱炒作等违法犯罪行为的防范机制。交易平台出现管理漏洞导致金融秩序紊乱时应承担责任，主要负责人也应承担相应管理责任。投资机构中存在个人与企业，大量虚拟财产主要掌握在投资机构手中，是元宇宙经济的重要参与主体。技术开发团队虽然建立了早期元宇宙运行规则，去中心化的治理模式决定了主要决策人员是掌握了大量数字通证的投资人。投资机构的介入会不断影响技术开发团队，一定程度上令其改变规则理念。规制投资机构可以保障元宇宙经济活动按照法律规定运行，但投资机构分布广泛、人数众多且多跨领域开展活动，给监管带来了很大的困难。明确责任承担主体为监管机构提供了工作重心，有助于监管机构准确判断元宇宙发展方向，制定前瞻性的规制措施，保障元宇宙经济活动的良好运行。

（三）建立元宇宙在线纠纷解决机制并强化纠纷防控的回应能力

元宇宙依托于网络、人工智能、区块链等数字技术建立，交易也依赖于智能合约等数字化解决机制运行。去中心化治理是元宇宙最重要的治理特色。通过采用多方维护的分布式防篡改交易账本技术，元宇宙把存储与修改个人信息的权力从企业、银行或政府机构转移到用户手中。“这种自治模式既能保证账本的真实性，也能保障信息的自我管理权，是一种依靠市场要素驱动的内部社区自治模式。”①元宇宙是一个技术化的世界，其去中心化的运行方式及其基础规则的构建决定了元宇宙中交易纠纷较现实世界存在较大差别。② 元宇宙发展处于初级阶段，随着科技的不断发展、市场的不断扩大，元宇宙纠纷也处于动态化演变过程中。传统纠纷解决机制是一种静态化、实体化的解纷方式，无法适应不断变化的元宇宙纠纷。因此，需要充分发挥元宇宙技术优势，将法律规范与交易习惯等规则纳入智能合约，从智慧法院的智慧司法系统基础出发，构建元宇宙纠纷解决系统，开发在线解决机制。

在线纠纷解决机制可以克服现实世界存在的时空限制，纠纷双方可以通过元

---

① 丁文文、王帅、李娟娟等：《去中心化自治组织：发展现状、分析框架与未来趋势》，载《智能科学与技术学报》2019 年第 2 期。

② 参见王奇才：《元宇宙治理法治化的理论定位与基本框架》，载《中国法学》2022 年第 6 期。

宇宙内部平台主动参与纠纷解决。元宇宙技术可以克服现存民事司法智能化的局限性，利用线上纠纷解决机制吸纳现有调解程序，在优化诉前调解、在线调解等纠纷解决方式的基础上提升解纷效率。① 充分利用技术优势，将线上纠纷解决机制与科技同步融合发展，适应元宇宙不断更新的过程，形成机制与技术的交互。现有在线诉讼、调解、仲裁等纠纷解决机制虽限于技术发展水平，但一定程度上便利了当事人参与诉讼、解决争议，随着人机交互、区块链、算法技术的不断发展，元宇宙在线纠纷解决机制可以进一步推进数字正义。② 元宇宙在线纠纷解决机制同时可以助力现实世界诉讼程序进步，将元宇宙与人民调解、诉讼、仲裁等程序连接起来，将元宇宙作为现实世界纠纷解决的辅助手段，提高纠纷解决效率以及解决质量。③

元宇宙纠纷具有潜在性、隐蔽性的特点，单独事后性救济措施难以保障参与人合法权利、维持元宇宙经济秩序的稳定。因此，需要强化元宇宙纠纷防控的回应能力，建立异常交易监测、大额资金变动检测等程序性措施。异常交易检测是指通过数字监控，对无或少虚拟财产交易的账户突然增加大笔流动交易，可能存在洗钱、炒作等违法行为，或者他人盗取账号进行非法转移资产的情形进行监测和预警。大额资金变动检测可以通过检测数字钱包的形式预判拥有者投资交易行为，从而实现纠纷解决前移，提高元宇宙纠纷解决机制的解纷能力。通过强化元宇宙纠纷防控的回应能力，预防元宇宙交易纠纷的产生，降低元宇宙纠纷转化为现实纠纷的可能，维护虚拟世界及现实世界的社会秩序。

元宇宙纠纷围绕虚拟人格产生，是现实世界行为人借助虚拟人格形成的交互，现实世界主体在元宇宙开展活动受到技术规则限制的同时须符合法律要求，这形成了现实世界与元宇宙世界的互通。因此，有学者提出元宇宙需要建立起法律＋技术的二元解纷机制，以法律作为骨架决定元宇宙核心规则，以技术规则作

---

① 参见赵勇：《数字时代推进共同富裕的法治完善》，载《湖北大学学报(哲学社会科学版)》2022年第2期。

② 参见汪超、陈雪儿：《网络仲裁程序的司法审查检视——以接近“数字正义”为视角》，载《中国应用法学》2022年第1期。

③ 参见张卫平：《元宇宙与纠纷解决：应用图景及规制想象》，载《政法论丛》2022年第2期。

为血肉实现元宇宙自治。①

区块链技术以及算法技术构成了元宇宙世界，元宇宙参与者从事各种活动离不开元宇宙技术开发团队构筑的元宇宙底层代码，元宇宙纠纷解决也需要开发者进行代码的基础架构。除元宇宙技术开发团队，参与主体应当遵守基本的道德与法律要求，主动维护元宇宙秩序。因此，元宇宙在线纠纷解决机制应当从自治出发，强化法律在元宇宙世界的技术化表达，在元宇宙正式投入运行前制定行为标准与行为规则，并配备处理纠纷的安全规则。元宇宙开发者设置引导帮助程序，并配设智能推荐纠纷解决方式的程序模块，纠纷出现后，当事人可以依靠引导帮助程序自行寻求纠纷解决方式，并通过智能推荐选择适合自己的解决方法，进而解决争议。依照法律规定设置针对不同违法行为的惩罚机制以维护元宇宙秩序。元宇宙自治可以通过人机交互程序在提高纠纷各方场景式体验的同时，克服传统纠纷解决方式存在的资源紧张、人员不足等缺点。

元宇宙并不是独立于现实世界存在的，随着传统行业不断进驻、用户人数增加，虚拟主体交易活动日益频繁，元宇宙虚拟世界与现实世界之间的融合逐渐增多。仅依赖单独、内部纠纷解决机制难以达到理想效果，需要现实世界协同进行。从纠纷主体出发，无论元宇宙解纷规则如何转变，元宇宙参与主体均源于真实世界，②元宇宙中纠纷解决规则源于现实世界法律的数字化表达，纠纷解决结果同样也会对现实世界主体产生影响。存在包括元宇宙平台经营者可能利用技术优势、垄断地位侵害参与者合法权益的可能，而参与者共同制定的行为规则需要建立在不违背法律及公序良俗的基础上等问题无法通过元宇宙自治机制解决，需要内外协同，形成宽领域、多层次的融合共治。

第三节　元宇宙知识产权风险预防与治理

元宇宙的兴起对现有的知识产权制度造成挑战，带来一系列的法律风险。数

① 程金华：《元宇宙治理的法治原则》，载《东方法学》2022 年第 2 期。

② 参见邓若玉：《人工智能发展的科技伦理反思》，载《广西社会科学》2020 年第 10 期。

字经济的价值主要依托于作品美学价值而实现，所以在知识产权领域中，版权制度受到的影响最深刻。因此，下文将以版权制度为核心，探讨元宇宙时代知识产权制度面临的风险以及相关治理。

一、元宇宙中的知识产权风险

（一）NFT 作品交易的风险

NFT 构成元宇宙背景下数字作品的新型表现形式。区块链是元宇宙的基础机构，区块链技术是 NFT 依托的核心技术，具有去中心化、可追溯和不可篡改的特点。[①] NFT 作品是区块链技术应用于文学、科学领域的结果，兼具艺术性和技术性两种属性，以此为分水岭，数字作品呈现出一种新的发展模式。[②] 关于 NFT 交易的争议主要集中在两个方面：一是 NFT 交易过程中的著作权定性问题，有的学者认为未经许可将他人享有著作权的作品铸成 NFT 在平台交易的过程，不涉及著作权侵权的问题；[③]而主流观点认为 NFT 的交易存在著作权侵权风险，但关于侵犯的权利类型存在争议。二是 NFT 平台著作权侵权责任的承担问题，也即当平台出现侵权作品时，NFT 交易平台是否应当承担侵权责任。一部分学者认为 NFT 交易平台作为新型的网络服务提供商，应当承担较高程度的注意义务并建立有效的著作权审查机制，一部分学者则认为 NFT 交易平台不应当承担间接侵权责任。元宇宙环境下新作品形式的兴起可能会引发较多的法律风险，所以有必要在明晰 NFT 的生成和交易过程的基础上进行分析。

在元宇宙中，区块链技术构建起一个去中心化的交易市场，通过智能合约构建起全新的经济系统。[④] NFT 作品的生成和交易主要依托联盟链和智能合约实现。NFT 作品的生成过程通常被称为“铸造”，一般包括以下步骤：第一，用户登录平台，将数字钱包与平台账户进行绑定。第二，用户创建 NFT 作品集合并填写

---

① 参见马长山主编：《数字法治概论》，法律出版社 2022 年版，第 343 页。

② 参见宋芳斌、甘锋：《NFT 艺术品的风险与二元保护模式》，载《南京社会科学》2022 年第 8 期。

③ Rafli D. P. A. D. , *NFT Become a Copyright Solution*, 1 Journal of Digital Law and Policy 115 (2022).

④ Fairfield J. A. T. Tokenized, *The Law of Non-fungible Tokens and Unique Digital Property*, 4 Indiana Law Journal 112 (2022).

名称和类别版税。版税是一种智能合约,是作品的最初创作者能够从他人每次转售中获取的相应比例的费用。第三,用户上传作品内容并编辑具体的数字信息。第四,用户选择作品铸造的份数和区块链,完成铸造。因此,NFT 作品的生成过程涉及作品的复制和信息网络传播。用户上传 NFT 作品是对原作品的复制行为,将铸造完成的 NFT 作品在个人主页展示或者在虚拟市场交易是信息网络传播行为。NFT 作品在生成后即存储在去中心化的区块链上,用户在缴纳了一定的矿工费用(Gas Fee)后即可进行交易,并通过智能合约记录交易过程,NFT 作品的整个交易流程实质是智能合约代码"验证——自动执行"的过程。①

NFT 作品的交易过程包括交易的准备阶段和交易的实施阶段。交易的准备阶段就是用户铸造 NFT 作品的过程,涉及作品的上传、上链和上架发布行为;交易的实施阶段涉及 NFT 的初次销售行为以及后续持有者的转售行为。NFT 铸造过程本质上是将作品以二进制代码的形式存储在服务器硬盘上,使作品能够相对稳定和持久地存储在有形载体上,符合著作权法复制行为的要件。用户在铸造完成后,会将 NFT 作品在个人页面进行发布展示。对于此,有一种观点认为,该行为的性质与发行行为的性质相同,因为只有 NFT 作品的用户才能够接触和欣赏作品,相较信息网络传播行为中规定的"使用户能够在选定的时间和地点获得该作品",NFT 的传播过程涉及的公众范围与信息网络权的规定存在差异。② 关于"公众"的定义,需要指出的是,《世界知识产权组织管理的版权和相关权条约指南》将其界定为"通常的家庭及其最密切的社会关系范围以外的一大批人",用户在个人页面展示 NFT 作品的行为是向整个网站的浏览者展示作品的行为,已经超出了上述指南界定的范围,符合向公众传播。此外,"公众"的界定不涉及某段时间内实际接触作品的人数,而是指因传播行为而可能接触作品的人数。③ 欧盟

---

① 参见锁福涛、潘政皓:《元宇宙视野下 NFT 数字藏品版权保护问题》,载《中国出版》2022 年第 18 期。

② 参见张伟君、张林:《论数字作品非同质权益凭证交易的著作权法规制——以 NFT 作品侵权纠纷第一案为例》,载《中国出版》2022 年第 14 期。

③ 参见王迁:《网络著作权专有权利研究》,中国人民大学出版社 2022 年版,第 257 页。

法院在对“公众”的人数界定时，考虑的是“传播带来的累积效应”①。随着 NFT 作品的不断转售，可接触作品的人数会不断累积增加。在中国首例 NFT 作品著作权侵权案件中，法院就认为信息网络传播权规制的范围包括 NFT 作品的铸造者发布作品后，使用户能够在其选定的时间或者地点不以受让作品为条件地在线浏览，或是受让作品后的下载、浏览。② 因此，NFT 作品交易的准备阶段主要涉及《著作权法》中的复制和信息网络传播行为，若上述行为未经著作权人许可，则会构成著作权侵权。复制往往是信息网络传播的前置步骤，信息网络传播行为的后果可以涵盖复制行为的后果。如果成立侵犯信息网络传播权，法院一般不会对复制行为进行重复评价。

在 NFT 作品交易的实施阶段，NFT 作品的交易过程是匿名的程序操作过程，不涉及《著作权法》中的复制行为和信息网络传播行为。NFT 作品的交易通过智能合约实现，首次由卖方设置价格和许诺销售的状态，该 NFT 会在交易平台展示，然后买方点击进入该作品页面，在购买并支付费用后，智能合约将自动记录该笔交易并将买方记录为新的持有人。在该交易过程中，即使作品实现了由卖方到买方的易手，从卖方的页面下架显示在买方的页面中，但 NFT 作品的存储路径并没有改变，而是始终存储于初始上传的服务器中，在交易过程中并没有形成新的复制件。交易双方无法实际控制服务器中的作品状态，既没有实施新的上传行为，也没有实施信息网络传播行为，因为所有的用户页面都是交易平台的一部分，能够获得 NFT 作品的公众范围并没有因交易行为而扩大。在我国首例 NFT 作品侵权案件中，二审法院指出，NFT 作品的转让过程不涉及作品的复制、信息网络传播行为。这是对 NFT 交易过程的正确定性。

NFT 作品交易的潜在风险主要来自自身的技术特征、智能合约的应用，而目前的技术又无法保证用户对其上传的作品一定享有著作权或者部分许可使用权，因此，NFT 作品交易中存在一系列的著作权风险。第一，NFT 作品交易过程中最

---

① 参见王迁：《网络著作权专有权利研究》，中国人民大学出版社 2022 年版，第 258 页。

② 参见浙江省杭州市中级人民法院民事判决书，(2022) 浙 01 民终 5272 号。

突出的风险是 NFT 作品权利状态的不确定性。区块链的去中心化使 NFT 作品在平台交易时不需要中介就可以直接交易,这既可以保证著作权人和平台均可获利,又以 NFT 作品代码的唯一性保障了作品的真实性。智能合约依靠代码技术被嵌入 NFT 作品之中,在运行过程中不会被修改或者停止,但这一技术并没有完全实现"智能化",NFT 只能确保链上的信息不被随意篡改,但对于上链前的作品权利归属不属于其可以保证的范围。因此,任何人都可以主张将某项作品铸成 NFT 并声明其原创性,产生大量抢铸 NFT 的现象,即未获取著作权授权而将其作品上链交易的行为。同时,在 NFT 作品的交易过程中,原始注册即意味着取得了原始收益权。[①] 第二,在元宇宙中,所有的资产都以数字化方式存储,NFT 作品不存在有形载体,数字作品在交易过程中是否适用发行权用尽原则依旧有待商榷。《著作权法》中的发行权是指"以出售或者赠与方式向公众提供作品的原件或者复制件的权利"[②]。据此,部分学者认为发行行为的核心构成要件是转移作品物质载体所有权,NFT 作品的物质载体是保存该作品的服务器硬盘,无论是 NFT 作品的首次销售还是后续的转售行为,都无关服务器硬盘所有权的转移,而是交易双方在平台技术支撑下的结果,不属于《著作权法》中的发行行为。[③] 在"胖虎打疫苗案"中,一审法院认为,发行的关键在于作品的有形载体,如原件或者复制件所有权的转让,而数字财产交易的法律性质尚未明确,NFT 作品交易不必然构成所有权的移转,因此不属于《著作权法》上的发行行为。相反,有学者认为,数字发行与实体发行本质相同,发行权用尽原则应当在数字环境中适用,[④]应当将出售行为扩大解释为发行行为,目的是希望通过发行权用尽原则保证后续转售行为的交易安全。关于发行权用尽原则的争议使购买 NFT 作品的用户实际取得的权利具有不确定性。第三,NFT 交易平台通常使用相对封闭的联盟链,用户只有在经过许可后才可以进入。元宇宙平台在运行过程中,为保障用户信息安全,用户

---

① 参见王小伟:《盛世淘金热中的冷思考:NFT 艺术的建构与挑战》,载《中国美术》2021 年第 4 期。

② 《著作权法》第 10 条规定:"著作权包括下列人身权和财产权……(六)发行权,即以出售或者赠与方式向公众提供作品的原件或者复制件的权利……"

③ 参见李逸竹:《NFT 数字作品的法律属性与交易关系研究》,载《清华法学》2023 年第 3 期。

④ 参见陈全真:《数字作品发行权用尽的解释立场及制度协调》,载《出版发行研究》2021 年第 9 期。

的隐私信息仅由字符串组成。因此,NFT 作品交易中的著作权侵权行为具有隐蔽性,侵权人也具有匿名性,著作权人面临难以得知侵权事实和侵权人信息的风险,并且,如果一开始就存在侵权情形,损害后果可能会随金融杠杆效应被不断放大,产生难以衡量的侵权结果。① 第四,NFT 交易市场具有不稳定性。NFT 的交易理论上可以包括 3 种类型:全部权利转让型、载体物权转让型和许可使用型。全部权利转让型的交易既包括 NFT 作品本身的著作权也包括物质载体的物权,该种转让类型在实际交易中极为罕见,因为著作权本身对于权利人十分重要,在交易时需要慎重考虑。② 而对于载体物权转让型,在实践中并不涉及,因为 NFT 的物质载体始终为平台的终端服务器,其交易过程并不涉及该物质载体的转移,NFT 交易本质上是该作品使用权的转移,受让人享有的是以约定方式使用 NFT 作品的权利。从商业实践来看,也是许可使用型的转移占比最高。根据经济学常识,NFT 作品的价值与其发售数量息息相关,由于 NFT 的买受人无法控制市场中流通的 NFT 数量,NFT 的保值只能够依赖铸造者限量发售 NFT 的单方承诺进行保障。国内 NFT 的发售量多在千份以上,这极大地破坏了 NFT 的稀缺性。部分著作权人为了对冲风险,在多个平台上链铸造同一个原作品,上述这些因素无疑会增加 NFT 交易市场的不稳定性,给买受人的利益带来损害。即使 NFT 权属明确,但其可以向多人发售,用户可以通过共同出资的方式取得所有权,如 2021 年就有 487 人以约 375 万美元的高价拍下了一张像素头像。而不同的 NFT 平台使用不同的交易规则,这会引发交易市场的混乱,最终形成与元宇宙“去中心化”特征相违背的“中心化”的垄断交易市场。③

(二)用户生成内容的风险

元宇宙与移动互联网很大的不同在于参与文化的兴起,用户由原本被动的内容接收者,到参与对他人原创作品的积极构建或独立进行创作,即生成原创内容。全民参与演绎和用户生成内容是元宇宙环境下的创作趋势,它们在为元宇宙创作

---

① 参见苏宇:《非同质通证的法律性质与风险治理》,载《东方法学》2022 年第 2 期。

② 参见孙山:《数字作品 NFT 交易的著作权风险治理》,载《知识产权》2023 年第 6 期。

③ 参见宋芳斌、甘锋:《NFT 艺术品的风险与二元保护模式》,载《南京社会科学》2022 年第 8 期。

赋能的同时也加剧了知识产权管理的复杂性,带来新的法律风险。

一方面,参与文化的内核是作品在分享、传播的过程中逐渐脱离与作者的关联,不断被注入新的内容。[①] 元宇宙中"井喷式"的创作素材为用户的再创作提供了极大便利,强交互性也激发了用户再创作的热情。这种跨越虚实边界的再创作趋势可能引发知识产权保护未得到妥善保护的风险。元宇宙时代涌现出各类数字作品,从造型独特的虚拟建筑到现实世界热门实体物品的数字化,其间容易出现用户未经他人授权就对他人作品进行改编的行为。此时,因为元宇宙平台本身属于网络服务提供者,在采取相应措施后可以适用"避风港"规则实现责任豁免,同时,元宇宙环境下用户具有匿名性,著作权人的维权诉讼在这样的环境中变得非常困难。

另一方面,用户生成内容过程中与平台间的交互和多人协作的创作方式会引发权利归属难以界定的风险。从元宇宙平台 Roblox 和 Meta 的服务协议来看,二者都采取了平台自有内容与用户生成内容的二分模式,但是它们都没有明晰如何才算是用户生成内容,也没有对在平台创作与用户创作紧密相连情况下的权利归属进行约定。[②] 在多人协作的情形下,共同创作和权利共有原则本身就是复杂的,在元宇宙中,更有角色混搭的情况出现,即平台和其他利益相关方的参与,在此种情形下,约定的模糊性可能引发用户权利难以保障继而挫伤创作积极性,这不利于元宇宙经济的长远蓬勃发展。

(三)去中心化跨境运营与知识产权地域性的冲突

元宇宙采取去中心化的管理方式,即用户可以通过成为去中心化组织成员,享有对用户生成内容运营和管理的决定权。如果从版权保护的角度出发,用户参与去中心化管理有利于在元宇宙中对作品的创作、保护和利用达成共识。同时,元宇宙的运营具有全球性。根据尼尔·史蒂芬森在《雪崩》中对元宇宙的设想,元宇宙应当是由多平台共建、互联互通的世界,元宇宙有且只有一个,用户在任意

① 参见初萌:《元宇宙时代的版权理念与制度变革》,载《知识产权》2022 年第 11 期。

② 参见李宗辉:《元宇宙中用户身份型数字人及其版权实践的法律考量》,载《编辑之友》2022 年第 10 期。

一个元宇宙平台创建的内容都可以直接在另一个元宇宙平台使用。元宇宙去中心化跨境运营与知识产权的地域性会产生冲突,会对作品侵权救济造成风险。

元宇宙中用户的侵权行为主要包括将他人现实世界的作品复制到元宇宙、将他人在元宇宙中创作的产品在现实世界复刻以及在元宇宙中对他人在元宇宙中创作的作品进行演绎。在著作权侵权标准上跟现实世界并没有差异,元宇宙的去中心化跨境运营造成的风险主要是司法管辖权的确认、准据法的确认以及在区块链技术下如何实现停止侵权。

元宇宙以去中心化的方式进行全球运营,用户的身份对平台来说是匿名的。试举一例,如果拥有甲国国籍的公民,在乙国运营的元宇宙平台上,未经丙国权利人的许可,将其作品铸成NFT并上链销售,此时,面对涉外侵权纠纷,著作权人在起诉时如何选择管辖法院,法院是否会支持侵权人对全球范围内造成的损害承担责任,就成为问题。《保护文学和艺术作品伯尔尼公约》规定作者享有的具体著作权、保护程度以及提供的救济方法由被请求保护的国家的法律规定。域外学者在对该条进行解释时指出,涉外著作权侵权案件的管辖权由各国自行规定。① 然而,各国对涉外案件管辖权的确定有的采取属人管辖,有的采取属地管辖,管辖权规定的不统一可能导致著作人诉讼成本过高。基于著作权法的地域性,如果法院采取的属地管辖,那么法院的审理范围也应当限于在该国境内产生的损害,著作权人无法通过单一诉讼获得全部救济。② 此外,在出现管辖权冲突的情形时,各国的规定也不统一,有陷入多国竞争诉讼"泥潭"的风险。

《保护文学和艺术作品伯尔尼公约》仅为各国设定了著作权保护的最低标准,各国在作者享有的权利范围、保护期限、行政救济或司法救济的单轨保护还是双轨保护、损害赔偿是否包括惩罚性赔偿及其计算方法的规定方面都不相同。虽然各国规定不同,但在准据法本身的确认上并不存在困难,只是在适用不同准据法时对著作权的保护存在差异,著作权人需要结合具体情况考虑如何选择有利于

① [澳]山姆·里基森、[美]简·金斯伯格:《国际版权与邻接权——伯尔尼公约及公约以外的新发展》(第2版),郭寿康、刘波林等译,中国人民大学出版社2016年版,第1145页。

② 参见张金平:《元宇宙对著作权法的挑战与回应》,载《财经法学》2022年第5期。

保护自己利益的实体法。

在停止侵权的问题上,元宇宙平台的去中心化运行依赖区块链技术,该技术的分布式记账让作品的交易记录具有不可篡改性,从而可以精准地计算损害赔偿数额,但基于交易记录的不可篡改性和智能合约的自动执行,亦可能引发侵权状态自动持续的风险。

(四)作品利用方式多元化对合理使用制度的冲击

合理使用作为著作权的限制之一是著作权法一项重要的利益平衡机制,但正如保罗·戈斯汀(Paul Goldstein)所言,"版权乃技术之子"①,元宇宙推动了版权领域的数字化发展,使作品的传播、利用方式更多样化,这一过程对传统著作权合理使用制度带来冲击,进而导致日益多元的作品利用形式面临被侵权指控的风险。

有学者对 NFT 作品以合理使用作为侵权抗辩理由提出质疑,其理由在于:首先,用户在投资 NFT 时获得的并不是某个作品的著作权而是某项数字资产的所有权,所有权并不适用著作权合理使用的规定。② 在发行权用尽原则适用于网络空间的前提下,用户在购买后当然获得 NFT 的所有权,但 NFT 的铸造、交易过程涉及对原作品的复制、信息网络传播,不能因为最终的权利属性而否认过程性行为适用合理使用的空间。其次,元宇宙空间下的数据挖掘、用户创作和智能合约都存在适用著作权合理使用制度的解释空间,对合理使用制度的重塑有助于激励创新,促进文化繁荣。

文本与数据挖掘(Text and Data Mining)技术是元宇宙数字产业的重要支撑,能在促进知识传播和利用的同时带来可观的经济效益。文本与数据挖掘技术的应用过程是主体运用该技术从海量数字信息中发掘可用的信息文本和数据,在对

---

① [美]保罗·戈斯汀:《著作权之道:从谷登堡到数字点播机》,金海军译,北京大学出版社 2008 年版,第 22 页。

② 参见李想、施勇勤:《非同质化代币技术与版权生态系统有机衔接研究》,载《出版发行研究》2022 年第 6 期。

格式进行适当调整后存入系统数据库，进而对数据进行利用分析并输出可视化结果。① 这一过程就涉及对数字化作品未经许可的使用，也因此产生侵权纠纷。关于文本与数据挖掘是否属于合理使用，在谷歌图书馆案中，美国法院将商业性的文本与数据挖掘活动认定为转换性使用，不构成侵权；欧盟也在《数字化单一市场版权指令》将文本与数据挖掘作为例外进行规定。从各国对著作权法的立法改革中可以窥见，文本与数据挖掘技术作为著作权例外的制度化，实际构成国家间的技术竞争。②

元宇宙是一个数字生态系统。用户可以数字人的身份在元宇宙中进行实践和互动。数字人，亦有学者将其称为虚拟人或赛博人，是指存在于非物理世界中，由计算机图形学、图形渲染、动作捕捉、深度学习等计算机手段创造及使用，并具有多种人类特征的综合产物。元宇宙时代的一大亮点是表演型数字人的兴起，随着技术的革新，数字人的运用并不局限于表演领域，在以社交为基础的元宇宙中，数字人是用户在虚拟世界的三维化身，在代表用户在元宇宙中进行活动的同时，也给版权法的适用带来挑战。

元宇宙中数字人的创造和成长过程体现出交互式特征，与传统网络空间最大的不同在于其设计和运行是由用户主导的，用户可以根据平台或其他用户提供的素材创造数字人形象，用户自由创造数字人是各元宇宙平台商业运行的基础。数字人与用户交织，可能产生权利主体难以认定的风险。③ 关于数字人与用户间的法律关系，主要存在以下 3 种观点：一是数字人与用户个人之间形成整体表达，对数字人人格予以认可；二是数字人与用户个人彼此独立，前者仅是用户在元宇宙的虚拟化身；三是数字人是用户个人的某些品质的理想投射。④ 实际上，元宇宙

① 参见袁锋：《元宇宙空间著作权合理使用制度的困境与出路——以转换性使用的界定与适用为视角》，载《东方法学》2022 年第 2 期。

② Michael W. Carroll, *Copyright and Progress of Science: Why Text and Data Mining Is Lawful*, 1 U. C. Davis Law Review 893 (2019).

③ 参见李宗辉：《元宇宙中用户身份型数字人及其版权实践的法律考量》，载《编辑之友》2022 年第 10 期。

④ ［英］文森特·米勒：《数字文化精粹》，晏青、江凌、姚志文编译，清华大学出版社 2017 年版，第 158 页。

的一大特征在于强交互性,数字人本质依旧是用户形象的数字化,要生成数字人形象需要数据投入、算法分析,甚至是情感投射,数字人类似于人工智能系统,通过输入数据进行学习。因此,数字人的法律性质还是虚拟财产,数字人不具有法律主体资格,其在元宇宙中的实践应被视为用户的行为。

在元宇宙环境下数字人可以进行作品的创作,其中最主要的问题为数字人协同创作对作者定位的挑战以及在赋权、利用中产生的利益失衡风险。协同创作具有很强的创造性和社交性,意味着联系型创作模式的回归。[①] 在该模式下,个人的创造性表达总是能够为后续的创作注入外部影响,作为其他创作的原始材料,并由此产生循环,在每个循环中,都有新的东西被创作出来。协调创作给现有版权制度带来的风险主要是对作者身份定位的动摇以及对精细利益平衡的打破。一方面,当前的版权制度赋予作者专有权是基于这样一种信念——作者的创造性表达是独立且原始的,因此有必要授予权利进行保护。而协同创作呈现出创作从理论研究、模型设计、落地执行的整个过程,创作行为具有无边界性。在此情形下,创作成为一种广泛参与的公众自治模式,实际创作者和普通参与者的边界变得模糊。另一方面,现代版权制度通过合理使用、法定许可等制度,在权利人个人利益与社会公共利益之间构筑了精细的平衡机制。从历史视角来看,版权制度在面对数次技术革新的挑战中,利益的天平实际逐渐偏向版权人,尤其是在数字领域,人们开发各种技术维护数字作品的稀缺性和商业价值,进而保证版权人能够获得报酬。而元宇宙的构建过程需要海量素材和数字人的广泛参与,每位参与用户都对作品的形成付出了持续的智力劳动,作品的创作汇集了来自不同主体的灵感,体现出很强的互动性。因此,如果利益的平稳过渡向版权人倾斜,无疑会增加数字人协同创作的成本,带来个人利益与公共利益失衡的风险。

元宇宙中的内容产生高度依赖用户创作,用户生成内容通常涉及对原作品的利用,在引用他人作品进行二次创作时,当前我国《著作权法》对何种程度的利用构成合理使用尚缺乏明确解释。如果“一刀切”地将其认定为改编行为,那么用

---

① 参见蓝纯杰:《元宇宙协同创作对版权制度的挑战及应对》,载《中国出版》2022 年第 13 期。

户应当获得原作品著作权人的许可，生成内容的后续使用行为也要获得许可，这无疑会增加版权交易的成本，使用户无法在合理成本内完成创作并且可能面临著作权人频繁的侵权诉讼。

智能合约是元宇宙版权交易和利益分配的重要支撑，是元宇宙经济体系的基石，而智能合约存在压缩合理使用制度空间的风险。① 智能合约的应用使接触作品必须以支付虚拟财产为前提，且在智能合约通过共识机制、被添加至区块链后，任何个人或者机构都不能篡改或者阻止合约的执行。智能合约的这一特性使作品使用者丧失了与著作权人磋商、博弈的机会，使用者只能被迫支付费用，从而使合理使用制度的适用空间大幅缩减。

二、元宇宙中知识产权风险的预防和治理

元宇宙的兴起对于版权领域既是机遇也是风险，在整体思路上应当借助法律、规范、市场以及技术架构构建多元的治理框架，以应对 NFT 作品交易、用户生成内容、平台的去中性化运营和作品利用方式多元化产生的风险。

（一）整体思路：构建多元治理框架

元宇宙在发展初期，难免会陷入“科林格里奇”困境之中，即在某项技术未被充分开发和运用之前，人们难以充分了解和预测其社会影响，但当了解技术的负面影响后，进行干预又为时已晚。② 自治化的元宇宙社区并不意味着无任何监管，关于网络空间的监管问题，劳伦斯 · 莱斯格（Lawrence Lessig）认为，控制和影响用户行为的机制包括以下 4 种：国家法律、社会规范、市场力量以及塑造实体世界与虚拟世界的架构。

元宇宙空间的技术融合虽然产生新的风险，但技术本身也可提供治理风险的新思路。在元宇宙领域，代码即自治规则，在法律的滞后性无法应对技术的快速革新时，区块链技术运用的代码规则具有及时性，能够在很大程度上弥补法律漏

---

① 参见李毓颖、赵力：《元宇宙下图书馆数字资源管理版权合理使用研究》，载《图书馆工作与研究》2022 年第 7 期。

② 参见马强：《元宇宙版权规制理论探析》，载《出版广角》2022 年第 20 期。

洞。在元宇宙背景下,政府对平台的监管应当改变以往“命令—控制”式的规制路径,转而尝试“元规制”路径,即政府转变以惩罚措施为威胁的控制方式,有意识地促使规制对象针对问题以自治式、内部式的规制予以回应。对于元宇宙环境下产生的一系列风险,作为离市场较远的政府,缺乏必要的信息和资源,难以在短时间内针对动态变化的市场问题,作出符合市场管理要求的决策。因此,在元宇宙风险的预防和治理过程中,政府应当围绕其技术特征以及由此产生的风险构建多元化的治理框架,并在此过程中,以“元规制”的思路为主导。政府发现某项问题时可以先行要求平台提出解决措施,由平台通过内部规则进行内部治理。政府无须对元宇宙运行的每一个环节进行全面审查,而是可以通过监测资金流向的方式,发现违法行为。

区块链的去中心化特征意味着政府监管的弱化,但是在高风险的元宇宙环境下,监管的缺位是万万不能的,因此,在元宇宙知识产权风险的治理中,必须在规范层面进行创新,完善相关法律法规,推动技术与各类规范相辅相成,形成以技术为事前预防手段、规范为事后救济保障的治理体系,以更好地应对元宇宙发展带来的系统性和制度性风险。

(二)NFT 作品的风险治理

将 NFT 作品的交易过程纳入法治轨道,首先必须明确其法律性质。关于 NFT 的法律性质,学界有多种学说,主要包括“网络虚拟财产说”“物权说”“债权说”“财产利益说”。主张“网络虚拟财产说”的学者认为,NFT 本质上是一种虚拟数字资产,即 NFT 所有者并不拥有实体物品或电子副本,而仅有针对该 NFT 的权利,并通过智能合约实现权利的移转。[①] NFT 的虚拟性、可交换性、可支配性和排他性符合网络虚拟财产的特征,是一种受民法保护的财产性利益,属于一种特殊的“物”。主张“物权说”的学者则认为,以区块链技术为基础铸造的 NFT 作品具有唯一性和不可复制性,且能够长期稳定地存在,权利人能够实现对其进行排

① 参见江哲丰、彭祝斌:《加密数字艺术产业发展过程中的监管逻辑——基于 NFT 艺术的快速传播与行业影响研究》,载《学术论坛》2021 年第 4 期。

他控制，是互联网时代物的特殊形式，其支配性和排他性符合物权的特征。[①] 主张“债权说”的学者认为，权利人对 NFT 平台享有债权，权利人在行使权利时须有平台的配合，受后台服务器状态的限制，因而无法脱离债权的类型归属，不能上升为具有支配性的物权。[②] 主张“财产利益说”的学者认为，NFT 是财产性利益，不能通过将其上升为权利来提供保护，而应通过利益的确认以合同法或者侵权法的方式进行保护。除了以上具有代表性的学说，有的学者从 NFT 的技术本质出发，将其定性为一种加密数字凭证，将作为载体的标记与附加的价值相分离，独立于数字代币及其他加密资产。[③] 有的学者认为，NFT 实质上是一组权利束，并非简单的物权、知识产权或某一种新型财产权利，而是一种涉及多个主体的权利集合。[④]

以上不同的定性均存在合理之处。“网络虚拟财产说”和“物权说”肯定了 NFT 的支配性和排他性，将 NFT 视为虚拟资产符合一般人的权利观念。“债权说”认识到了 NFT 作品的交易过程受制于平台的现实因素。“财产利益说”则采取了相对保守的态度，通过已有路径对 NFT 作品的保护和交易进行规制。数字加密凭证这一认识亦符合对通证的一般定性，即 NFT 仅表示了对特定数据的权利权属，并不涉及数据背后的权益的转让或许可。权利束的观点反映了在 NFT 应用前景广阔的情形下，不应在一开始就对其性质进行方向性的限制。[⑤] 因此，在学界争议不断，难以形成统一观点的现状下，在实践中考虑 NFT 的定性，或许可以尽可能保证其应用上的开放，充分考虑其技术属性和艺术属性，对其法律性质进行层次分析。首先，NFT 与其他通证一样，在本质上是一种虚拟数字财产，NFT 交易就是通过智能合约来实现数据文件权利的移转；其次，NFT 的作用是确

① 参见司晓：《区块链数字资产物权论》，载《探索与争鸣》2021 年第 12 期。

② 参见黄玉烨、潘滨：《论 NFT 数字藏品的法律属性——兼评 NFT 数字藏品版权纠纷第一案》，载《编辑之友》2022 年第 9 期。

③ 参见苏宇：《非同质通证的法律性质与风险治理》，载《东方法学》2022 年第 2 期。

④ 参见李晓宇：《元宇宙下赛博人创作数字产品的可版权性》，载《知识产权》2022 年第 7 期。

⑤ 参见陈吉栋：《超越元宇宙的法律想象：数字身份、NFT 与多元规制》，载《法治研究》2022 年第 3 期。

认特定数字财产的权利归属,本身不涉及数据背后权利的转让与许可,NFT 与其承载的著作权的关系类似于作为作品载体的物权与作品著作权之间的关系,二者并行不悖;最后,NFT 许可使用型的交易方式就决定其只能证明某个主体对特定对象享有某项权利,而特定对象权利归属的真实性并不能通过 NFT 交易证明。在著作权纠纷中,NFT 仅能发挥有效的证明效力和法律效力,在具体个案审判中必须重新审查原作品的权属情况,不能将 NFT 记载内容直接作为案件事实认定。

为应对智能合约带来的风险:一方面,从技术层面来讲,通过代码自治完善对智能合约的平台监管。一是平台制定 NFT 作品交易的代码管理规则,将诚实信用、合同履行、纠纷解决机制和违约责任的承担,嵌入代码,保证智能合约的公平性;二是在智能合约中设置提示性规定,内容包括但不限于 NFT 作品的真实性、原创性以及铸造者等信息,以辅助用户在交易时进行决策;三是通过电子代理保障智能合约的有效性,传统合同法是通过要约承诺的方式订立合同、进行交易,智能合约作为一种全新的交易规则,现有法律规范未将其纳入调整范围,但依旧可以将现行法律的调整范围进行延展,只要在 NFT 作品的交易过程中满足契约要求,就应当承认其有效性,从而保证交易的稳定。另一方面,在法秩序统一的视野下,以 NFT 作为个人虚拟财产为中心出台监管措施。① 基于 NFT 交易市场平台化,对元宇宙平台责任的承担予以重视,实现交易平台牌照化运营,制定平台应当具备的资质条件和不符合条件的退出机制,在监管的同时促进平台合规发展。

关于发行权穷竭原则能否扩张至数字环境,学界一直存在争议。对其持否定态度的学者认为,发行行为以作品有形载体的转让为基础,NFT 在交易过程中不符合这一条件,即使其涉及作品的复制件,但其符合信息网络传播行为的典型特征,应当属于信息网络传播权保护的范畴。② 对其持肯定态度的学者认为,NFT 的交易过程实质上还原了传统有体物出版的过程,实现了特定交易对象所有权的

---

① 参见宋芳斌、甘锋:《NFT 艺术品的风险与二元保护模式》,载《南京社会科学》2022 年第 8 期。

② 参见王江桥:《NFT 交易模式下的著作权保护及平台责任》,载《财经法学》2022 年第 5 期。

转移,发行权穷竭原则适用于 NFT 交易具有正当性。[①] 上述争议产生的原因在于 NFT 交易模式兼具发行和信息网络传播行为的外观,对《著作权法》的现有规定造成冲击,但若基于对 NFT 技术特征和交易模式进行考察,发行权穷竭原则适用于数字环境具有合法性与正当性。首先,将发行权穷竭原则限定于现实世界是因为囿于当时的历史条件,技术层面无法保证作品与其无形载体的不可分割,难以保证商品的唯一性继而影响后续的交易。然而,NFT 作为独一无二的通证能够与存储于网络上的数字作品复制件形成一一对应关系。[②] 这种清晰的指向性关系使 NFT 在观念上能够被具象化为一个特定交易对象,成为物权法上的客体并产生所有权,[③]NFT 为元宇宙环境下所有权的确立提供了技术支持。其次,NFT 的交易模式更接近发行行为。基于交易实践,在二级交易市场中,买受人取得权利以出卖人丧失权利为前提;基于买卖双方的观念,买受人在支付对价后会自然认为已经取得该 NFT 的所有权,可以自由地进行处分,无论该交易的发生场景如何。因此,在 NFT 交易过程中适用发行权穷竭原则符合交易实践以及交易双方的常识观念。最后,基于前述分析,在符合特定条件下,智能合约能够自动执行继而实现所有权移转的法律效果,并且 NFT 的交易过程会被不可篡改地、完整地记录在区块链上,NFT 缺乏有形载体的事实并不能够作为否定所有权变动的事实。综上所述,将发行权穷竭原则扩展至数字环境具有充分的法理依据,应当肯定 NFT 的买受人能够获得针对某项 NFT 的所有权。

关于 NFT 交易中隐性的侵权风险,一方面,借助区块链技术完善版权管理机制,规范 NFT 的铸造行为,另一方面,元宇宙平台应积极构建运营规则,维护交易市场的秩序。就 NFT 作品的发行而言,与国外以公链为主的商业实践不同,国内 NFT 作品多采用联盟链的形式发售,而联盟链是由少数主体控制的区块链,其参

---

① 参见王鑫、宋伟:《数字出版 NFT 模式下发行权穷竭规则适用探讨》,载《科技与出版》2023 年第 3 期。

② 参见林妍池:《论 NFT 数字藏品交易中发行权的扩张——基于对"NFT 第一案"的反思》,载《科技与出版》2023 年第 5 期。

③ 参见司晓:《区块链非同质化通证(NFT)的财产法律问题探析》,载《版权理论与实务》2021 年第 7 期。

与主体少、使用风险高,NFT交易风险的治理必须直面这一现状。对此,可以尝试采取以联盟链为主,公链为辅的思路来对交易过程进行规制。基于NFT与作品复制件的一一对应关系,NFT不能被单独交易。虽然公链技术已经不在我国市场被运用,但未来存在重新进入的可能性。借助公链框架下的分布式账本技术,NFT交易可以最大限度地摆脱第三方平台对交易的束缚和政府对交易的监管。① 联盟链则赋予交易平台更多的监管权,政府可以通过加强对使用联盟链企业的监管,间接实现对NFT交易的监管。联盟链带来的交易风险,由政府的间接介入得到控制,进而达到防范交易风险的目的。关于NFT无法保证现实权利人身份真实性的问题,基于联盟链给平台赋权的这一思路,为防范匿名交易带来的风险,平台有必要履行相应的监管义务,即平台负有对用户个人信息实名认证和必要时的信息提供义务。相较缺乏技术和信息支撑的政府部门,运用联盟链的交易平台能够更加敏锐地洞察到行业动态和未来发展的方向,借助技术提出最有效的解决方案。非对称加密是区块技术的重要特征,其目的在于平衡数据安全与个人隐私,具体来说,区块链上的交易信息是完全公开的,而用户个人身份信息是高度加密的,只有在获得授权后才可以进行访问。匿名交易带来的高风险问题,能够通过实名认证实现消解,后台的实名认证旨在明确用户身份信息,在出现权利纠纷时,能够准确定位侵权人。NFT交易平台应当在后台建立针对用户个人的信息实名认证制度,并且有配合相关执法和司法的义务,在必要时根据有关部门要求提供平台收集的个人信息。在NFT的交易中,平台应当执行更严格的著作权验证认证标准,虽然这一做法并不能帮助著作权人识别并确定匿名侵权人,但是通过交易前端的审查机制,在一定程度上能够识别意图侵权的交易,② 进而将这部分交易排除在外。当交易平台怠于履行上述义务,导致权益受损的著作权人或者买受人无法追究实际侵权人责任时,交易平台应当承担相应补充责任。同时,由于NFT的交易依赖智能合约实现,随着作品在二级市场的流转,侵权行为和损害后

---

① 参见孙山:《数字作品NFT交易的著作权风险治理》,载《知识产权》2023年第6期。

② Rebecca Carroll, *NFTs: The Latest Technology Challenging Copyright Law's Relevance within a Decentralized System*, 32 Fordham Intellectual Property Media and Entertainment Law Journal 979 (2022).

果将难以控制，平台也可能因未尽采取必要措施的义务而承担连带责任。因此，平台应构建规则规范用户行为，可以采用技术手段，建立机器识别与人工检测相结合的审查机制，预防用户在平台上发布并出售侵犯他人著作权的NFT作品。[①]在实践中，也可以尝试发挥著作权集体管理组织的作用，呼吁作者将其现实作品的版权上传至著作权管理组织的数据库，通过NFT平台与著作权管理组织合作，将组织的证明作为铸造NFT的权利证明，仅允许经过认证的作品的NFT铸造。

关于NFT交易市场NFT价值波动带来的风险，政府可以采取必要手段控制NFT的发售数量，主要措施可以包括将NFT铸造者承诺不多平台重复发售和限量发售，规定为NFT上链的前置要求。以最常用于交易的美术作品为例，在传统纸质时代，美术作品原件的市场价值远高于其复制件，复制件市场价值趋于稳定，受复制件数量的影响较小。在元宇宙中，美术作品依旧在交易市场占据主导地位，但在数字环境下，美术作品的原件与复制件已经能在技术层面保持一致，二者的市场价值已经不存在较大差异，也就意味着如果不抑制复制件数量的无序增长，合法购买者的利益将会受到损害。因此，有必要在立法层面要求铸造者履行相应的义务，即要求NFT铸造者承诺铸造的最大数量，并对最大数量进行限制性规定，避免非理性行为造成的交易风险。与此同时，可以通过各NFT交易平台的数据联系，限制NFT铸造者在交易市场中只能注册一个账号，锁定在特定平台进行交易，只有该平台因经营不善倒闭或者注销账号后，才能更换交易平台。上述的数量限制和平台限定义务或有利于控制交易双方承担的风险，在买卖双方的利益之间取得平衡。

综上，通过平台自治规则和规定铸造者义务，能够有效降低NFT交易过程中的风险，实现NFT交易的合法、高效和有序。

（三）用户生成内容风险的预防与治理

用户自由创作的内容和闭环经济体系的激励是元宇宙诞生并且持续扩张的

① 参见郭玉新、胡晴雁：《非同质化通证数字作品著作权侵权风险与应对研究》，载《上海法学研究》2022年第1期。

核心驱动力。[①] 用户创作内容的兴起以及 NFT 交易平台的繁荣发展，给传统的避风港规则造成挑战。基于对元宇宙平台盈利模式、技术可行性角度的分析，应当要求平台履行更高程度的义务和承担更严格的责任。

元宇宙平台不应当无限制地使用避风港规则。元宇宙平台属于互联网内容提供商，为数字作品交易搭建平台和提供技术支持。目前，我国尚未针对数字平台出台专门性的规则，交易平台都以避风港规则作为法律指南。相较传统的互联网平台，元宇宙平台的盈利方式存在较大差异。多数互联网企业一般通过广告、电商、增值服务等获得收入，而元宇宙企业作为 NFT 的交易平台，其盈利模式主要是通过从交易本身收取一定比例的交易服务费，例如，世界范围内规模最大的 NFT 交易平台 OpenSea 就会收取交易金额的 10%“GasFee”(燃料费)作为其提供区块链技术的服务费。因此，可以理解为元宇宙平台从 NFT 作品的交易中直接获利，而不对交易本身承担更多的责任，平台对交易的作品权利归属的真实性和准确性不负有保障义务，在交易作品本身存在权利瑕疵并且权利人主张权利时，平台通常都适用避风港规则相应的条款，主张免除自身的法律责任。上述的义务责任分配规则，可能会导致元宇宙平台怠于履行关于权利真实性的审查义务，导致更多的经济泡沫和商业风险。针对这一现实问题，有学者指出元宇宙的去中心化运营方式，是版权认证和交易的去中心化而不是版权审查的去中心化。[②] 在规范层面，国家也通过立法的方式对该问题进行了规范导向性的回应，最高人民法院《关于审理侵害信息网络传播权民事纠纷案件适用法律若干问题的规定》第 11 条规定，网络服务提供者直接从作品中获得经济利益的，应当承担更高的注意义务。在实践层面，在“胖虎打疫苗案”的判决中，杭州互联网法院也认为，NFT 交易平台负有知识产权的初步审查义务。[③] 此外，由于元宇宙平台本身具有商业属

① 参见赵国栋、易欢欢、徐远重：《元宇宙》，中译出版社 2021 年版，第 26 ~ 28 页。

② 参见王韵、张叶：《非同质化通证技术赋能数字版权保护的应用优势与实践策略》，载《中国编辑》2022 年第 8 期。

③ 参见杭州互联网法院民事判决书，(2022) 浙 0192 民初 1008 号。

性，在利益驱动下必定会不断扩大交易规模，实现利益最大化。[①] 区块链技术的应用促进了数字环境著作权保护的变革，让 NFT 平台对内容具有更强的控制力。运用区块链的哈希算法、时间戳等技术，NFT 平台可以打造由证书链、维权链和交易链组成的版权链，通过智能合约的设置，在 NFT 铸造完成后，自动向区块链中的审查节点申请与数据库的作品进行相似度比对，[②]快速识别存在侵权风险的作品。并且 NFT 平台的分布式区块链中的共识机制，又被称为“信任机制”，频繁发生的著作权侵权问题会破坏该机制而产生“寒蝉效应”，对元宇宙环境的经济生态造成不利影响。因此，要求 NFT 平台履行知识产权审查义务具有法律上的合理性、技术上的可能性和实践上的必要性。

基于上述分析，NFT 平台从版权交易中直接获利，具备对平台内容进行控制和管理的技术条件，可以根据 NFT 的铸造、交易过程，构建平台的“事前—事中—事后”责任制度。在事前阶段，可考虑在立法层面对元宇宙平台设立在作品上链前对其权利归属进行有限审查的义务。与需要取得国家知识产权局授权的专利权和注册获得的商标权不同，著作权在作者完成作品后自动产生，要求平台对上链作品进行足以排除合理怀疑的全面审查不具有实际可操作性，但是我国建立的著作权自愿登记制度可以成为平台履行有限审查义务的基础。因此，可以将平台对作品权利归属的审查义务限定在全国作品登记信息数据平台的可查询范围内，如果平台未履行审查义务导致权利人或买受人受到损害，平台承担连带责任。同时，平台可以借助区块链技术和算法机制，建立有效的内容过滤机制，对上链作品的内容与数据库中的作品进行相似性比对，对内容的来源和授权情况进行审查，从源头上防止侵权的发生。在事中阶段，若接到著作权人或者行政机关的审查要求，应当积极配合，履行披露涉嫌侵权人信息的义务。在事后阶段接到著作权人的权利主张和删除通知时，及时采取断开链接等必要措施，防止权利人损失的进

---

① 参见锁福涛、潘政皓：《元宇宙视野下 NFT 数字藏品版权保护问题》，载《中国出版》2022 年第 18 期。

② 参见熊皓男：《版权链论纲：区块链对网络版权底层规则的重塑》，载《科技与法律（中英文）》2022 年第 1 期。

一步扩大。

元宇宙中普遍存在可以独立于现实作品存在的NFT作品形式，其具有独立的交易价值。在用户生成内容模式下的著作权侵权风险治理，需要元宇宙平台和用户共同履行相应的义务。一方面，可以要求平台建立内容审查和过滤机制，另一方面，可以通过规定NFT作品铸造人的权利真实性保障义务实现政府的间接监管，以尽可能形成风险防范的逻辑闭环。前者是对平台行为的客观要求，后者是对用户铸造NFT时主观态度的要求。未来可以在立法中确立用户权利保障义务，规定用户应当保证对自己铸造的NFT享有著作权或取得合法授权，因数字作品没有合法权利而给买受人造成损失的，应当承担损害赔偿责任。

关于用户与平台交互、用户之间协同创作产生的作品的归属问题，应当根据不同的创作情形作出差异化的规定。就用户与平台的交互创作而言，权利归属可以分为"材料主义""创作主义""合作主义"。若用户生成的内容基本上保留了平台提供素材的视觉表达，只是对原始素材进行细小的修饰，应采纳"材料主义"，即著作权归平台所有；若用户生成的内容对平台提供的素材进行了创造性的编辑，呈现出具有个性特征的表达，在视觉表达上与平台素材存在显著差异，应采纳"创作主义"，即著作权归用户所有；若用户生成的内容在视觉表达上兼具用户个性化特征和平台提供的素材，整体上体现了二者的融合性，应采纳"合作主义"，即著作权归平台和用户共有。就用户之间协同创作产生的作品而言，在联系型创作模式下，众多的用户参与其中，如果简单地认定著作权归集体共有不是明智的制度选择，过多的共有人和过于分散的权利不利于作品后续的许可使用。因此，对于多人协同创作产生的作品可以参照电影作品进行权利归属的构造，即规定作品的著作权归属于投入人力、物力和财力最多的发起人，其他参与创作的主体对能够分割利用的部分享有独立完整的著作权，对于不能够独立出来的部分享有署名权，并可以依据约定获得一定的报酬或者其他形式的对价。

（四）去中心化全球运营风险的预防和治理

为解决著作权法地域性与去中心化的元宇宙环境中侵权的跨地域性间的冲突，以及著作权人通过单一诉讼无法获得充分救济或者多国竞争诉讼的问题，欧盟《关于民商事裁判管辖权及判决执行的公约》允许侵权行为实施地或者被告住所地法院审理跨越多国的著作权侵权案件。[①] 我国目前未规定在著作权涉外案件中,法院的审理权限可以延伸至其他国家发生的侵权行为,我国法院在未来可以参考欧盟采用类似做法。

关于若多国法院均有管辖权,原告向多国法院起诉,各国之间的诉讼应当如何处理的问题,各国的做法也未统一。目前中国法院和美国法院认为不用等待最先受理的法院先行受理,各国法院的判决不受先行判决的影响;欧盟国家依据《关于民商事裁判管辖权及判决执行的公约》的规定,则应当等待最先受理的法院的审判结果。因此,在知识产权跨境侵权诉讼中,如果两个国家之间不存在关于管辖权的条约,那么各国诉讼的关系完全取决于各国的规定。对此,防范多国竞争诉讼风险的理想方案就是当事人之间通过事前协议或者事后协商的方式,选择诉讼法院。

关于在元宇宙环境下停止侵权的问题,在"胖虎打疫苗案"中,法院给出的解决方案是 NFT 平台将该侵权作品在区块链上予以断开并打入地址黑洞。[②] 地址黑洞是指没有私钥或者无法确定其私钥的地址,打入地址黑洞就意味着用户在区块链中被分配的公钥缺少唯一对应的私钥,那么用户就失去了对该账户的控制,即使 NFT 作品依旧存在也无法交易,以此实现停止侵权的法律效果。上述打入地址黑洞的方式只有在联盟链技术下才能实现,若元宇宙平台采用的是公链技术,平台通常无法直接操纵用户账户使涉嫌侵权的 NFT 与黑洞地址进行交易,只有用户删除其终端存储的内容才能实现停止侵权的效果。并且采用公链技术的平台不要求用户在注册时提供真实身份信息,因此侵权用户具有匿名性。此时只能采用改变共识机制的方式来实现停止侵权的效果,但改变共识机制作为区块链运行的重要机制,其修改需要大多数节点同意,通过该方法实现停止侵权的效果,修改成本与著作权人遭受的损失可能不符合比例原则,并且修改共识机制本身也

---

① [澳]山姆·里基森、[美]简·金斯伯格:《国际版权与邻接权——伯尔尼公约及公约以外的新发展》(第2版),郭寿康、刘波林等译,中国人民大学出版社2016年版,第1146~1148页。

② 参见杭州互联网法院民事判决书,(2022)浙0192民初1008号。

是对其声誉的损害。因此,在采用公链技术的背景下,应当更加注重前端的预防,可以尝试建立相对匿名的交易制度,即以匿名为原则,但若平台在审查过程中发现存在侵权可能,可以要求用户提供实名认证,必要时要求提供权利瑕疵担保。

(五)合理使用制度风险的规制

合理使用制度在促进知识的传播和利用,丰富公共领域知识内容与维护个人利益和社会公共利益的平衡方面发挥独特的功能。① 为应对多元的作品利用方式无法纳入现行的合理使用制度而导致的利益失衡风险,有必要对合理使用制度进行重塑。

我国现行的《著作权法》采取了"总括条款 + 列举具体行为类型 + 兜底条款"的方式规定合理使用制度,《著作权法》在经过 2020 年修改后,在总括条款中增加了关于"三步检验法"的表述,并增加兜底条款——"法律、行政法规规定的其他情形",但这次修改并没有在实质上改变合理使用制度封闭式的立法模式。第一,我国将"三步检验法"中规定的存在特殊情况直接限定为条文中列举的 12 种情形,如此,法条列举的情形在合理使用的适用中具有优先地位,"三步检验法"只是判断是否符合具体情形的辅助性标准,②而无法据此判断法条列举之外的情形是否构成合理使用。第二,兜底条款在"其他情形"前加上了"法律、行政法规规定"这一前缀,法律和行政法规规定的有限性直接导致该兜底条款适用的局限性,也说明合理使用制度并不具有开放性。我国目前仅在《著作权法》和《信息网络传播权保护条例》中对合理使用制度进行了规定,元宇宙环境下多样化的作品利用方式不属于具体列举的行为类型,兜底性条款也难以涵盖多样的作品使用行为。可以在总括条款中借鉴转换性使用理论,以降低元宇宙环境中的创作成本和侵权风险。

转换性使用理论产生于域外判决中,法院在对转换性使用的界定中采用了"不同目的""新表达、新含义、新信息"的措辞,由此理论界产生了"目的性转换"

---

① 参见蓝纯杰:《元宇宙协同创作对版权制度的挑战及应对》,载《中国出版》2022 年第 13 期。
② 参见吴汉东:《人工智能生成作品的著作权法之问》,载《中外法学》2020 年第 3 期。

和“内容性转换”两种理解方式。[①] 内容性转换使用强调形成了新的表达、含义和信息,但是由此产生的问题是:作品在二次创作的过程中,对原作品进行多大程度的改造,才能使之排除演绎而属于合理使用的范围。无论是理论界还是实务界都难以在内容性转换与演绎行为之间确定一个精确的量化标准。我国在进行具体的制度构建中,采纳目的性转换的判断标准更为可取,即如果被告使用目的或功能与原作的使用目的或功能不同,就可以认定是转换性使用,至于最终是否构成合理使用,需要结合使用行为对原作品的商业性使用和交易市场的影响程度去判断。在该理论下,文本与数据挖掘行为、数字人的协同创作行为如果与原作的目的与功能不同,即可以认定为转换性使用,继而具有适用合理使用免责的可能性。

在元宇宙空间中,技术的革新在实现对著作权更强保护的同时,也存在不断挤压社会公众自由使用公共领域文化的空间,著作权的公共领域逐渐呈现出式微之势。[②] 可以通过设立公共领域保留制度的宣示性条款,将不具有独创性的表达,纯粹的事实信息,惯常表达等公共领域的素材排除在权利范围之外。公有领域保留制度的引入能够有效地缓解作者个人权利与社会公众之间利益失衡的风险。元宇宙中的内容,无论是用户独立创作或者是协同创作作品的过程,都会有对公共领域素材的利用。公共领域为后续的创作预留了空间和节约了创作成本,能够激发用户的创作热情。

关于智能合约对合理使用适用空间压缩的问题,应当从合同与合理使用制度关系的角度出发,厘清二者之间的关系。我国《民法典》第 143 条规定,民事法律行为不得违反法律、行政法规的强制性规定,不违背公序良俗。该条为管理性强制性规范而非效力性强制规范,即在合同条款排除著作权合理使用的情形下,不能直接否定合同或者合同条款的效力。我国未来可以规定限制著作权合理使用的合同条款无效。在域外,英国《版权、设计、专利法案》规定,若合同条款禁止或者限制法案规定的不侵犯版权的行为,该条款不具有执行力。欧盟《2019/70 指

---

① 参见袁锋:《元宇宙空间著作权合理使用制度的困境与出路——以转换性使用的界定与适用为视角》,载《东方法学》2022 年第 2 期。

② 参见李晓宇:《“元宇宙”下虚拟数据作品的著作权扩张及限制》,载《法治研究》2022 年第 2 期。

令》也作出了类似规定，任何与版权指令权利的限制条款相抵触的合同条款均不具有执行力。

元宇宙时代，以 NFT 作品为核心的用户的深度参与和作品的多样化利用，以及元宇宙平台的去中心化运营方式，给创作者和文化产业带来了巨大的发展机遇，同时也给著作权的交易、归属、权利限制和侵权诉讼都带来不同程度的风险。从促进创新和产业发展的视角出发，应当积极回应新技术带来的新问题，以更好地服务于新产业激发的新需求。因此，在元宇宙时代，数字作品是其重要构成元素，以区块链技术为基础的 NFT 发挥权属确认和交易记录的作用，期待在充分利用元宇宙环境技术优势的基础上，优化算法架构，加强平台自治能力和政府监管的有效性，完善相关制度规范，最终构建起多元的治理框架。

第四节　元宇宙人身权风险预防与治理

一、元宇宙中虚拟人人格属性界定

Meta 公司（前身为 Facebook 公司）开放了其元宇宙平台“Horizon Worlds”。据报道，在“Horizon Worlds”测试期间，一名女性玩家指出其在虚拟世界里遭到了性骚扰。这名玩家称，在游戏广场上有一个陌生人试图“摸”自己的虚拟角色。她写道，“在虚拟世界中被性骚扰，不适感相较于在互联网上更为强烈”①。这起事件被称为元宇宙空间公开曝光的第一起性骚扰事件。但事实上，VR 世界中发生性骚扰事件，此前也曾有类似案例。2016 年，就有一名女性玩家在论坛上发布公开信，描述了自己在玩网游时，一个陌生人突然追着她的角色乱摸。“Horizon Worlds”测试期间暴露出来的问题，对元宇宙乃至整个虚拟空间虚拟角色的人身权保护提出了挑战。有人认为，“没有摸到真实的身体”就不算是性骚扰；也有人认为，这种虚拟触碰有真实感，当然属于性骚扰。而许多人支持“没真实触碰就不

---

① 参见躺倒鸭：《元宇宙也有“性骚扰”：女玩家游戏中被摸?》，载百度百家号 2021 年 12 月 25 日，https://baijiahao.baidu.com/s?id=1720080861263219025&wfr=spider&for=pc。

算”的观点,也让当事人感到孤立无援。Meta 公司测试期间的性骚扰事件,把元宇宙角色的“人格属性”摆在了人们面前。

(一)元宇宙虚拟人概念的提出

元宇宙空间的一个特性,就是比普通虚拟空间更能够给人带来沉浸式的体验。角色在虚拟空间中的沉浸,使虚拟角色身上的行为充满了现实人体的行为感受,虚拟角色做出相关行为的背后,都是现实人心理和思维指导下的结果。同样地,被动受到行为影响的虚拟角色,也会将感受传递到他现实中的身体。也就是说,虚拟角色的行为,其实是现实人物心理和思维在元宇宙中的体现。元宇宙作为一种可在数字空间中互动并形成社区的新方式,其本质上就是将物理世界进行数字化。相应地,用户们也可以在其中创建属于自己的数字化身,即以虚拟形象在元宇宙中进行社会活动。这种虚拟形象借助虚拟增强技术实现,其最大的特征就是虚实相融性,具体有以下几点体现:

第一,数字孪生是虚拟增强技术下的虚拟人的主要构建技术。这是一种充分利用物理模型、传感器更新以及海量数据而整合多种学科及不同尺度的仿真过程。[①] 因此,可以将数字孪生理解成是现实世界在数字世界的映射。第二,元宇宙中的虚拟人是依赖于大量的数据存在的,而这些数据又来自现实世界中自然人的身份数据。第三,虚拟人和自然人在意志方面也是密不可分的,难以存在可清晰划分并界定的界限,因为虚拟角色的行为本身就是显示自然人的意志投射。

由此产生的法律问题是,虚拟形象是否具有自己独立的人格,能否为自己在元宇宙中的行为承担法律责任,还是应当由在物理世界中的用户承担责任。对于这一问题,在学理上主要有“财产说”和“同一说”两种学说。支持“财产说”的学者认为,元宇宙中的虚拟形象与其他人工智能系统并无二致,[②]基于目前《民法典》第 127 条的规定,应当将虚拟形象定性为“网络虚拟财产”,而非法律主体。[③]

---

① 参见于勇、范胜廷、彭关伟等:《数字孪生模型在产品构型管理中应用探讨》,载《航空制造技术》2017 年第 7 期。

② 参见陈吉栋:《超越元宇宙的法律想象:数字身份、NFT 与多元规制》,载《法治研究》2022 年第 3 期。

③ 参见李晶:《论人工智能虚拟偶像的法律性质》,载《浙江社会科学》2020 年第 9 期。

支持“同一说”的学者认为，虚拟形象与自然人用户是同一主体，虚拟形象的行为与言论均源于自然人用户，当然应当由自然人承担责任。[①] 联合国教科文组织2021年通过的《人工智能伦理问题建议书》也提出，禁止人工智能系统获得法律人格，由人工智能技术产生的问题都应由人类最终承担。

事实上，“一刀切”地采用“财产说”与“同一说”中的任何一种，都无法妥善解决虚拟形象的法律地位问题。虚拟形象作为自然人在元宇宙中的数字化身，其在元宇宙中可以独立地参加民事活动、实施民事行为，如订立协议、创造财富等，甚至可能在没有用户输入信息的情况下进行独立创作以及拒绝提供用户强制要求的服务。[②] 可见，元宇宙中的虚拟人既与缺少人格要素和独立意志的财产存在本质区别，同时又不能简单地将虚拟形象的人格保护放置在自然人人格保护的范围内。因此，应当在以上两种学说之外寻求第三种路径：承认虚拟形象人格化的客观现实，其既非自然人的财产，也不与自然人共享同一人格。自然人的人格以物理世界作为社会基础，虚拟形象的人格则基于元宇宙社会产生，二者的人格特征显然存在差异，用户完全可能在现实世界和元宇宙中过上两种生活，发展两种人格。分离自然人人格与虚拟形象人格，一方面，有助于相对独立地解决物理世界和元宇宙中的纠纷，维护不同世界成员的信赖利益；另一方面，也可以帮助虚拟形象摆脱现实形象的束缚，更自由、独立地在元宇宙中进行社会活动。[③]

（二）虚拟人不具备人格要素

有观点指出，元宇宙中的数字人是自然人的意志的延伸与拓展，认为数字人在元宇宙中的各项行为直接体现了自然人的意志，应当认为虚拟人的地位就是自然人拥有的法律地位。[④] 然而，虚拟人的诞生和应用虽然需要人类的参与，但是

---

① 参见杨延超：《网络时代论元宇宙中的民事权利》，载《东南大学学报（哲学社会科学版）》2022年第4期。

② Woodrow Barfield, *Intellectual Property Rights in Virtual Environments: Considering the Rights of Owners, Programmers and Virtual Avatars*, 39 Akron Law Review 695 (2006).

③ 参见白牧蓉、张嘉鑫：《元宇宙的法律问题及解决路径的体系化探究》，载《科技与法律（中英文）》2022年第3期。

④ 参见丁凤玲、林冰雁：《元宇宙中数字人的法律地位探析》，载《北京邮电大学学报（社会科学版）》2023年第2期。

无论是用户还是生产者和设计者都无法对其进行完全的控制。元宇宙下的虚拟人呈现出一种自主性,具体表现在以下几方面:第一,虚拟人具备与人类进行交互的能力。这种交互是自主性数字人在摆脱了其生产者、设计者和使用者制约的基础上作出的回应。第二,虚拟人具有学习能力。虚拟人具有较强的学习能力,能独立进行学习并了解世界。在深度学习等技术的加持下,虚拟人掌握的知识在一定程度上超出程序的设置,超出其生产者与设计者的预设。第三,虚拟人可独立地作出意思表示,并将其付诸实践。因此,不能简单地认为虚拟人的法律地位就是自然人拥有的法律地位。

和现实世界不同,元宇宙具有虚拟化、智能化、去中心化的特点,这使元宇宙对于民事权利的客体提出独特的要求,那就是只有与元宇宙特质适配的才可以作为元宇宙民事权利的客体。根据现有的民事权利制度,人格要素作为人格权客体,包括生命、健康、姓名、肖像、名誉、隐私等。这些人格要素都是基于自然人的生物属性和社会属性形成的。而元宇宙中的虚拟人作为物理世界中自然人的数字化身,其生命、健康等要素是由算法进行设定的,无法将自然人的生物属性映射在元宇宙中;此外,元宇宙下的社会基础和现实世界也存在根本区别。适用于自然人的人格权要素并不适用于虚拟人,也就难以在元宇宙中作为虚拟人的人格客体进行保护。那么这些人格要素是否可以作为元宇宙中的财产从而寻求财产权上的保护呢?以元宇宙中虚拟人的肖像为例,有学者指出可以将肖像作为美术作品进行保护,①值得注意的是,美术作品的功能在于艺术欣赏,而肖像的功能在于生物识别。如果将人格要素僵硬地以财产方式进行保护,只会导致元宇宙社会中人格与财产彻底混淆。因此,基于虚拟人格无法通过现有民事权利中的人格权和财产权得以规制的现状,元宇宙下人格权的法律内涵应当另行研究和设计。②

(三)虚拟人“非人”可“人”

当前,各个国家对于元宇宙中的虚拟人的法律地位并没有明确的界定,但是

---

① 参见李宗辉:《元宇宙中用户身份型数字人及其版权实践的法律考量》,载《编辑之友》2022 年第 10 期。

② 参见杨延超:《网络时代论元宇宙中的民事权利》,载《东南大学学报(哲学社会科学版)》2022 年第 4 期。

给予“非人”主体以法律主体地位的实践却早已存在。例如，2016 年，美国国家公路交通安全管理局提出，自动驾驶汽车中的自动驾驶系统可以被当作“驾驶员”。2017 年，沙特政府授予机器人索菲亚以公民身份。欧洲议会通过了《关于机器人民事法律规则立法建议致欧盟委员会的报告草案》，其规定机器人具备法律主体地位，即“电子人”。同年，《国务院关于印发新一代人工智能发展规划的通知》(国发〔2017〕35 号)指出，为了应对人工智能的应用发展，应当解决人工智能的法律地位问题，明确权利、义务及责任的内容，为其提供法律制度的支撑。这些实践充分表明法律主体的发展完全可以进入“非人”可“人”的阶段，并不是只有“生物人”才具备成为法律主体的条件。正如部分学者的观点：“主体制度应当是一个开放且发展的体系，法律可以赋予某一社会存在以主体地位，以便其能在参加法律关系时更有效地实现自身的社会功能。”①

虚拟人虽然是自然人在元宇宙中的映射，但是这并不意味着虚拟人完全依附于自然人而缺乏独立性。事实上，虚拟人在元宇宙中具备自主性，其可以在没有用户或生产者控制的情况下自主思考并做出行动。在元宇宙环境下，虚拟人虽然是人类创造出来的，但人类对其设计和编制的程序使虚拟人获得了思考与学习的能力。这也就意味着，虚拟人在元宇宙中完全拥有独立的意志。这种独立的意志，恰恰是虚拟人可以获得法律主体地位的关键所在。更进一步地说，虚拟人在元宇宙中实施的行为，并非全都受到自然人或者生产者的操控，此时如果虚拟人不具备法律主体地位，那么其行为后果又应当由谁承担呢？倘若虚拟人具备法律主体地位，其在元宇宙中的行为完全可以由自己承担责任，这样就可以实现行为的独立性与责任的独立性相适应。

虽然虚拟人应当被赋予独立的法律主体地位，但其“非人”属性依旧是不可忽略的。他们与同样作为法律主体的自然人，在权利与义务上必然存在区别，尤其是在人格权方面，如虚拟人不具备生命体征，难以享有生命权、身体权等。因此，虚拟人的权利与义务应当根据其自身的特质另行设计。

---

① 参见马俊驹、宋刚：《民事主体功能论——兼论国家作为民事主体》，载《法学家》2003 年第 6 期。

二、元宇宙技术对人格权益的侵害风险

(一)沉浸式接入设备对物质性人格权的侵害风险

VR 主要利用计算机技术,将虚拟的信息借助于各种沉浸式接入设备,从而产生一个兼具视觉、触觉、听觉、嗅觉等多种感官体验的虚拟世界。元宇宙通过 VR 眼镜、VR 手套等沉浸式接入设备带给用户身临其境般的体验感,从而将现实世界和虚拟世界连接起来。美国的 Meta 公司致力于研发各种沉浸式接入设备,其当下力推的产品包括 Oculus Quest 2 VR 头盔、AR 眼镜 Azeray 和高端 VR 头盔 Project Cambria。Meta 公司近期还透露正在研发一种触觉手套,可令穿戴者获得抓握物体或抚摸不同材质表面的触感。这些设备需要与用户身体直接接触,但设备是否会对人的生命权、健康权等物质性人格权造成侵害,是否会因特殊体质而产生预期之外的伤害,均没有权威的回答。此外,沉浸式接入设备的产品目的决定了为用户提供更真实的虚拟世界体验感将成为这些设备的发展趋势。这也就意味着,未来的沉浸式接入设备很有可能直接作用于人的大脑,如通过脑机接口让人类和虚拟世界产生紧密连接,其风险更须我们加以谨慎思考。《民法典》规定的身体权还包括身体自决权和维护身体自由的权利,当元宇宙技术完全实现了用户沉浸式进入虚拟世界的效果,用户极有可能丧失现实世界的“肉体感官”,这也将对维护身体的自主自决产生威胁。①

除了沉浸式接入设备自身会对用户的生命权、健康权等物质性人格权造成侵害,元宇宙用户之间借助沉浸式设备进行的交互行为也会产生对物质性人格权的威胁。随着虚拟世界的发展,涌向这项技术的不良行为者数量也在增加。像虚拟世界这样的沉浸式虚拟现实在犯罪领域引发了非常具体的考虑,因为用户在虚拟世界中的体验似乎是真实的,但在现实世界中什么也不会发生。这就引出了侵权法是否适用于虚拟世界的问题:谁对这些法律问题有管辖权?在虚拟世界中什么构成伤害,以及法律体系应该如何将适用于非虚拟世界的法律适用于虚拟世界?

---

① 参见申晨:《元宇宙技术对人格权的侵害风险及法制应对》,载《中国信息安全》2022 年第 1 期。

随着虚拟元世界的体验变得越来越栩栩如生并使用户越来越身临其境,“虚拟现实主义”的现象越来越多,化身的幻觉导致用户将自己的自我意识置于虚拟身体中,并表现出对虚拟事件的身体反应。元宇宙中的性侵案件正是“虚拟现实主义”这一现象的代表。2021 年 11 月,一名女性参加了 Meta 公司的虚拟现实社交媒体平台“地平线世界”的 beta 测试。“地平线世界”允许多达 20 个虚拟角色聚在一起,在虚拟空间中探索、闲逛和建造。在 beta 测试期间,这位女士声称,她在 Meta 平台上被一个陌生人摸了。受害者在 Meta 官方的“地平线世界”beta 测试群里发帖,讲述了她的虚拟角色是如何被这个陌生人猥亵的。在这个案件中,受害者没有办法反击罪犯,即便性侵犯行为是真实的,并对受害者的精神产生了持久的影响。这主要是由于在虚拟犯罪的情况下,尤其是虚拟性侵犯,受害者遭受的伤害是难以量化的。同时,目前成文法对于身体侵犯类的犯罪行为均要求有身体接触或接触的元素,而在虚拟性侵的情况下,尽管性侵行为对受害者来说似乎是真实的,受害者在精神和情感上都经历了真实世界的伤害,但实际上在现实世界中并没有受到具体的触摸,因此就目前的情况来看,该情形这还不足以满足构成性侵犯的条件,这也使虚拟世界的性犯罪者不太可能在现实世界中面临惩罚。此外,在元宇宙背景下,殴打等其他侵犯公民人身权利的犯罪也遇到了类似的证明问题。该类犯罪往往都需要证明被告对原告的人身存在故意的、有害的或冒犯性的接触。如果缺少对身体的直接接触,就不能满足物理伤害的要件。然而,随着技术的进步,虚拟世界中逼真的感受,使现实世界中的身体接触和虚拟现实之间的界限正在变得模糊。如何判定是否存在身体接触这一问题变得更复杂。

此外,未来的触觉技术迭代将让用户感受到疼痛作为研发目标。为了在虚拟现实中“增强存在感和沉浸感”,一家由索尼支持的初创公司正在开发一种腕带,这种腕带可以用电刺激佩戴者的手臂肌肉,让他们感受到疼痛和其他感觉。随着科技公司和用户对更“真实”和身临其境的体验的追求,我们不难想象,虚拟现实技术可以让用户感受到身体任何部位的疼痛。这将使人们能够“真实”地体验拳击和格斗,在雪地里攀登珠穆朗玛峰,甚至在血腥电影中被攻击。触觉技术带来的“真实”体验,也会带来实实在在的后果,给法律专业人士留下许多疑问。如果用户被 Meta 的触觉手套摸了一下，这是性侵指控的对象吗？如果用户戴着索尼腕带时，虚拟角色被人打了一拳，这是不是不必要的触碰？不难看出，在虚拟世界中越来越身临其境的体验将会使我们一步步陷入法律困境。立法者和法官很快将不得不重新考虑和定义"什么是身体接触"。

（二）虚拟身份设定对标表性人格权的侵害风险

元宇宙中的虚拟形象基于用户的个人设定生成，这种虚拟形象与现实世界中的用户通常存在唯一对应性。相较于目前互联网的交互，元宇宙用户的虚拟形象可以在提供的环境和情境下设定自己的肖像、姓名等内容，取代了传统账号的文本性自我描述。用户在对虚拟形象设定时，往往会投射自己的情感、喜好，如使用自己崇拜的明星、暗恋的对象的外貌特征。这将会造成对现实世界中被模仿者的姓名权、肖像权等标表性人格权的侵犯，同时也会对用户在现实世界和虚拟世界保持同一性造成阻碍。

在 2022 年最高人民法院发布的一起典型案例中，被告运营某款智能手机记账软件，在该软件中，用户可以自行创设或添加"AI 陪伴者"，设定"AI 陪伴者"的名称、头像、与用户的关系、相互称谓等，并通过系统功能设置"AI 陪伴者"与用户的互动内容，系统称之为"调教"。该案原告何某系公众人物，在原告未同意的情况下，该软件中出现了以原告姓名、肖像为标识的"AI 陪伴者"，同时，被告通过算法应用，将该角色开放给众多用户，允许用户上传大量原告的"表情包"，制作图文互动内容从而实现"调教"该"AI 陪伴者"的功能。原告认为被告侵害了原告的姓名权、肖像权、一般人格权，故诉至法院。北京互联网法院经审理认为，案涉软件中，用户使用原告的姓名、肖像创设虚拟人物，制作互动素材，将原告的姓名、肖像、人格特点等综合而成的整体形象投射到 AI 角色上，该 AI 角色形成了原告的虚拟形象，被告的行为属于对包含了原告肖像、姓名的整体人格形象的使用。同时，用户可以与该 AI 角色设定身份关系、设定任意相互称谓、通过制作素材"调教"角色，从而形成与原告真实互动的体验，被告对于案件的上述功能设置还涉及自然人的人格自由和人格尊严。虽然具体图文由用户上传，但被告的产品设计和对算法的应用实际上鼓励、组织了用户的上传行为，直接决定了软件核心功能的实现,被告不再只是中立的技术服务提供者,应作为内容服务提供者承担侵权责任。因此,被告未经同意使用原告姓名、肖像,设定涉及原告人格自由和人格尊严的系统功能,构成对原告姓名权、肖像权、一般人格权的侵害。遂判决被告向原告赔礼道歉、赔偿损失。[①] 标表性人格权作为民事主体通过标明和表示自身身份信息进而获得的相应利益,用户在设定其元宇宙虚拟形象时,若未经他人允许使用了他人的姓名、肖像等标表性人格要素时,将对他人的标表性人格权造成侵害。

至于虚拟人自身可否享有相应的姓名权,依据《民法典》第 1012 条、第 1013 条的相关规定,自然人享有姓名权,法人和非法人组织则享有名称权。有观点指出,元宇宙中的虚拟人并非享有生命的自然人,只能参照法人、非法人组织享有名称权。[②] 虚拟人并非有生命的自然人,故虚拟人名称有可能侵害自然人姓名权。虚拟人名称如被他人冒用、抄袭,可能导致混淆误认、淡化而构成不正当竞争行为,要构成不正当竞争行为,首先该虚拟人名称应当符合“有一定影响的”这一前置条件,认定“有一定影响的虚拟人名称”,应当考虑该虚拟人名称主体部分,虚拟人名称的成立及使用时间、访问量和一定的市场知名度,进行相关宣传的时长、程度以及地域范围,包括过往受到保护的情况等因素,进行综合判断。此种观点完全将虚拟人作为现实世界中自然人的附属物,忽略了虚拟人在元宇宙中可以脱离用户的控制进行独立活动的这一事实。如若虚拟人的名称被另一个虚拟人在未受自然人控制的情况下冒用、抄袭,那么又该如何保护虚拟人的名称权利？虚拟人是元宇宙中的重要角色,诸多活动都围绕虚拟人展开。元宇宙中的虚拟人的名称和形象均可以根据用户的喜好自行设定,除了会对他人的姓名、肖像权等人格权造成侵害,其中还难免会涉及自然人与虚拟人之间的名誉权纠纷。同时,根据“人格权延伸保护理论”,虚拟分身的人格性权利是现实世界人们人格性权利在时间上空间上的延伸,在元宇宙这一虚拟空间的延伸;另外,虚拟分身享有的是不完整的自然人的人格性权利,与生命体有关的人格性权益是不包括在内的,如

---

① 参见最高人民法院:《最高人民法院发布民法典颁布后人格权司法保护典型民事案例》,载中国法院网 2022 年 4 月 11 日,https://www.chinacourt.org/article/detail/2022/04/id/6625746.shtml。

② 参见陈辉:《虚拟数字人的十大风险》,载《理财》2022 年第 9 期。

生命权、身体权以及健康权。虚拟分身享有的人格权应当与法人的人格权类似，作为一种准人格权存在，由现实世界中的自然人代行其权利。

我国法院的在先判决已经确认了虚拟人的人格权，如在马某诉孔某某案①中，法院认为，虽然“在西安”“IN直播”两账户并非公民或法人，但作为网络虚拟主体，是具有虚拟人格的。该案明确了虚拟网络用户享有虚拟人格，但虚拟人格没有名誉权，虚拟用户造成的对他人的名誉侵权，由账号的使用人承担侵权责任。在熊某郁与杨某瑶案中，法院认为“步光步光媛媛”“清辉阁媛媛”“上莹大小姐”虽属于虚拟人，但该虚拟人本质上是现实世界的民事主体在虚拟世界中的映射，熊某郁的行为致使杨某瑶的社会评价降低，熊某郁主观上存在侮辱杨某瑶的故意，客观上对杨某瑶的名誉造成了侵害，故熊某郁的行为已构成名誉侵权，应依法承担侵权责任。可见，当前法院承认虚拟人享有人格权，但不认为其具有独立的名誉权，同时若对虚拟人的人格造成侵害，也难以通过《民法典》获得救济；但相反的是，如果虚拟人对自然人或法人的人格权造成损害，包括虚拟人的肖像和姓名来自真实明星艺人、网红等，其侵权责任则由虚拟人的管理人或使用人承担。

前文讨论的侵犯名誉权的情况针对的是由自然人或法人注册、设定的虚拟形象，此时的虚拟人与真实人物具有对应性，即虚拟人带有真实人格的信息数据。当这类虚拟人格被安排进行了违背公序良俗的行为，进而影响真实人格的社会评价时，则会涉及侵犯真实人物的名誉权。② 在元宇宙空间中还会存在另一种情况，在这种情况下的虚拟人是借助高端建模等各种技术手段“凭空”生成的，这就意味着在现实世界中不存在可追溯的真实人格。就像洛天依等借助科技产生的“虚拟歌手”，当他们遭到名誉权侵害或者是其他人格权侵害时，该如何维护相应的权益？当前现实世界的解决办法是追溯虚拟人格的发明者，为虚拟形象的发明人提供法律权益的保护，但未来当虚拟人格成为发明者时，又该如何衡量权利的赋予以及相应的权利人呢？有学者认为，可以参照关于“孳息”的规定，来确定权

① 参见西安市碑林区人民法院民事判决书，(2015)碑民初字第05065号。

② 参见周宇婷：《关于元宇宙中虚拟人人格权侵犯的想象》，载《中国传媒科技》2023年第4期。

利归属及侵权责任。[①] 继而虚拟人格可以作为生产的资料看待，当其侵害了他人的人格权，也同样可以采用“孳息”追溯的方式，目前学界追溯此类问题的承担主体也大致分为 4 类，包括设计者、操作者、所有者、合作者。

（三）数据搜集对隐私权和个人信息的侵害风险

元宇宙中沉浸式的、全息的活动体验，需要对用户的身份属性、生理反应、行为路径、社会关系、人际交互、财产资源、所处场景甚至是情感状态和脑波模式等信息进行细颗粒度挖掘和实时同步，其对用户隐私数据和个人信息的收集和使用已经远远超过合理范围，元宇宙也因此成为隐私荒地（privacy wasteland）。隐私权是指自然人就其隐私所享有的不受侵害的权利，是一种具体的人格权。在元宇宙系统下，用户的隐私数据不仅是该系统运行的基础，也是用户参与虚拟世界的密钥。然而，元宇宙公司在收集用户个人数据的过程中通常欠缺用户的知情同意，同时在后续的数据利用中也没有有效地限制访问措施，这将十分容易造成用户在元宇宙运营商面前形如“裸体”。此外，数据搜集技术、数据保存技术等基础技术也会引发数据安全问题。一旦相关的程序或者基于区块链的智能合约出现代码瑕疵、代码漏洞，就会给元宇宙中庞大的用户数据造成不可想象的危险。[②]

第一，元宇宙下隐私数据泄露危害增大。本书在第一章第三节第二部分曾列举了一起由数据泄露引发的纠纷，在元宇宙时代，此种数据泄露对隐私权侵犯的严重程度将会被无限放大。区块链超越了传统和常规意义上需要依赖第三方的信息验证模式，本意是为了消除所谓的平台中介、降低交易成本，避免不法平台或者无资质平台在交易的过程中成为“黑哨”，使交易更安全和透明才是区块链本身存在的意义。[③] 然而将这种“去中心化”的概念也同样被运用到信息传播的过程中，是否会产生不一样的效果呢？一方面，区块链技术以虚拟个体的形式在元宇宙中记录和支持生产、创造或交易，当这种支持覆盖到更多人时，其隐私功能就

① 参见雷丽莉、朱硕：《人工智能生成稿件权利保护问题初探——基于 Dreamwriter 著作权案的分析》，载《传媒观察》2022 年第 5 期。

② 参见王延川：《智能合约的构造与风险防治》，载《法学杂志》2019 年第 2 期。

③ 参见周宇婷：《关于元宇宙中虚拟人人格权侵犯的想象》，载《中国传媒科技》2023 年第 4 期。

变得不存在了。这些场景大多发生在交易过程中，由于各种因素，交易双方通常不希望交易被第三方知晓，而恰恰是区块链技术让交易过程变得透明。另一方面，如果说区块链技术在元宇宙中的应用完全安全，那么区块链的研发也是建立在技术生产的基础上，其生产的大部分信息也会受到政治、经济等其他因素的影响。未来区块链技术去中心化的存在是让交易更公平，还是让交易隐私传播更广泛，也还有待商榷。

第二，元宇宙技术对个人生物信息产生威胁。除了传统的信息数据，元宇宙下的感知与交互技术还需要收集大量的生物信息，如面容、指纹等，来加强真实虚拟连接。当用户使用沉浸式接入设备进入元宇宙中，用户的各种信息就能被收集并进行分析：眼球追踪技术、身体卡路里消耗记录以及面容识别技术均可以对用户的生物信息加以利用，并进行个性化的推送。正如肖莎娜·祖博夫（Shoshana Zuboff）提出的监视资本主义，游戏平台最初收集分析玩家个人信息的目的是提升玩家游戏体验，然而随着收集信息的增多，游戏平台发现了"行为剩余"（The discovery of behavioral surplus），通过这种识别玩家的行为（rendered behavior）方式，平台可以获取额外的利润。① 美国的一些州法规定禁止在公共机构中使用"面部识别"技术，而中国主要是禁止在私人场合使用人脸识别技术。② 我国《个人信息保护法》第 28 条规定生物识别属于个人敏感信息，一旦泄露或被非法使用就会给用户的人身、财产安全造成较大的风险。"只有在具有特定的目的和充分的必要性，并采取严格保护措施的情形下，个人信息处理者方可处理敏感个人信息。"行为与目的之间要存在适当性和目的性，且必须采取相应的严格保护措施，以避免个人信息在利用过程中的风险。此外，《个人信息保护法》第 29 条规定，处理敏感个人信息需要本人单独同意。VR 和 AR 设备收集的信息通常是其他一般消费技术设备难以收集的敏感信息，然而在使用过程中却缺少用户的明确同意程序，往往一经穿戴便自行开始采集个人数据。因此，在 VR/AR 技术服务商未提

---

① See Shoshana Zuboff, *The Age of Surveillance Capitalism*, 1 New York: Public Affairs 119 (2018).

② 参见杨学科：《元宇宙的法律挑战与法律对策》，载《北京航空航天大学学报（社会科学版）》2023 年第 4 期。

供处理生物识别数据的可行替代方法时，法律有必要进行干预。

在当前法律体系下，用户可以依据《民法典》的规定进行维权。在元宇宙中对用户进行的骚扰行为，可以被解释成对用户的私密空间的侵犯。随着技术的进步，电子空间等虚拟空间的概念也包含在了私密空间中。如侵入他人计算机系统，即使不盗取信息，也构成对隐私权的侵害。① 由此可知，虚拟世界的隐私权也能够被纳入法律保护范围之内。依据《民法典》的规定，私密信息是指任何个人不愿意为他人知晓的信息，只要该种隐匿不违反法律和社会公德，当侵权人突破构建规则收集个人私密信息时，被侵权人应当受到法律的保护。私密信息也称隐私信息，其中可以包括个人的健康信息、犯罪记录、财产状况等。在元宇宙中，为了使用户获得更好的体验感，服务平台势必需要广泛收集用户的个人信息，服务的隐私协议和 VR 设备使数据的收集更便利和隐蔽。当其他主体通过非正当手段获取这些信息时，应当承担侵权责任。② 依据《民法典》对网络侵权责任以及侵权补救措施与责任承担的规定，在被侵权玩家向游戏平台举报侵权行为，而游戏平台不作为或者游戏平台本身侵犯了玩家隐私时，作为网络服务提供者的游戏平台构成侵权。

第三，元宇宙引发隐私权新争议。抛开元宇宙依托的技术对用户的隐私权造成的侵犯不谈，元宇宙实现的虚拟世界包括其中的虚拟形象还会导致以下两方面的问题：一是关于隐私权主体的新争议。虚拟人在元宇宙中的活动并不只由现实世界中的自然人控制，在用户的指令之外，虚拟化身也可以独立在内部继续存在并进行活动。这是由于元宇宙中的虚拟人具有相当程度的自主性，其自主进行的私密行为及自身产生的私密信息是否属于隐私权保护的范畴，③目前尚无统一定论。二是隐私权客体产生的新问题。随着技术的发展以及元宇宙与现实世界的融合深入，元宇宙将会构成个人生产、生活的重要组成部分，真实主体不可避免地

---

① 最高人民法院民法典贯彻实施工作领导小组主编：《中华人民共和国民法典人格权编理解与适用》，人民法院出版社 2020 年版，第 994～1033 页。

② 参见刘安怡：《论元宇宙游戏的隐私侵权及治理模式》，载《上海法学研究》2022 年第 11 卷。

③ 参见聂毅：《网络游戏中虚拟主体的名誉权讨论》，载《青年记者》2020 年第 33 期。

会将个人的私密信息映射至虚拟空间中,同时也自然会在虚拟空间中产生新的私密信息。这使真实主体对元宇宙涉及的隐私产生期待,并且提出新的保护需求。另外,基础数据资源支撑起了元宇宙的方方面面,为了保障元宇宙的发展,需要为元宇宙信息采集预留充分的权力空间,因此,元宇宙命题下的个人私密信息、私密事务的界定必然会受影响,这就要求对个人隐私信息的敏感程度进行精确划分,构建恰当合理的隐私保护秩序,充分激发元宇宙的创新发展活力。[①]

三、元宇宙人身权风险的法律规制建议

(一)赋予虚拟形象有限的人格权

虚拟形象在元宇宙中具有唯一性、代入感强等特点,用户在元宇宙中以虚拟形象进行一切活动,使人类获得了现实和数字两种身份。有学说认为,既然自然人活动于现实和虚拟两个世界之中,且物理世界和元宇宙的社会基础又不相同,必然会催生出双重法律人格。[②] 双重法律人格是指自然人民事权利能力和虚拟人民事权利能力,具体包括以下内容:

第一,自然人和虚拟人享有相互独立的民事权利和义务。自然人在现实世界的人身权与财产权和元宇宙中虚拟形象的人身权和财产权相互独立,互不关联。自然人作为现实社会中法律意义上的人,其享有的人格权是通过实名认证等中心主义认证的方式获得的。而元宇宙中的虚拟人格却是以"去中心化"的方式进行身份的认证,如私钥认证。因此,自然人在现实世界享有的人格权不能拓展至元宇宙中,同时也不能将虚拟人的人格简单地认定为自然人人格的附属。同样地,自然人与虚拟人的财产权也是相互独立的。只不过财产权具有的相互独立性并不排斥二者之间的可转化性,自然人在现实世界拥有的货币可以和元宇宙中虚拟人拥有的数字资产相转化。

---

① 参见滕长利:《元宇宙信息采集权与用户隐私权的冲突及治理研究》,载《上海法学研究》2022 年第 1 期。

② 参见龙晟:《数字身份民法定位的理论与实践:以中国—东盟国家为中心》,载《广西大学学报(哲学社会科学版)》2019 年第 6 期。

关于二者的义务也应当各自履行,而不能简单延伸。就合同义务而言,自然人的履行方式应当按照现实社会的规则进行承担,如若拒绝履行,权利人则应通过提起诉讼等方式请求对方承担违约责任;而在元宇宙中,部分合同的履行仅涉及代码,一旦条件成就,合同义务会由代码直接执行。

第二,自然人和虚拟人独立承担法律责任。有观点指出,意思表示是所有私法的最高程度公因式,因此所有私法中的行为、权利和责任都是围绕意思表示展开的。[①] 虚拟形象在元宇宙中如果不能完全脱离自然人主体表达自己的自由意志,那么必然会对虚拟人的人格产生一定程度的限制,甚至可能出现用户利用虚拟形象的独立人格损害现实世界中债权人权益的情况。因此,在构建双重法律人格的过程中必须加以限制,可以类比公司法中的"法人人格否认"制度来解决和治理人格滥用,矫正利用双重人格在现实世界和元宇宙中互相逃避责任的非正义格局。[②] 在实际处理纠纷的过程中,如果虚拟形象的纠纷仅涉及元宇宙中的主体,那么就可以采用平台管辖的方式进行解决,如果该纠纷延伸到现实世界,那么可以适用现实世界的法律进行规制。

传统互联网中的虚拟人格作为自然人在数字世界的延伸,其始终是附属于自然人的,已成为自然人的一部分。相比之下,元宇宙下的虚拟形象虽然具有更高的相对独立性,但暂时还无法完全摆脱对自然人用户的依赖,因此虚拟人享有的仅是有限的人格权。虚拟人格是没有单独的名誉权的,因其产生的名誉权纠纷是由于侵害虚拟人格的名誉会导致其背后现实主体获得和维持的社会评价降低。同时,根据"人格权延伸保护理论",虚拟分身的人格性权利是现实世界人们人格性权利在时间上空间上的延伸,在元宇宙这一虚拟空间的延伸;另外,虚拟分身享有的是不完整的自然人的人格性权利,不包括与生命体有关的人格性权益,如生命权、身体权和健康权。

---

① 参见陈华彬:《论我国〈民法总则(草案)〉的构造、创新与完善》,载《比较法研究》2016 年第 5 期。

② 参见杨延超:《网络时代论元宇宙中的民事权利》,载《东南大学学报(哲学社会科学版)》2022 年第 4 期。

（二）设置严格的产品准入规则

连接虚拟与现实的感知与交互式技术设备会对用户的生命权、健康权等物质性人格权和肖像权、隐私权以及个人信息等标表性人格权造成威胁。针对上述风险，可以从以下几个方面对元宇宙技术产品加以调整和控制。

首先，制定强制性的国家技术标准。目前世界各国均在大力推进元宇宙产业的发展，我国也出台了《元宇宙产业创新发展三年行动计划（2023—2025 年）》，究其根本，都是为了掌握技术优势实现商业利益的最大化。再加上元宇宙技术还处于探索的起步阶段，公认的业内标准还未被建立起来，因此国家介入并制定强制性的技术标准就变得十分必要。基于对用户人格权的保护，技术标准的制定应当着重考虑对用户身体以及用户数据的影响。在用户身体方面，可以从产品的制造、使用方法及使用场景等方向制定相关标准；在用户数据方面，制定数据的储存、加密等技术标准是保障用户标表性人格权益的基本前提。

其次，设置专门的行业准入机制。AR 和 VR 等沉浸式接入设备，为了带给用户更生动的体验，均直接接触人体，并作用于人体的各个器官。如若未来研发出更先进的技术，如脑机接口，这种设备目前主要应用于医学上，这意味着该设备在本质上已经属于医疗器械，相关生产者必须取得相应的产品生产资质才能进入行业生产。此外，元宇宙依托于网络技术运行，为了保障用户的数据安全，产品生产经营者还应当具有相应的网络安全资质。

最后，加强元宇宙平台的自我规范。对于元宇宙平台公司来说，从平台设立的角度来看，应当依法完善企业合规的治理体系，依据现有的政策法规规范平台的设立；从平台运行的角度来看，元宇宙作为一个新兴产业，相关立法是随着平台的运行而动态发展的，因此元宇宙平台需要紧密关注最新的立法修法内容，从而依据最新的立法动向调整运行策略。此外，元宇宙平台公司还可以结合自身及行业发展需求，积极向立法机关提出建议，以此方式实质性参与立法。

（三）构建完善的数据保护框架

元宇宙是一个由数据搭建起来的世界，因此元宇宙的数据保护和治理就成了一个重要要求。程金华教授提出的元宇宙基本逻辑是：现实世界为元宇宙发展提供法治、现实世界与元宇宙交互时进行共治以及元宇宙内部生态系统建设和运行的自治。[①] 基于这种逻辑，元宇宙中数据保护的法律框架应当有以下两个层次：对于未超出当前法律规制范围的元宇宙问题，可以直接采用现实世界的法律规定解决；对于元宇宙中特殊的法律问题，可以通过对现实世界中的法律进行修改，或者是制定专门的部门法来规制。

现实世界是元宇宙的母体，而且元宇宙形成的生态系统与现实世界存在诸多相同之处，那么在监管这一问题上，法律又应当以何种方式进行介入呢？针对这一问题，当前主要有如下两种观点：一种认为可以“照搬现实世界的法律规范”[②]；另一种则认为应当“在价值共识基础上重新确立元宇宙监管法则”[③]。事实上，元宇宙实现的是一种现实世界与虚拟世界高度交织且相互渗透的“虚实融合空间”，因此完全复制现实世界的法律规范难以应对元宇宙具有的新特点所造成的新问题，但同时也没有重新设立一套新法则的必要，[④]而是应当根据具体情况的特殊性通过折中调适方式予以监管。在某种程度上来说，采用现实世界的法律进行治理是完全可行的。例如，对于数据收集合法性的基础问题，我国《个人信息保护法》第 13 条规定了 7 项合法性基础，其中就包括了最重要的知情同意规则。欧盟《通用数据保护条例》（General Data Protection Regulation，GDPR）第 9 条也指出，除了基于某些社会保障、公共利益和医学目的，禁止对生物识别数据进行处理，除非数据主体明确同意。[⑤] 在数据处理上，《个人信息保护法》第 45 条规定，个人有权查阅、复制以及转移其个人信息，在规则层面上赋予了“个人信息可携带权”；GDPR 第 20 条第 2 款则更进一步地指出行使转移数据权的具体条件——需

① 参见程金华：《元宇宙治理的法治原则》，载《东方法学》2022 年第 2 期。

② 孙益武：《论元宇宙与智能社会法律秩序调整》，载《法治研究》2022 年第 2 期。

③ 鲁照旺：《元宇宙的秩序和规则》，载《学术界》2022 年第 2 期。

④ 参见金朝榜、欧阳娟：《标榜自由的元宇宙空间：如何被法律监管？》，载《科技与法律（中英文）》2023 年第 4 期。

⑤ See General Data Protection Regulation（GDPR），*Processing of Special Categories of Personal Data*，Art. 9 GDPR（Feb. 18，2023），https://gdpr.eu/article-9-processing-special-categories-of-personal-data-prohibited.

要技术上可行(technically feasible)。[①] 可见,当前的隐私和数据保护框架确实适用于元宇宙。

随着数字技术的不断发展与更新,再加上元宇宙本身具有的复杂情形,现有的法律必然无法涵盖所有法律问题。例如,元宇宙中个人数据的跨境转移、无意识行为中收集的数据监管、未成年人数据的特殊保护等问题,都需要根据现实世界的法律规定进行跟进、改变和完善。针对数据信息保护,我国陆续出台了《中华人民共和国国家安全法》《中华人民共和国数据安全法》《个人信息保护法》等法律法规,初步建立起数据收集和应用的监管规则。但是随着我们对元宇宙认识的深入和技术的成熟,元宇宙下的数据合规利用和数据财产的法律保护出现了越来越多的灰色地带。[②] 为了解决这些新问题,就要求从数据隐私、数据安全和数据流通等层面设计新的制度,从而打造个人信息保护和数据合规的大协调。

---

① 参见金耀:《数据可携权的法律构造与本土构建》,载《法律科学(西北政法大学学报)》2021 年第 4 期。

② 参见孙益武:《论元宇宙与智能社会法律秩序调整》,载《法治研究》2022 年第 2 期。

第四章　元宇宙行政风险预防与治理

第一节　元宇宙中的行政风险

随着元宇宙经济的快速发展,其内在的资本逐利性、不自觉性逐渐显现,比如,以元宇宙为名擅自收集个人信息、出卖相关数据等现象出现,在这种情况下,无法期待市场主体凭借自觉对自身实现规制,只能依靠具有公益性的行政力量进行管控。元宇宙的发展带来的行政风险必将给行政系统带来与以往不同的挑战,需要行政机关提前进行预防与治理。

一、多重数字身份下的身份匿名风险

数字身份,作为现实使用主体在元宇宙中的虚拟映射,不仅是主体在虚拟世界中的身份表现,而且通过与现实世界的对应在空间上实现了对主体的保护,增强了主体之间的信任感,降低了合作风险。元宇宙世界中的权利义务内容及相关的法律关系虽然有别于现实世界,但说到底仍然与现实主体相对应。其中包含或单独作用于虚拟世界的内容,或同时作用于现实与虚拟的行为,这种特点带

来的虚拟身份多维化对现有法律作出了多方面的解构。[①] 与现实世界不同的是，现实主体在进入虚拟空间时，不仅可以任意指定自身的年龄、性别、职业等身份特征，甚至可以设置多个数字身份，在不同的数字身份中按照自身的喜好进行灵活的切换，以此实现更丰富的人生体验。多重的数字身份，与现实世界中单一稳定的固定身份形成了对立，加剧了现实主体之间的不信任感，阻碍了合作关系的形成，随之而来的便是执行与管辖难题。另外，设计数字身份的任意性，也存在违背公序良俗的可能，随着元宇宙的不断发展，多重数字身份必将对伦理秩序提出更严峻的挑战。

第一，身份匿名化导致信任危机。元宇宙打破了空间的限制，能够跨越国家、地区甚至语言的障碍为人们的交流提供前所未有的崭新平台，从而能够在横向与纵向上最大限度地拓展人与人之间的交流渠道与合作关系。用户可以通过虚拟身份与其他用户进行交际，从而实现共赢。但是，与稳定的现实身份不同，这种虚拟身份往往具有可设定性和多维性，无法与现实身份实现一一对应。身份的匿名化会直接使合作双方产生不信任感，阻碍用户之间合作关系的达成，从而使整个元宇宙世界产生信任危机。除此之外，由于真实身份被虚拟身份所掩盖，还会给少数别有用心的人以可乘之机，用户出于保护自身利益的考虑，对达成合作关系自然持谨慎态度，这种现象与如今仍然猖獗的互联网违法犯罪具有相似之处。在元宇宙的关联用户身份匿名化的情况下，用户的实际利益难以得到保障，因此用户在元宇宙中只会从事一些个体性活动或者是简单的商业活动，事关重大利益的合作则无法期待用户仅通过元宇宙机制实现达成和履行，作为元宇宙最重要的功能之一的促进合作则无法得到有效发挥。无论推动元宇宙发展的技术多么进步，如果合作功能无法落实，那么所谓的元宇宙最多不过是一种华丽的游戏，无法使人们生活方式发生转变。

第二，身份匿名化带来执行难题。虚拟身份虽然无法与现实身份一一对应，但可以肯定的是，元宇宙的活动主体背后必然存在可以控制其行为的现实主体。

---

① 参见汪世荣、陈思思：《“元宇宙”时代：科技革命与未来法治》，载《河北法学》2023 年第 1 期。

这种操纵主体既可能是个人,也可能是公司。而无论是个人还是公司,在现实世界中都需要受行政法律的调控,由此,现实世界法律体系对现实主体发挥的规制功能,自然应当辐射到拥有虚拟身份的元宇宙活动主体的行为。然而,政府传统的治理方式是以中心化的行政组织为重点的,通过科层结构来传达和执行命令,以此达到消除社会风险、维持社会稳定的目的。但在元宇宙的环境下,不仅中心化组织大大减少,而且管理范围很难再被明确定义,甚至将会跨越国界,由此必然给各个国家和地区的政府带来极大的执行难题。此外,在身份匿名化的情况下,具有可变性的虚拟身份掩盖了稳定的真实身份,从而干扰了正常的行政执法,给社会秩序的稳定埋下了隐患。行政机关为了确定虚拟主体的真实身份以及确定管辖权的归属,会花费大量时间与资源,存在影响行政效率的风险。

第三,身份匿名化影响伦理秩序。当前相当一部分的网络游戏具有交友及"结婚"等社交功能,并且因为这些功能产生了一系列涉及婚姻关系、财产继承的传统家事案件。与在传统伦理秩序中稳定的家庭角色定位不同的是,元宇宙的用户可以设定多重身份。当然,人在社会中本就"扮演"着多重角色,但这种"扮演"是复杂的社会关系所决定的,并且具有一定的稳定性,申言之,在一定的社会范围内,人只可能稳定地具有一种身份,这与元宇宙中虚拟主体具有的多重身份具有本质不同。举例来说,一名男子可能同时具有丈夫、儿子、职员的身份,但在一般人的眼中,这就是"一个人"。而在元宇宙的世界中,多重身份在一般人眼中更像是"多个人"。身份的匿名化导致了虚拟身份不仅无法与现实身份相对应,更导致了伦理秩序的混乱。可以预见到的是,随着元宇宙的不断发展,多重数字身份与伦理秩序的对立性必将更加突出。

二、海量数据集聚下的数据泄露风险

随着技术的不断发展,从最初的 PC 端到移动端再到未来的元宇宙世界,人类与互联网结合得越来越紧密,人类自身的信息也难以避免地需要通过互联网进行储存、上传、交换、认证。在现代社会中,数据已经能够作为生产要素的一部分,在社会经济活动中发挥不可替代的作用。对于个体类用户来说,在使用元宇宙服

务的过程中,为了实现身份认证必然会上传虹膜、身体数据等个人信息,而这些个人信息在通过一定的技术处理后存在巨大的商业价值,元宇宙企业甚至可以根据这些信息准确地预估用户的行动模式与思维倾向。商业机构有可能为了获取巨大的商业利益而将这些数据用于非法用途,由此数据泄露的风险加剧,个人信息的数据安全面临更严峻的挑战。对于市场主体来说,其他的元宇宙服务平台可能会轻易地复制自身花费大量时间与资金铸就的商业信息与经营模式,由此违背了诚信原则,存在不正当竞争的风险。对于国家来说,海量的数据为私主体所掌握,必然会给国家安全带来巨大风险。只依靠市场机制本身将无法有效化解风险,风险的化解需要行政力量的介入。只有通过行政规制的力量保障数据安全,才能够保护个人隐私,激发市场主体创新动力,维护国家安全。

第一,数据泄露侵害个人信息。市场主体是推动元宇宙发展的中坚力量,但作为企业,它们运营元宇宙最主要的目的就是盈利,出于对自身利益的考量,它们必然会试图利用元宇宙平台记录的用户信息换取最大化的利益,"元宇宙"会引发新一轮的数据安全和隐私泄露问题。[①] 出于元宇宙平台与用户能够获取的信息的高度不对称性,即使用户的信息在未经授权的情况下被用于牟利,用户也未必能够察觉。即使用户能够发现自身的个人信息权益受到损害,由于平台与个人的巨大实力差距,用户也很难维护自身的合法权益。特别是在以元宇宙为背景的情况下,平台企业能够收集到的数据体量远超普通数据技术能够收集的数据体量,甚至有些扩展现实设备还会要求扫描并记录用户在现实世界中的周遭环境数据。在现实世界中,用户的活动过程虽然能够作为数据被记录,但终究不过是用户所有活动的一部分。而在元宇宙的世界中,用户的每一次呼吸、每一次脉搏,都会分毫不差地作为数据被记录下来,由此成为被他人分析的基础,如此,在元宇宙世界中数据的泄露必然会给个人信息带来极为严峻的风险。

第二,数据泄露妨碍市场主体的创新。可以预见的是,公司作为推动元宇宙

---

① 参见赵精武:《"元宇宙"安全风险的法律规制路径:从假想式规制到过程风险预防》,载《上海大学学报(社会科学版)》2022 年第 5 期。

发展的市场主体,必然会在元宇宙世界中拓展新的商业空间,而其基础就是要开拓自身的经营场所。与传统的互联网平台不同,在元宇宙世界中能够完成的商业活动与现实几乎毫无差异。于是,与个人信息数据的泄露类似,公司花费大量精力获取的商业信息与有效经营模式也必然会被元宇宙平台记录,而运营元宇宙平台的公司也有可能将这些数据用于不当行为。商业数据的泄露不仅会导致商业秘密的泄露,更可怕的是,元宇宙平台企业可能会利用这些商业信息,复制其经营模式,从而实现不正当竞争,在最大限度上实现自身利益。元宇宙平台企业凭借通过不正当路径获取的信息取得了竞争优势,经营其他业务的公司无法与其相对抗,也必然会顾忌风险,不敢在元宇宙世界中大胆进行创新,长此以往,必然会成为元宇宙世界发展的桎梏。

第三,数据泄露影响国家安全。在现实世界,数据的流动能够得到有效控制,而与此不同的是,元宇宙世界具有打破时间和地域限制的特性,数据流动的隐蔽性极强,难以控制。特别是经营元宇宙平台的很多是大型国际公司,在海量数据集聚的情况下,一旦其别有用心地收集大量涉及本国公民的数据,就可据此分析出许多涉及国家安全的信息。目前元宇宙领域中的重要互联网企业,如微软、雅虎、谷歌、苹果等,均与本国的政府联系密切,并非完全中立的技术公司,随着元宇宙世界的不断发展,可能会给国家安全带来极大的威胁。

三、算法权力作用下的算法异化风险

元宇宙中的一切都以数据形式存在,而控制数据运行的就是算法,算法在元宇宙构建的过程中起到了基础性作用。然而,"算法的运用并非一种完全价值中立的活动,算法总是隐含了价值判断"①。元宇宙平台通过对算法的控制,获得了算法权力,并为了维持权力的占有迫使越来越多的用户遵循自身的意志,算法权力存在异化的风险,②元宇宙用户的权益受到了由算法产生的威胁。仅靠用户自

① 丁晓东:《算法与歧视　从美国教育平权案看算法伦理与法律解释》,载《中外法学》2017年第6期。

② 参见张凌寒:《算法权力的兴起、异化及法律规制》,载《法商研究》2019年第4期。

身的力量必然难以和平台运营企业相对抗，这时就需要行政力量加以规制，引导算法向善。

第一，算法异化导致权力集中。一般认为，“在利用区块链构建的元宇宙世界中，中介以及权力中枢都没有必要存在，真正实现了点对点平权，用户对个人数据以及算法都享有完全的自主权”[①]。然而，算法权力却打破了元宇宙世界去中心化的发展趋势，权力以元宇宙平台的运营企业为中心再次集中。凭借技术优势形成的算法权力，元宇宙平台企业能够实现对数字环境中底层算法的控制，进而引导信息数据的流向，控制平台用户的选择，如此，在算法异化的作用下元宇宙的管理者由去中心化的自治组织再次变成了中心化的运营企业。由于这种引导并不具有强制性，个体类用户未必能够及时察觉，凭借算法权力的优势，平台运营企业会躲在幕后将自身的利益实现最大化。

第二，算法异化垄断经济活动。算法的异化会导致权力的集中，作为权力拥有者的平台运营企业必然会不断追逐更高额的利润，而垄断元宇宙平台内的经济活动便是攫取利润的最佳方式，由此，存在算法异化垄断经济活动的风险。对于平台运营企业来说，在算法权力作用下的经济垄断可能会从两个方面展开，针对用户，它们会通过算法编制出符合自身利益的“信息茧房”，并巧妙地将用户放置于“茧房”之中，将对企业不利的信息与用户相隔离，并进行一定的信息引导从而诱使用户作出对企业有利的决断；而针对竞争对手，它们会通过算法向客户推送大量的不利于竞争对手的信息，排斥其通过元宇宙与用户建立经济合作关系。在元宇宙的世界中，垄断往往具有无形性，元宇宙的用户很难依靠自身感觉到这种干涉，但作出的决策却总是符合元宇宙平台企业的利益。

第三，算法异化操纵社会观念。在算法权力的作用下，元宇宙平台企业往往能够实现社会观念的引导与操纵，存在为了攫取利润而将社会观念导向极端化的风险。企业对社会观念的操纵，在当下的互联网时代便已可见一斑，如现在的“双十一购物节”，而元宇宙世界是互联网发展的高级形态，发生此种危害的可能性更

---

① 季卫东：《元宇宙的互动关系与法律》，载《东方法学》2022 年第 4 期。

是进一步增加。例如,在游戏元宇宙中可以将特定的政治观念和意识形态编入游戏剧情之中,从而对现实世界中用户秉持的传统观念认知潜移默化地造成不良影响,甚至可能降低其对敌对意识形态的排斥与抵抗,引导其形成极端的政治理念。

四、技术治理模式下的治理失灵风险

在元宇宙世界中,法律自身的传统功能受到影响,传统的法律治理通过预先设立规则的方式对人产生相应的影响,以发挥指引、预测、评价、强制和教育的功能,但在元宇宙的环境下,法律规范的生效需要以数据和算法作为传导,如何将法律规范倡导的价值规范融入代码的编写和运行逻辑当中,这是政府治理方式面临的又一重大挑战。另外需要注意到的是,元宇宙的技术框架未必能够完全代替政府提供的元宇宙治理公共品,以政府为主导的治理模式亦有其独特的存在价值。算法本身并非完全中立,具有一定的价值偏向,元宇宙的技术治理框架必然是来自设计者有目的的设计,如此,单纯的技术治理模式也无法保证其中立性。此外,技术本身无法依靠自身实现民主合法性,在公共治理方面难以保证其对世效力,在技术治理模式下仍然存在治理失灵的风险。

第一,技术架构的非中立性。与算法相似,技术本身不代表必然中立,元宇宙本身就是一个技术人工物,非中立性问题可能被进一步放大。“元宇宙的底层逻辑和物理性规则来源于人为设计,承载着特定的设计目的和价值偏好,是元宇宙平台制度化决策的结果。”[①]所谓的技术理性,也仍然可能会侵蚀人的主体性,侵犯人的合法权益。通过用户间的交流互动,元宇宙社区能够自发地产生一定的具有民主性的规则,但即使是这种规则,也会轻易地受到为元宇宙运营平台掌控的底层逻辑和运行规则的影响,从而丧失存在的基础。面对这种情况,仅依靠技术治理已经无法实现对元宇宙世界秩序的维护,技术架构的非中立性具有导致治理模式失灵的风险。

第二,数字身份的不平等性。元宇宙用户能够按照自身意愿在元宇宙世界中

---

① 王奇才:《元宇宙治理法治化的理论定位与基本框架》,载《中国法学》2022 年第 6 期。

创造一个或者多个数字身份，通过数字身份，能够在一定程度上摆脱现实世界的限制，从而实现个体的平等，体现人的主体性。然而，这种实现平等的方法仍然有其局限性，核心原因是数字身份仍然属于人类心智的创造，其必然反映了平台运营企业的创作偏好，而人的心智与偏好也是社会不平等的重要原因，运营平台的偏好可能会引发歧视，从而造成实质意义上的不平等现象。此外，现实主体在设计数字身份时，需要设计一定的角色特征，而角色特征本身也存在不平等的风险，特别是当元宇宙用户达到一定数量，形成了一定的公共规则时，规则本身可能就会导致数字身份的特征歧视。数字身份未必能够如同设想的那样实现身份的完全平等，其本身蕴含的不平等性存在导致技术治理模式失灵的风险。

第三，智能执法的非最优性。技术的创新往往会带来更高效的治理模式，特别是在元宇宙这种虚拟空间中，智能化的自动执法机制将在不诉诸政府或者其他第三方公权力主体的情况下，实现更有效率的社会治理。但是，其问题在于，元宇宙的技术设想并不能完全摆脱"最优执法模型"的困境。"最优执法模型"假定在法律规定完备的情况下，法律具有最优的威慑性和阻吓力，在此基础上，法律由独立的法庭执行是最好的法律实施方式。[①] 该模型的问题在于，法律本身具有一定的滞后性，而虚拟世界发展极为迅速，执法模式未必能够及时满足元宇宙世界的法律需求；而且，执行法律的国家权力代理人在公正执行法律和最大化自身收益之间存在矛盾，"最优执法模型"未必能够克服这种局限性。此外，无论是在元宇宙世界中还是在现实世界中，执法者手中必然有一定的自由裁量权，而与现实世界的执法者相比，弱人工智能的智能化执法会缺乏人类的同理心，而随着技术的不断发展，强人工智能又可能脱离人类的掌控，这些原因都会对智能执法机制造成影响，从而阻碍其效率的提高和执法的准确性，无法实现人们心目中的执法最优性。

---

① See Gary S. Becker & George J. Stigler, *Law Enforcement, Malfeasance, and Compensation of Enforcers*, The Journal of Legal Studies, Vol. 3:1, p. 32 – 33(1974).

第二节　元宇宙行政风险的预防与治理

元宇宙的运行必然要依靠资本作为支撑,而资本运营的核心目的必然是追求更多的利润而并非社会公益。而政府作为行政机关,必然以社会公众的利益为核心目的。资本运营的逐利性与行政公益性难免产生冲突。而以元宇宙为背景,资本企业在负责元宇宙日常运营的同时,也必将获得在现实世界中难以比拟的权力,由此对行政治理的规制模式提出了全新的挑战。对元宇宙的行政规制事实上就是对元宇宙发展过程中的风险进行规制,也即通过设立专业的行政规制机构,对元宇宙可能造成公共危害的风险进行评估和监测,并通过制定规则、监督执行等手段来消除或者减轻相应的风险。[①] 在元宇宙治理的过程中,针对身份匿名风险,数据泄露风险,算法异化风险,治理失灵风险,需要行政力量发挥其强制性与公益性的作用,根据风险的特点构建对应的预防机制与治理机制。政府应当开辟元宇宙行政规制的治理路径,在与市场力量携手推动元宇宙建设的同时,在另外一方面通过对市场主体的服务与监管,促使其自我监督、自我改进、自我治理,共同构建法治自治共治相结合的多元治理体系,以实现元宇宙行政风险的预防与治理。

一、身份真实化:区分用户类型搭建全国统一的身份认证平台

多重数字身份下的身份匿名风险,具体表现为信任危机、执行难题以及对伦理秩序的挑战,因此,元宇宙需要一套可靠互通的数字身份系统维持元宇宙身份的唯一性。[②] 为了预防身份匿名化的风险,实现对元宇宙社会的治理,必须将元宇宙中的虚拟身份与真实身份一一对应,实现身份真实化,构建完整的身份认证体系。而这一身份认证体系的建立,无法依靠以追求私利为主要目的的市场力

---

① 参见沈岿主编:《风险规制与行政法新发展》,法律出版社 2013 年版,第 115 页。

② 参见杨学科:《元宇宙的法律挑战与法律对策》,载《北京航空航天大学学报(社会科学版)》2023 年第 4 期。

量，这是因为用户匿名化不但不会影响市场主体的当前收益，甚至还会因为其隐蔽性吸引更多潜在用户。元宇宙世界的治理本身具有公益性，与市场主体的核心目的也不甚相符。与之相比，以实现整体利益为主要目的的行政力量则具有天然优势，也具有足够的公信力能够实现身份的真实化规制。政府对身份匿名化的规制，应当以统一的身份认证平台为依托，对不同的用户类型采取不同的认证机制，并注重国与国之间的团结协作，具体的行政规制包括以下 3 点：

第一，搭建全国统一的身份认证平台。元宇宙身份信息的可信认证研究是解决身份匿名化的重要手段。[①] 统一的身份认定平台应当以现有的身份数据库为基础，在建设过程中依靠政府的公信力与执行力加以保障。就目前状况来看，市场主体根据自身的技术特征搭建了不同的元宇宙平台，不同的平台存在不同的认证机制，用户享受不同平台的元宇宙服务时，往往需要重复注册、验证、登录，这时，一个能够为多种元宇宙世界提供权威身份认证的平台就有了存在的必要。市场主体具有平等性，如果任何一个市场主体主导了统一身份认证平台的建设，都存在经济活动垄断化的风险，此外，任一市场主体也未必具有足够的技术力量能够建设此种平台，因此，这一平台的搭建，必须也只能由政府主导。

第二，区分用户类型设立不同的准入机制。依据对元宇宙发展影响力的不同，通常可以将元宇宙的用户分为两种类型，即组织类用户以及个体类用户。组织类用户是指公司、社会团体等非人格化的利用主体，而个体类用户则指现实世界中作为个体的自然人。针对不同类型的主体，应当设立不同的元宇宙准入机制，即针对组织类用户实行单一身份认证机制与准入门槛；对个体类用户实行多元的身份认证制度，但不设立准入门槛。而以从事经济活动为目的的组织类用户，常常具有远超个体类用户的活动能力，若是该类用户违反了规则，往往也会比个体类用户带来更严重的破坏。因此，在其打算进入元宇宙空间从事经济活动时，应该提前申请行政许可。此外，组织类用户只能具备一种虚拟身份，并需要与

① See Gary S. Becker & George J. Stigler, *Law Enforcement, Malfeasance, and Compensation of Enforcers*, The Journal of Legal Studies, Vol. 3:1, p. 32 – 33 (1974).

其现实身份相对应，这种对应关系应当实现公开化。而个体类用户，作为享受元宇宙服务的终极主体，则可以自由地出入元宇宙世界，无须申请任何许可。同时，个体类用户可以享有多重的数字身份，可以更好地享受元宇宙世界提供的绚烂空间。但是，这些虚拟身份都需要通过政府建立的身份认证平台的校验，即个体类用户应当通过一种现实身份对应多重虚拟身份。这种对应关系应当是非公开化的，只有在个体类用户从事违法行为时，才能对执法主体进行一定程度的公开，也即采用"前端匿名、后端实名"的身份认证技术。[①]

第三，探索构建跨国数据沟通机制。元宇宙的发展具有打破空间限制，跨越国界与区域的特点，因此，以属地原则与属人原则为代表的传统管辖原则很难在元宇宙空间中得到充分应用。实施违规行为主体的国籍、元宇宙平台所属的国家、受害者的国籍，似乎都有主张管辖权限的可能。另外，虽然元宇宙平台所属的国家通常是明确的，但由于身份匿名化的影响，违规行为主体的国籍与受害者的国籍都是很难在第一时间直接确定的，由此必然会极大地影响行政执法效率。因此，在构建全国统一的身份认证平台的同时，有必要开展国际协作，探索构建合理范围内的跨国数据沟通机制。需要注意的是，这种沟通机制应以国际条约的存在为前提，并且为了保护公民的个人信息权益与维护国家安全，这种沟通机制应该被限制在合理范围内。

二、数据安全化：以数据的利用与流通为重点重塑监管框架

数据的泄露可能会侵害个人信息、妨碍市场创新、威胁国家安全，而且这种风险仅靠市场机制自身无法消解，这里就需要政府运用行政手段加以规制。随着元宇宙技术的不断发展，数据的大量产生已经成为无法逆转的趋势，而现有的监管体制难以规避海量数据集聚下的数据泄露风险。由此，就必须重塑数据的监管框架，实现数据安全化。而对框架的塑造则必须以数据的利用与流通为重点，在数据利用方面，为了防止个人信息的泄露，需要对个人的数据实施强制性隐私差分。

---

① 参见宋宪荣、张猛：《网络可信身份认证技术问题研究》，载《网络空间安全》2018 年第 3 期。

而对于企业主体，为了激发市场的创新活力，必须限制元宇宙平台的同业竞争，避免不正当竞争的产生。而从数据流通的角度出发，为了维护国家安全，需要规范用户数据的跨境流动，具体的行政规制如下：

第一，对用户数据实施强制性隐私差分。元宇宙用户的数字信息与其真实身份具有紧密联系，这是数据泄露能够对个体权益造成实际侵害的重要原因。正是因为通过泄露的数据能够查出用户的真实身份，才会不断扩大侵害对被害人的影响；否则，信息即使泄露，也不过是局限于元宇宙世界本身，并不会给在现实世界的元宇宙用户带来任何影响。因此，应当运用行政规制手段对元宇宙平台中的用户数据实施强制性隐私差分。隐私差分是指为了从数据层面切断用户的虚拟身份与现实身份的关联，通过技术手段直接剔除用户数据中能够定位其真实身份的内容。

第二，限制元宇宙平台的运营范围。元宇宙作为未来社会生活的主要平台之一，将会成为各大公司的主要经营场所，由此会产生大量的商业数据集聚。由于数据的泄露，元宇宙的运营平台企业能够轻易地获取一般商业公司花费大量资源所获取的商业信息与成功运营模式，并可能以此为基础，与信息原本的所有者展开同业竞争，影响公司创新意愿，并妨碍市场主体的创新。在设计之初，元宇宙系统就应遵循开放、全面参与的理念，元宇宙并非大一统的平台，而是由无数个平台组成的系统，垄断显然是与此系统相悖的，①因此，需要行政力量对这种不公平竞争加以规制。行政机关应该严格限制元宇宙公司的运营范围，禁止其利用平台上公司的商业数据开展同业竞争。元宇宙是一个广阔的大平台，应当遵循包容开放的理念，从这个角度来说，元宇宙平台的运营企业不应该是经济活动的竞争者，而应该是平台秩序的维护者。

第三，规范用户数据的跨境流动。"随着元宇宙时代的到来，国家战略博弈空间逐渐从传统的现实世界走向数字技术支持的虚实相融世界"②，数据泄露威胁

---

① 参见杨东、梁伟亮：《重塑数据流量入口：元宇宙的发展逻辑与规制路径》，载《武汉大学学报（哲学社会科学版）》2023年第1期。

② 翟崑：《元宇宙与数字时代的国家战略创新》，载《人民论坛》2022年第7期。

国家安全的风险不容小视。为了规制用户数据的跨境流动,我国目前也出台了一些法律文件,如《个人信息保护法》、《中华人民共和国网络安全法》(以下简称《网络安全法》)等,构建了基本的法律框架。但是,这些规定仍然十分宽泛,《上海市数据条例》和《深圳经济特区数据条例》中的个人信息保护规则主要是对《网络安全法》和《个人信息保护法》等立法规范的重述和细化。"在元宇宙游戏企业收集个人数据和获取公共数据及其数据衍生利用方面,还有许多值得推进的工作。"① 而且"不同行业的数据监管部门各自为战,仅对本行业数据的跨境流动进行监管,缺少有效的合作协调机制"②。因此,要规范用户数据的跨境流动,需要统合各个部门的数据跨境监管机制,建立全国统一的用户数据跨境流动监管平台。这一举措与探索构建跨国数据沟通机制并不矛盾,关键在于对数据的辨别,在保证国家安全不会受到威胁的前提下才能够探索构建跨国数据沟通机制。

三、算法向善化:确立以算法公正为核心的算法审查机制

随着元宇宙技术的不断发展,算法在市场经营和政府决策的过程中扮演越发重要的角色。算法的实际效用在于以解决实际问题为导向,提高数据的运用效率。在元宇宙世界中,市场主体通常会把"算法中立"作为挡箭牌以掩饰自身的违法犯罪行为。然而,当市场主体提供基于算法权力产生的服务时,必须进行价值取舍,实现利益最大化便是市场主体的第一价值准则,为此,他们不惜侵害用户的权益,从事违法犯罪活动。因此,"算法中立"只是一个理想的口号,企业获得了算法权力,必然会通过算法垄断经济活动,操纵社会观念,此时,便需要行政力量加以干涉,引导算法向善,降低算法异化的风险。对于算法的监管,应当以实现算法公正为核心目标,区分事前、事中、事后 3 个阶段的监管模式,分别采取算法透明规制、算法伦理规制、算法问责规制,建立完整的算法审查机制。

第一,算法透明规制的构建。算法权力的产生,本质上是算法黑箱所导致的

---

① 孙益武:《论元宇宙与智能社会法律秩序调整》,载《法治研究》2022 年第 2 期。
② 马其家、李晓楠:《论我国数据跨境流动监管规则的构建》,载《法治研究》2021 年第 1 期。

算法不对称性。而要构建算法审查机制，以实现算法向善，就必须提高算法的透明度，从信息获取的来源方面实现平等，打破信息垄断。算法透明是算法审查机制中的事前审查机制，其主要含义是"通过提供诸如详细的文档、技术上的合适API接口和允许使用条款等可进行监测、检查或复核的信息，使中立第三方能够探查和审查是否存在算法妨害"①。更加具体的措施包括告知义务、报备义务、源代码公开等各种方式。同时，算法的公开必须具有一定的限度，过度的公开存在导致商业秘密泄露的风险。对元宇宙的算法透明规制，可以从监管端和用户端两个角度出发。在监管端，对于算法模型，应该着重强调行政机关的执法人员实施监管的有效性，而元宇宙企业能否作出实际解释则并非必要要素。"算法可解释性本身不要求实际的算法解释，而只是要求算法考虑各种元素的具体机理能够为专业人士所清晰认知、能够通过明确的规制式语法表达，此种状态不一定能增进普通人对算法的理解，但却非常有利于专业监管的开展。"②这种方法是从路径的角度对算法进行规制，使算法的技术路径必须符合监管端的要求，从而实现算法透明。而在用户端，其核心是保障元宇宙用户的知情权，在元宇宙用户的权利受到算法决策影响时，其应该能够要求元宇宙平台企业进行解释与说明。用户应该能够提前了解算法推荐的参数与依据，并可以依据自身意志决定是否接受算法的推送，从而实现自身的知情权。

第二，算法伦理规制的构建。算法伦理规制是算法审查机制中的事中审查机制，其意在通过对算法技术的内在价值引导来约束算法权力，实现算法公正。基于算法权力的作用，算法可能会把人当作客体对待，将人看作单纯的数据，使用户在元宇宙世界中丧失了人的主体性，沦为生产信息的工具，从而引发算法的伦理危机。而导致伦理危机的原因，从根本上来说还是占据算法权力的元宇宙运营平台的价值观念，因此，为了实现算法的伦理规制，还需要从源头出发，出台科技伦理规范，构建算法技术的伦理审查机制，要求元宇宙算法程序在最初的编程阶段

---

① 魏远山：《算法透明的迷失与回归：功能定位与实现路径》，载《北方法学》2021年第1期。

② 苏宇：《优化算法可解释性及透明度义务之诠释与展开》，载《法律科学(西北政法大学学报)》2022年第1期。

就遵守平等、公正等“共同善”的价值准则，将这些“共同善”的价值准则融入算法设计中，[①]以算法公正为理念贯彻源头与起点，为算法审查机制提供指引。

第三，算法问责机制的构建。算法的问责机制是指算法审查机制中的事后审查机制，通过法律责任的设置改变主体的收益结构，进而实现行为上的引导。在元宇宙世界中，人们通过数字身份从事的社会经济活动与现实世界并无较大差异，由此开展的社会交往与经济交往也和现实世界近乎相同，元宇宙世界具有一定的公共性。对于算法权力滥用的行为，也就不能只从民事责任的角度进行规制，更应该设置相应的行政法律责任。而在行政法律责任设置时，应当以元宇宙平台企业的责任为主。元宇宙平台企业是算法权力的拥有者，也是算法权力的最终受益者，从事算法权力滥用行为的可能性最大。

四、治理法治化：在政府主导下塑造以人为本的回应型治理模式

面对元宇宙中纠纷的特殊性和纠纷解决面临的多重转变，在双重空间和元宇宙技术的应用进一步深入的背景下，元宇宙中的纠纷数量将不断增加，各种关系也会更复杂。[②] 元宇宙技术发展更新迅速，而法律作为上层建筑的一部分难免具有滞后性，难以及时规制涉及随着数字经济发展所产生的新事物，如数字货币、算法应用等。而技术治理模式本身又具有一定的局限性，其无法依靠自身解决技术架构的非中立性等问题。因此，有必要以政府为主导，依靠灵活的治理模式实现行政规制，才能克服技术治理模式的固有缺陷。在元宇宙世界中，需要由政府牵头形成企业同盟，协同创建符合元宇宙发展方向的产品和服务，为元宇宙建设提供硬件及软件等多方面支持。需要警惕的是，当有关元宇宙的技术发展到一定程度时，受知识产权规则的保护，AI 技术可能为少数资本企业所独占，由此带来的技术垄断难以避免。国家机关虽然也会进行技术研发，但很难与以追求利益为目的的资本企业相匹敌。企业拥有了技术霸权，很有可能为了追求更高的利益损害

---

① 参见王聪：《“共同善”维度下的算法规制》，载《法学》2019 年第 12 期。

② 参见帅奕男：《数字时代的司法范式转型》，载《求是学刊》2021 年第 6 期。

公民、社会甚至是国家的利益，这就需要行政力量在元宇宙发展的萌芽阶段进行规制，以政府为主导，塑造以人为本的回应型治理模式。

第一，构建以人为本的“法律 + 技术”二元规则体系。需要承认，随着人工智能技术、区块链技术的发展，现实世界中调整人身关系与财产关系的规则已经无法完全适应虚拟世界的发展。可以想见的是，元宇宙中的规则至少由技术规则与社会规则两方面构成。一方面，元宇宙世界可以说是由技术构成的世界，必须由网络及运算技术、物联网技术、区块链技术等技术支撑，这些技术铸造了元宇宙世界中的技术规则，同时也是元宇宙世界中解决纠纷的规则，缺少这些规则，元宇宙世界无法存在；另一方面，元宇宙的用户虽然有数字身份，但究其根本，其操纵者仍然是现实的人，有着人类社会独有的社交行为，调整人与人或者人与物之间关系的社会规则仍然有存在空间。二者缺少任何一方面，都难以实现治理法治化的目标，因此，应当以人为本，建立“法律 + 技术”二元规则体系，为回应型治理模式的建立奠定制度基础。首先，出台元宇宙技术应用规范。为保证技术规则在纠纷解决中的合理、合法、规范使用，应当围绕元宇宙中的虚拟身份规则、交易规则、数据产权和隐私规则、内容和行为管理等规则，出台元宇宙场景中技术解纷应用的规范。① 其次，强化元宇宙中治理规则的技术化表达。元宇宙是不断成长的生态，有自身的运行规则和治理规则。元宇宙中的解纷规则基于元宇宙“居民”的自治形成共治，面对元宇宙中可能产生的纠纷，除了法律规范的调整，还需要各种规则的技术化表达，以实现元宇宙纠纷的自行解决。② 最后，以人为本强化科技伦理准则，谨防技术异化引起的相关纠纷。单纯的技术规则无法突破自身的固有局限性，还需要以人为本的伦理规则加以规制，防止技术异化的发生。

第二，打造政府主导下的元宇宙内外协同的纠纷解决模式。元宇宙世界本身的虚实相融性特点决定了治理模式不能单纯地依靠内部或者外部，技术治理模式的局限性决定了在治理过程中需要以政府为主导进行治理，只有在政府的主导下

---

① 参见杨鹏：《元宇宙中的纠纷与解纷》，载《湖北大学学报（哲学社会科学版）》2022 年第 4 期。
② 参见李晶：《元宇宙中通证经济发展的潜在风险与规制对策》，载《电子政务》2022 年第 3 期。

构建内外协同的纠纷解决模式，才能够实现元宇宙世界的秩序构建。从内部来看，元宇宙中的治理模式应该发挥内部纠纷解决的功能，如运用元宇宙内部的安全规则处理潜在的安全风险引发的各类纠纷，通过安全规则直接明确严格禁止和不倡导的行为，并针对不同的行为制定不同程度的处罚措施达到解纷效果。[①] 元宇宙的内部规则同时应当经过政府的审查，在政府的监管下逐步构建。从外部来看，现实的物理世界需要根据元宇宙的发展变化，发挥人工智能技术、数码信息技术等在新兴纠纷处理中的工具功能、管理装置功能以及实况观测功能。[②] 政府也应当加强硬件设施的配置，并注重培养和吸收具有专业知识的人员，为元宇宙的治理提供技术支持和智慧支持。

第三，塑造动静结合的回应型纠纷解决机制。元宇宙的开放性、不断拓展性将会使元宇宙世界更多元，元宇宙用户的需求也会不断发生变化，由此出现的纠纷也会呈现不同的样式，展现出动态的特征。为此，政府、行业、学界要积极行动，建立稳定的信息交流机制，加强信息交流与协作，共同构建元宇宙治理共同体，塑造动静结合的回应型纠纷解决机制。首先，加强在线纠纷解决机制的构建。回应元宇宙中动态的纠纷现实，可通过线上纠纷解决机制的推广和普及，在充分利用现有的调解机制，优化诉前调解、在线调解机制等解纷方式的基础上，不断提升纠纷解决机制的成效。[③] 其次，拓展线上纠纷解决机制与科技的深度融合。在构建元宇宙纠纷解决机制时，应当更新新一代的人工智能技术来促进数字正义的实现，确保治理的各个环节与科技深度融合，更好地构建回应型治理模式。最后，强化纠纷防控机制的回应能力，将纠纷化解在萌芽之中。预防优于解决，进一步发展线上评估、线上咨询等回应型纠纷解决机制，有利于元宇宙治理模式的构建。

---

① 参见杨鹏：《元宇宙中的纠纷与解纷》，载《湖北大学学报（哲学社会科学版）》2022年第4期。

② 参见季卫东：《人工智能时代的司法权之变》，载《东方法学》2018年第1期。

③ 参见赵勇：《数字时代推进共同富裕的法治完善》，载《湖北大学学报（哲学社会科学版）》2022年第2期。

第五章　元宇宙刑事风险预防与治理

进入元宇宙，一个行为更加自由、身份更加隐秘的空间，人们对行为真实性的认知和行为的后果预测会变得模糊，再加上沉浸式体验技术的加持，使在现实中不敢或没有条件实施的违法犯罪行为在元宇宙中能够实现。[①] 一个鲜明的例子是互联网空间，在这个身份相对隐蔽，行为较自由的空间，诽谤、侮辱罪这样的人身犯罪发生的概率就已高于现实生活，足以预见未来元宇宙空间中刑事风险防范将面临的巨大压力。

基于元宇宙构想的复杂性和对基础技术支持的超高要求，目前对元宇宙的开发处在最初级阶段，离最终构建一个“每个用户都能生产和编辑内容的虚实结合的经济、社交、身份系统”[②]的终极目标相去甚远。诚然理论研究应当具有高于现实的前瞻性，但也不能过分脱离实际。对元宇宙刑事风险的规制在现实基础材料不足的情况下，应当在坚持刑法谦抑性等基础理论的基础上，以现在或不远的

---

① 参见焦艳鹏：《元宇宙生活场景中的利益识别与法律发展》，载《东方法学》2022 年第 5 期。

② 王儒西等：《2020－2021 年元宇宙发展研究报告》，清华大学新媒体研究中心 2021 年版，第 4 页。

将来可实现的技术为标尺进行研究。[①] 对于超前设想中出现的刑事风险，相较具体条文的立法建议，更应当思考的是在面对这样一个新技术爆发、新型犯罪手段层出不穷的风险社会，如何让以稳定性著称的刑事法律规范适应快速发展的社会，在刑事风险防范的思路上应如何调整。对于已经初见端倪的元宇宙中的刑事法律风险，则应当充分利用现有的刑事法律规范进行规制，对于现有法律力所不逮的地方进行及时的修正和完善，作出符合社会实际发展状况的解读。未来人们对于元宇宙的最终形态还存在许多的设想，会有更多未知的风险和挑战出现，但刑法作为法治体系最后法的保障作用不会改变，依然需要在元宇宙风险的防范和治理中发挥积极的作用。

第一节　元宇宙刑事犯罪类型简析

与元宇宙相关的刑事犯罪有的已经发生在现实生活中，有的则因技术限制停留在假想阶段。并且并非所有的元宇宙犯罪都展现出了新的特点，部分犯罪只是借用了元宇宙的名义所实施的传统犯罪；部分犯罪则是利用了元宇宙的技术特征，如区块链、虚拟货币等，使具体的犯罪形式更灵活，以现有法律手段规制时存在一定的困难；还有部分犯罪以现有的技术水平不足以实现，但是很可能会在未来成型的元宇宙空间中发生，因此也需要加以注意，提前预防。为了更有针对性地进行刑事风险治理和防范，需要对元宇宙相关的犯罪类型进行系统性的梳理。从现有的实践和研究来看，可以将元宇宙刑事犯罪大致划分为以下几种类型。

一、利用元宇宙新型概念的传统犯罪

现代社会的发展日新月异，新概念、新行业的产生让人应接不暇，而每个人的精力有限，不可能对所有新出现的事物有全面的了解，尤其是对元宇宙这样融合

① 参见黄伟庆：《网络虚拟的终极形态“元宇宙”视域下刑事法治思维的逻辑转换》，载《上海法学研究》2022 年第 5 卷。

了各类前沿技术的概念,普通民众较难了解其运行逻辑,这就为诈骗、传销等犯罪提供了空间。近年来以元宇宙知识培训、元宇宙投资为名义进行的传销、诈骗等违法活动逐渐增多。2022 年 2 月国家金融监督管理总局就曾发布风险提示,提醒民众警惕以元宇宙为名目的非法集资手段。① 北京市市场监督管理局于同年 11 月 2 日又发布了类似的风险提示,提醒金融消费者警惕以"元宇宙投资项目""元宇宙链游"等名目实施的非法集资、诈骗等活动。② 这类犯罪并没有涉及元宇宙相关新技术的实质性应用,仅是借用元宇宙的名义"新瓶装旧酒"来完成传统犯罪,完全符合传统犯罪的构成要件。

二、利用元宇宙技术特征的新型犯罪

元宇宙概念的火爆也带火了其衍生产品尤其是金融产品,如虚拟货币、NFT 等产品。虚拟货币并不是由官方机构发行的,其价值没有政府为其背书,完全取决于市场,是一种"没有发行者和管理者的货币"③。NFT 的性质则一直存在争议,存在"非同质化代币""非同质化通证"界定等各种学说,④但它与虚拟货币一样都脱离了传统金融机构的监管,在交易中以点对点的方式进行,运转更灵活,被视为元宇宙经济链条的基石。但是元宇宙的架构尚未真正形成,我们无法验证此类产品是否能真正成为元宇宙空间的通行货币,就元宇宙目前的发展阶段而言,此类金融产品更多地是作为一种投资工具而受到资本市场的青睐,高价交易屡见不鲜。例如,2021 年 8 月,一款头像被制成 NFT 后被拍出了 1050 万美元;数码艺术家 Beeple 的 NFT 作品《每一天:前 5000 天》以约合人民币 4.51 亿元的高价

---

① 参见国家金融监督管理总局处置非法集资部际联席会议办公室《关于防范以"元宇宙"名义进行非法集资的风险提示》,2022 年 2 月 18 日发布。

② 参见《警惕"元宇宙"等炒作,防范新型非法集资》,2022 年 11 月 2 日发布。

③ [日]野口悠纪雄:《虚拟货币革命:比特币只是开始》,邓一多、张蕊译,北方文艺出版社 2017 年版,第 66 页。

④ 参见杨东、梁伟亮:《论元宇宙价值单元:NFT 的功能、风险与监管》,载《学习与探索》2022 年第 10 期。

成交。[①]

不断刷新的高价交易与监管的缺位正在撕裂传统刑事法律规范编织的法网，金融产品的匿名化、P2P模式交易的便捷和分布式记账的隐蔽性和安全性的特点，使此类金融产品和交易方式成为犯罪分子青睐的工具。不法分子可以利用此类金融产品进行炒作并非法集资，还可以利用其高额的价值波动进行洗钱，使黑市的交易如买卖枪支弹药、买卖毒品等违法交易活动一样变得难以追查。去中心化的模式还容易让煽动恐怖主义等恐怖活动犯罪更猖狂。此类犯罪利用的是构建元宇宙所需的基础技术手段，实施行为时对元宇宙全景化的构建要求并不高，区块链在现有的互联网平台就可以操作，所以有关的刑事风险已经出现。这类犯罪行为基本符合传统犯罪的构成要件，可以以现有的犯罪类型进行规制，但是因为其犯罪形态的变化，在罪名的定性和罪刑的定量上都存在诸多难点。例如，对元宇宙数字资产的定性存在分歧，导致在司法实务中存在按财产罪和按计算机系统犯罪的不同判罚，对于如何计算虚拟资产的价值也尚未有定论。

三、利用元宇宙成熟架构的新型犯罪

虽然目前对元宇宙的实际面貌和功能设想存在诸多假设，但较确定的是未来建设完全的元宇宙将为人们提供一个沉浸式的空间，沉浸式空间是指能让使用者产生自己似乎完全置身于虚拟环境之中，并可以感知和操控虚拟世界中的各种对象，而且能够主动参与其中各种事件的逼真感觉，人们的交流和接触会如实际发生的那般真实[②]。这意味着人身侵害类的犯罪行为可能会发生在元宇宙空间，如对虚拟人物的暴力或骚扰行为。但与现实世界的人身伤害行为不同，元宇宙中的人身伤害行为不需要显性的外化行为，现实世界中的人只需要一些细微的操作就可能给元宇宙中的人物带来极大的影响，在“脑机接口”等技术成熟后，甚至只需要意识便可操控行为。这意味着元宇宙中主体的行为完全不同于现实世界的行

---

① 参见熙晟资产运营：《Beeple NFT 数字艺术品在佳士得拍卖会上拍出6930万美元》，载搜狐网2021年3月16日，https://www.sohu.com/a/455834462_120681458。

② 参见张卫平：《元宇宙与纠纷解决：应用图景及规制想象》，载《政法论丛》2022年第2期。

为,而可能是意识的产物。[1] 对于传统的刑法理论来说,意识行为不能被追责是铁律,但是这一铁律极有可能在元宇宙空间失灵。包括在危害结果的问题上,传统的人身犯罪造成大的危害结果会直接反映在对人身利益的伤害上,造成的损害程度有客观的标准进行衡量。但是元宇宙作为虚拟的世界,在这一空间中活动和活动造成的损害都会以数字化的形式呈现,而数据是可以修改、恢复的,不仅现实世界中对伤害的衡量标准在元宇宙中将难以适用,何种利益需要被保护,保护法益的内涵都将变得不确定。还有许多在普通互联网空间无法实现的犯罪,尤其是人身类犯罪、危害公共秩序类的犯罪在元宇宙空间都有可能实现,面对元宇宙带来的改变和冲击,如何理解数字化的危害行为,现有的犯罪构成要件是否应当重构,是否需要考虑对现有的法律作出扩张解释,抑或需要设立新的罪名进行规制等一系列问题接踵而来。

四、现有规范对三类犯罪的回应

在这三类犯罪中,第一类犯罪以现有的刑事法律规范完全可以规制。但是为了应对此类犯罪的高发趋势,在有关犯罪的预防工作上应作出一定的回应,例如,可以在现有的防诈骗宣传工作中加入对元宇宙相关知识的科普宣传,提升公民的防范意识。后两类犯罪对现有的刑事规范体系或多或少都存在一定的冲击,主要体现在两个方面。

一方面,刑法条文的设立具有时代的局限性,条文表述的内容无法囊括层出不穷的新型犯罪手段,同时元宇宙处于发展构建的初级阶段,对元宇宙未来的发展走向的预测尚不统一。而刑法具有谦抑性和稳定性,应当避免立法过于超前,通常是在某类犯罪现象较常发生时才会对其进行规制,但这样的立法方式可能会造成刑法在元宇宙迅速发展阶段的缺位。面对造成了严重社会危害的新型犯罪行为,以刑事手段规制的过程十分考验司法实务人员对条文和立法意愿的解读,但又因为缺乏条文明确的指引,对同样的犯罪行为会出现同案不同判的现象。

---

① 参见翟振明、成素梅等:《认识元宇宙:文化、社会与人类的未来》,载《探索与争鸣》2022年第4期。

另一方面,元宇宙的全新应用场景将会催生出全新的犯罪模式,尤其是第三类完全依赖元宇宙空间构建的新型犯罪,很可能将会给传统的刑法理论带来更严重的冲击。虽然能够提供深度体验的元宇宙空间仍处于构想阶段,但与元宇宙产品相关的刑事犯罪已切实发生在现实生活中。目前出现最多的案件就是比特币盗窃案。早在2015年,全球最大的加密通货交易所 Mt. Gox 遭受了不法分子的远程入侵,使19,000枚比特币被盗,涉案金额达到5.1亿美元。① 2022年4月,著名歌手周杰伦声称自己所有的4枚NFT因被黑客攻击而失窃,损失约为54万美元。② 甚至在元宇宙中人身侵害的案件也已经出现,有参加 Meta 公司对元宇宙"平行世界"平台的测试的女性志愿者称在测试中遭到了性侵害。③ 元宇宙的类社会构建和深度交互的场景还在设计和构建中,但是与其相关的犯罪行为却已经先一步出现,对元宇宙刑事风险的治理并非无意义的设想,而是悄然来临的考验。如何在保持刑法谦抑性、稳定性的同时有效规制元宇宙的新型犯罪是必须面对的课题。

第二节　元宇宙中刑事犯罪的治理难点

相较当前的互联网空间,元宇宙空间兼具的高度的独立性和高度的沉浸感将会使对其的刑事风险管控陷入复杂局面。一方面,元宇宙强调空间的独立性,独立的货币和交易体系、虚拟的人物创建、用户产生内容的去中心化都是元宇宙弱化与现实世界关联的表现,照此趋势似乎应当为元宇宙空间提供独立的立法和制裁措施。另一方面,在穿戴设备、脑端接口等先进技术的加持下,元宇宙空间又会给参与者前所未有的沉浸式体验,在互联网世界无法实施的犯罪,尤其是人身犯

---

① See Trevor I. Kiviat, *Beyond Bitcoin: Issues in Regulating Blockchain Tranactions*, 3 Duke Law Journal 65 (2015).

② 参见司林威:《周杰伦的"无聊猿"NFT被盗,黑客获利54万美元》,载界面新闻2022年4月2日,https://baijiahao.baidu.com/s?id=1728963878413411772&wfr=spider&for=pc。

③ See Joshua Hansen, *Virtual Indecent Assault Time for the Criminal Law to Enter the Realm of Virtual Reality*, 1 Victoria University of Wellington Law Review 50 (2019).

罪在元宇宙空间都将出现。元宇宙中虚拟化人物的行为是受到现实世界行为人的操控的,而元宇宙又特别强调体感的逼真体验,容易使人模糊虚实界限,为了现实世界的安定,即便是沉浸在元宇宙空间的人也应当遵循现实世界的法律,这似乎又强调了以现实世界的刑事规范约束元宇宙中违法行为的重要性。面对这样一个全新的、极其特殊的社会形态的到来,以往的刑事风险治理经验,即便是与元宇宙较相似的互联网空间的治理经验也只能提供有限的参考。

元宇宙作为一个由数据构建起来的世界,除了上述的第一类犯罪行为,其他两类犯罪行为在元宇宙空间都会存在一个数字化的转变,这会导致原本已成熟的刑事规制手段在元宇宙空间未必能适用。更重要的是数据本身的流通、管理、利用、储存会直接影响元宇宙的运行,数据与元宇宙利益的深度挂钩会使元宇宙的数据安全变得更重要。在互联网发展后期,大数据时代到来时,数据的重要性已经显现,但目前我国的刑事法律规范在针对数据安全的保护未成系统,有关数据犯罪的规定散见于《刑法》各个章节,数据安全的保护与信息安全及作为其载体的计算机系统均杂糅在一起。① 而未来,对数据安全保护的局面将更复杂,因为任何的传统犯罪都可能以数字化的形式呈现,当前就已经出现了对虚拟财产的犯罪是财产犯罪还是破坏计算机系统罪的争辩,如果不能厘清各方的关系,到了元宇宙空间,这样的争辩会更多,显然将不利于对各项犯罪行为进行有针对性的规制。元宇宙的突破性创新随之而来的负面影响是犯罪手段的突破性创新,未来除了犯罪形态的变化,还有法益表现形式的改变、新的法益的出现、犯罪行为危害程度加深等各种变化,这给刑事风险的治理提出了极大挑战。

一、犯罪样态多变导致犯罪客体难辨

犯罪客体是我国《刑法》所保护的,并且为犯罪行为所侵害的利益。② 犯罪客体的受侵害程度体现了侵害行为的社会危害性,因此犯罪客体是区分罪与非罪及

① 参见刘宪权:《元宇宙空间中数据的分类分级与刑法保护》,载《比较法研究》2023 年第 4 期。

② 参见张明楷:《法益初论》,中国政法大学出版社 2000 年版,第 181 页。

把握刑罚轻重的重要因素。元宇宙虽然是一个独立的虚拟空间,但也是对现实生活一种映射,依然需要现实规则的介入以维持元宇宙的运行秩序,甚至在极端的构想中未来元宇宙成为没有国家的独立空间时,也依然需要惩罚犯罪的机制。[①] 因此,以元宇宙为背景的刑事理论研究是必要的,但是基于空间的转换,对现实世界适应良好的理论在虚拟空间的适用中会存在隔阂。

现实世界中我们之所以重视和保护法益是因为其具有折损性,就像故意伤害会折损人的健康,盗窃罪会折损人的财产利益等。但是在元宇宙的空间无论是人还是财富都以数据信息的形式呈现,而数据信息是可删除、重复和恢复的,有学者就担忧这会使法益的折损性弱化,进而导致刑法的保护变得不那么必要。[②] 这样的担忧不无道理,因为元宇宙的虚拟化确实会使在现实世界的不可重复侵害行为变得可重复,让不可修复的危害结果变得可被修复。但同样值得注意的是,元宇宙空间的活跃是真实的人的操控所带来的,所以投射于元宇宙的行为、感情最终也是由真实的人来承受。因此,处理元宇宙相关法律责任的重要原则是承认虚拟行为可造成真实伤害。[③] 元宇宙这一虚拟空间中发生的行为,与现实世界中行为人的操作对应,一旦出现危害结果,现实世界中的行为人须承担责任。但是这种侵害毕竟不同于现实的侵害,对虚拟空间犯罪的客体需要进行重新解读。对此有学者提出,侵犯数字化角色的利益可以成为侵犯个人利益的一种形式,但前提是数字化角色要能够与人体链接,使个人利益能够在数字化角色中延伸,对于只存在于真实生命而无法以数字化形式呈现的生命法益,就不属于数字化角色的利益,也就无法在元宇宙中得到保护。[④] 换言之,当数字化角色的损益不会影响真实生命的法益时,造成其损益的伤害行为就不会被视为犯罪行为。

基于上述观点,对元宇宙犯罪行为的规制仍应当以现实的人为出发点,规制

---

① 参见鲁照旺:《元宇宙的秩序和规则》,载《学术界》2022 年第 2 期。

② 参见黄伟庆:《网络虚拟的终极形态"元宇宙"视域下刑事法治思维的逻辑转换》,载《上海法学研究》2022 年第 5 卷。

③ See Joshua Hansen, *Virtual Indecent Assault:Time for the Criminal Law to Enter the Realm of Virtual Reality*, 1 Victoria University of Wellington Law Review 50 (2019).

④ 参见刘宪权:《元宇宙空间犯罪刑法规制的新思路》,载《比较法研究》2022 年第 3 期。

的是对现实的人在虚拟空间中造成的对现实生活造成损害的行为。因为如果不将法益回归现实生活,而是停留在元宇宙空间,那所谓的财富、健康将只是一串可重复和删改的数字,就像游戏中人物的状态可被随意修改一般,失去了有限性也就失去了被保护的意义。但是这一观点在元宇宙发展后期可能存在规制力度不足的问题。因为元宇宙能让使用者拥有完全沉浸、参与其中的逼真感,让元宇宙空间可被视为现实文明的延续,[①]尤其是元宇宙高度发展后可能会导致人们对现实和虚拟世界在观感上界限的模糊。如果纵容对现实世界法益无直接伤害的行为在元宇宙中横行,本质上依旧没有将元宇宙视为独立的空间看待,将不利于元宇宙空间秩序的良性构建,甚至可能造成反噬,对现实世界的秩序也产生威胁。因此在元宇宙初期将元宇宙中的行为与现实行为一一对应建立强关联是一种过渡的办法,当越来越多的人参与到元宇宙空间并认同其相当的独立性后,怎样解读两个空间中行为之间的关系,是否会诞生新的法益等问题会是后续需要深入探讨的话题。

二、责任主体多元导致犯罪溯源困难

元宇宙被称为 Web3.0,这就意味着我们现在网络上最主要的形式 Web2.0 存在迭代的差异,在元宇宙中用户能够得到实时交互的真正的沉浸式体验。元宇宙的虚拟特性,首先表现为空间的虚拟,其次是人物的虚拟。在元宇宙中的人由现实世界的自然人操控,但又在一定程度上独立于自然人,自然人可以选择不同身份、形象、地点在元宇宙中活动,同在元宇宙中的人不会得知虚拟人物背后的真实身份,从而获得一种不同于现实生活的场景体验。同时随着人工智能的迅速发展,高度智能的虚拟人在未来可能会出现在元宇宙与人类共存。如果虚拟人实施了犯罪行为或者受到了侵害,如何对其进行追责和保护也是需要考虑的问题。有学者认为,人工智能的高级形态可以生成自由意志,具有独立的辨认能力和控制

---

① 参见张卫平:《元宇宙与纠纷解决:应用图景及规制想象》,载《政法论丛》2022 年第 2 期。

能力，因此可以成为刑事责任主体。[①] 但反对者认为，人工智能拥有自由意志只是一种缺乏论证的猜测，[②]且基于刑事预防理论，只有刑事责任主体的行为具有可解释性时，对责任主体进行刑事规范才是有意义的，而目前对人工智能的算法决策无法进行解释。[③] 刑法之所以能够发挥预防性的规制作用是因为自然人能辨别、控制自身的行为，并预测了解自身行为导致的后果。而高级人工智能的决策是冗杂的、算法运作的结果，无法确认虚拟人的行为是在充分意识到结果的基础上的选择时对其进行所谓的刑事处罚也将失去意义。还有学者认为，当人工智能拥有独立自由意志后意味其可以摆脱人类设置的程序行动，也就意味着其可能并不会遵守人类制定的刑法，[④]因此刑法对人工智能的风险管控应当放置在研发、应用的环节。[⑤]

相较无人汽车、医疗机器人等人工智能的应用，元宇宙虽然涉及人工智能，但并不是人工智能应用的主场景，但对高级人工智能是否能承担责任这一问题的争论，为解决元宇宙刑事责任的溯源提供了一个思路，也即不管技术如何发展，学说如何争论，有一点共识应当存在，即人是一切行为存在和发生的本源，应当将具有刑事风险行为进行源头定位，所有数据运算操作的智能化行为背后都是人类思维模式的输出。[⑥] 元宇宙的存在是帮助人类摆脱物理空间的限制，在有限的时空下创造更多的可能性，人类在享受技术带来的福利时，也应当对技术的应用行为承担相应的责任。“元宇宙中的任何行为追根溯源都是自然人本身的行为，一切法律后果最终都需要自然人自己来承担”[⑦]这也意味着自然人依然是元宇宙空间最

---

① 参见刘宪权：《人工智能时代的刑事责任演变：昨天、今天、明天》，载《法学》2019 年第 1 期。

② 参见陈洪兵：《人工智能刑事主体地位的否定及实践展开——兼评“反智化批判”与“伪批判”之争》，载《社会科学辑刊》2021 年第 6 期。

③ 参见刘艳红：《人工智能的可解释性与 AI 的法律责任问题研究》，载《法制与社会发展》2022 年第 1 期。

④ 参见朱振：《归责何以可能：人工智能时代的自由意志与法律责任》，载《比较法研究》2022 年第 1 期。

⑤ 参见皮勇：《人工智能刑事法治的基本问题》，载《比较法研究》2018 年第 5 期。

⑥ 参见陈伟、熊波：《人工智能刑事风险的治理逻辑与刑法转向——基于人工智能犯罪与网络犯罪的类型差异》，载《学术界》2018 年第 9 期。

⑦ 鲁照旺：《元宇宙的秩序和规则》，载《学术界》2022 年第 2 期。

主要的责任主体，有了这一中心思想，在规范违法行为时便有了统一的出发点。

三、法益形式多样导致危害结果加深

犯罪行为应受到惩罚的原因是其侵害了受刑法保护的法益，法益类别是重要的定罪要素，法益的受侵害程度是重要的量刑依据。但是在元宇宙空间，传统的法益的表现形式可能会更多样，使定罪、量刑的过程更曲折。

（一）新的法益形式的出现，难以落入现有规范规制

人身伤害犯罪保护的是个人的身体健康等法益，全真沉浸式的环境下人身伤害的行为会造成受害人的痛苦感受，但行为人并没有与受害者有直接的接触，而是以一种隔空的方式进行。而在传统的认知中，人身伤害主要是指对身体的物理伤害，这是因为通常身体的受伤害程度能够被可视化衡量，且与犯罪行为的恶劣程度直接相关，由此能够对定罪量刑客观化。但是在元宇宙中这一传统的定罪量刑思路可能会被打破。元宇宙作为一个虚实结合的空间，用户做出实际的动作，但最终只会以代码数字的形式被传输，被害人能够感受到疼痛的体验，但是不会受到真实的物理伤害。对疼痛的体验是一种非常主观的感受，难以取证也难以以一种客观化的标准衡量，更关键的是会对传统的刑事责任认定标准提出考验。

因法益形态的变化导致的治理困境也会出现在财产犯罪中。在元宇宙世界的认知里，比特币、以太币是资产的象征，可以用于交易、收藏等，是元宇宙经济链条中的重要一环。但是在刑法学界中对此类数字资产性质的定性存在较大的争议。传统的刑事理论认为财产类犯罪规制的对象必须是现实存在的财物，数字资产由数据代码构成且只能在计算机系统运行，因此，对于元宇宙空间数字资产实施的犯罪行为不是对财产权益的侵犯而是对计算机系统的侵害。[①] 统计数据显示，有57%的案件公诉罪名为传统财产犯罪，如盗窃罪，但最终被认定为涉计算机犯罪。[②] 这说明司法实务对于此类犯罪的判罚依然采取保守的态度，不认可数

---

① 参见欧阳本祺：《论虚拟财产的刑法保护》，载《政治与法律》2019年第9期。

② 参见方敏、段文澜：《元宇宙数字财产权制度构建与法律保护困境之反思与检视》，载《上海法学研究》2022年第1期。

字资产的财产属性。有学者对此提出了质疑，认为“从维护计算机信息系统安全角度，无法评价区块链技术赋予数字资产的超越传统数据的确权机制带来的财产属性”①，他们认为实务的此种做法忽视了数字资产的财产属性，使此类数字资产不能获得有效的保护。有学者进一步提出元宇宙中的数字资产“具备客观价值性、流通性以及管理可能性”②，因此将其纳入财产类犯罪符合财产类犯罪对财产法益保护的初衷，如果任何财物以数字形式呈现就被归为数据犯罪，会使计算机信息系统相关犯罪的内涵被不合理扩大，这是不符合刑法规制的基本逻辑的。③

基于元宇宙中数字资产与现实财物的法益的紧密关联性，目前的研究已更倾向将元宇宙中数字资产的保护纳入财产类犯罪的范畴，这也是符合元宇宙发展趋势的一种选择。因为财产类犯罪数量繁多，对各类侵犯个人财产利益的行为作了精细化的划分，而计算机系统犯罪的构成要件相对较粗糙，只要行为涉及对计算机系统的侵害都可以被纳入规制的范畴。除了当前讨论的虚拟财产，身份信息、公司经营数据等只要是能被储存在计算机系统中并被显示的客体都有可能成为其规制的对象。④ 而元宇宙本身是数据的海洋，与元宇宙相关的行为都需要计算系统的参与，滥用计算机系统犯罪可能会使其发展成为元宇宙刑法规制中的“口袋罪”，而被侵害的法益因缺乏针对性的规制手段而不能被妥善保护。

（二）犯罪侵害程度加深，犯罪后果更严重

例如，在对个人信息的保护上，在元宇宙空间个人信息面临更高的泄露风险，尤其是在生物识别信息的保护方面。元宇宙空间为了给予用户提供逼真的沉浸式体验和实时的互动回应，需要通过镜头、穿戴设备捕捉录入人体的声音、动作、姿态、神情等，而人的动作、姿态、神情会包含人脸、指纹、耳廓、骨架等生物识别信息，⑤这意味着元宇宙在运行的过程会采集、收取到大量的人体生物识别信息。

---

① 杨东、乐乐：《元宇宙数字资产的刑法保护》，载《国家检察官学院学报》2022 年第 6 期。

② 刘宪权、王哲：《元宇宙中的刑事风险及刑法应对》，载《法治研究》2022 年第 2 期。

③ 参见陈兴良：《网络犯罪的类型及其司法认定》，载《法治研究》2021 年第 3 期。

④ 参见杨志琼：《非法获取计算机信息系统数据罪“口袋化”的实证分析及其处理路径》，载《法学评论》2018 年第 6 期。

⑤ 参见孙哲南、赫然等：《生物特征识别学科发展报告》，载《中国图象图形学报》2021 年第 6 期。

当前人脸信息作为最常用的生物信息已被广泛应用于各种生活场景，但与一般的个人信息不同的是，生物信息具有唯一性，与之一体两面的是其不可替换性。①这意味着生物识别信息一旦遭到泄露，使用人无法像更改普通密码那样更改生物识别信息，而只能放弃使用。如果不法分子利用信息主体的生物识别信息，伪造身份后使用，将会使信息主体的财产和人身利益安全长期处于高风险的状态。

目前我国《刑法》尚未对生物识别信息的犯罪进行有针对性的规制，而是笼统将其纳入个人信息保护的范畴，未引起足够的重视。现阶段过度搜集生物识别信息的情况虽然存在，但多集中于对人脸信息的搜集，被搜集的生物识别信息还较为单一，且应用信息的主体以提供社会公共服务的平台为主，如公共交通的检票系统、公安的天眼系统等。因此，现阶段对公民生物识别信息的使用很大程度上是基于社会治理的需要，对信息安全的保障有公权力背书。而元宇宙空间对个人生物识别信息的利用是基于其技术特点的需要，穿戴设备可以对个人的生物信息进行全方位的采集，包括人脸、指纹、虹膜甚至是动作姿态等。一旦此类信息发生泄露，被不法分子采集利用，不仅会导致元宇宙空间秩序混乱，还会反噬现实生活，造成无可挽回的损失。研究表明将生物识别信息与人工智能结合时，数据共享会导致难以预测的二次识别化分析和侵入性分析，由此导致信息之于信息所有者处于相对失控的状态。② 元宇宙本就是与人工智能高度融合的产物，在元宇宙发生个人信息的泄露会导致更加不可控的危害后果。元宇宙在对信息传播类犯罪的规制上同样存在难点。区块链是元宇宙运作的基本架构，而区块链的一大特性就是去中心化、分布式、扁平开放，③信息无须通过某个中心发散，而是点对点传递到每个用户，因此如果利用区块链宣扬恐怖主义或者散布虚假消息，很难像在传统网络中那样通过平台运行方将有关信息集中屏蔽，这就会导致违法信息传

---

① 参见王德政：《针对生物识别信息的刑法保护：现实境遇与完善路径——以四川“人脸识别案”为切入点》，载《重庆大学学报（社会科学版）》2021 年第 2 期。

② 参见杜嘉雯、皮勇：《人工智能时代生物识别信息刑法保护的国际视野与中国立场——从“人脸识别技术”应用下滥用信息问题切入》，载《河北法学》2022 年第 1 期。

③ 参见陈吉栋：《区块链去中心化自治组织的法律性质——由 Token 持有者切入》，载《上海大学学报（社会科学版）》2020 年第 2 期。

播的范围更广，对秩序的侵害程度加深。

四、犯罪行为隐蔽导致金融犯罪高发

研究普遍认为未来区块链和虚拟货币将构成元宇宙经济体系的基础。区块链是去中心化的分布式账本，它去除了银行这样的官方金融机构作为交易中介的环节，使参与交易的主体可以直接点对点对接交易，[①]而虚拟货币具有去中介化、匿名性、交易快捷以及全球流动性大等特征。[②] 因此，元宇宙的经济交易模式的一大特点就是去中心化和匿名性，这样的交易模式固然便捷迅速，但是也为洗钱、集资诈骗等金融类犯罪提供了温床。以洗钱罪为例，判断是否存在洗钱嫌疑的关键是交易价格的合理性，但是元宇宙资产因为脱离了官方金融机构的监管完全由市场定价，不存在客观的参考价格，其价格在交易过程中可能存在巨大的波动，[③]同时交易所使用的货币本身也具有高度隐蔽性，无须公布交易者身份且难以追踪，两项因素的叠加为洗钱活动的进行提供了屏障，不仅可以在极短的时间内完成违法交易，且难以被监管机构发现。近年来电信诈骗案发率持续居高不下的一大原因就是被骗赃款在转入犯罪嫌疑人账户后被迅速多次转移到海外账户而变得难以追踪，而在元宇宙空间行为人的数字资产可以在不同元宇宙项目中飞速转移，[④]违法活动的隐蔽性进一步加强，规制此类违法行为的难度提升了。

元宇宙的技术特点也会使个人信息尤其是生物识别信息的安全面临更大的风险，生物信息从提取到被利用的全过程都可能发生在信息主体无法察觉的状态下，等信息主体发现个人信息被泄露时有关信息很可能已被用于下游犯罪。在人身犯罪领域，犯罪行为的隐蔽性也增强了，尤其是原本应当通过接触才能实施的犯罪，如故意伤害可以隔空的形式进行，但研究表明在虚拟现实中被扇耳光的受试者会在皮肤、电导率和心率水平上有相应反应，[⑤]也就是体感与受到了真实的

---

① 参见姜向龙：《元宇宙的社会风险与法治化解》，载《上海法学研究》2022 年第 11 卷。

② 参见苏宇等：《NFT 政策研究报告》，载《上海法学研究》2022 年第 11 卷。

③ 参见李幼埙、付荷爽：《元宇宙中虚拟货币法律规制》，载《上海法学研究》2022 年第 11 卷。

④ 参见邓建鹏：《元宇宙经济的法律风险及其规制》，载《电子政务》2023 年第 1 期。

⑤ 参见丁玮、於兴中：《规范元宇宙：可能性、难题与基本思路》，载《财经法学》2022 年第 5 期。

侵害时相似,但正如上文所言,被害人并没有受到实际的物理伤害,因此在事后追究责任时取证会变得极其困难。

第三节　元宇宙刑事风险规制的路径研究

去中心化带来的便捷和自由是元宇宙的魅力所在。而刑法是公法的典型代表,以公权力为后盾,只有法律规定的特定机关才能行使相应的制裁手段,刑事处罚权不能旁落他人而只能掌握在公权力机关手中,是中心化的体现,但这与元宇宙去中心化的思想并不冲突。因为自由从来都不应是绝对的,权利的行使应当在不妨碍他人权利行使的限度下进行,绝对的自由只会带来无序和混乱。去中心化应当是一种技术手段,为更安全高效的行为模式服务,如以智能合约方式进行交易,交易过程被区块链中分布式账本记录,使全民可以成为监管的参与方,使数据变得难以篡改,从而来保障交易安全。

为了使元宇宙空间的行为能够被监管、可溯源,对元宇宙这一虚拟空间的行为应当溯及至自然人本人,使监管部门能够对元宇宙中的虚拟人物与现实的身份进行相对应。各国和地区目前出台的与元宇宙相关的监管政策也体现了这一理念。日本、欧盟等国家、地区均要求虚拟货币服务的提供方进行注册登记。① 我国国家互联网信息办公室公布的《区块链信息服务管理规定》明确规定应当对区块链服务的使用者进行实名认证。完全的去中心化意味着自治,在现有的政治经济架构下是难以想象的,因此应当将元宇宙的去中心化看作一种技术特征,技术本身是客观的,无所谓好坏,但是对技术的利用需要被监管。作为维护社会公平正义的最后一道防线,刑事法律规范对元宇宙出现的新的刑事风险应当作出有力回应。

一、刑法解释的跟进

元宇宙空间的特殊性使犯罪行为更复杂多变,以现有的法律规制手段难以将

---

① 参见刘嘉铮:《元宇宙货币系统的风险分析与法律对策》,载《东方法学》2022 年第 6 期。

某些新型犯罪进行规制。长时间刑法的缺位会导致对犯罪行为的姑息纵容，但是基于刑法的谦抑性和稳定性，刑事立法又不宜过分活跃。在此种情形下，相较于立法，刑法解释可能可以发挥更积极的作用，对刑事条文的内涵作出与时俱进的更新以适应元宇宙空间治理的需要。同时刑法解释还可以使法律条文的含义具体化、明确化，使司法实践中产生歧义的问题得到符合法律内在意义的统一理解。

第一，通过刑法解释丰富条文内涵，以弥补现有刑事规范在治理中的空缺。在不变动刑法条文的基础上，尽可能将更多的新出现的法律问题纳入刑事规制的范围，有利于维持元宇宙空间的良好秩序，但这就不可避免地会使刑法解释呈现出一种扩大化的倾向。事实上，随着互联网技术的发展，刑法为了有效规制日益增长的网络犯罪，在刑法解释上已经呈现出了扩大化的倾向，主要体现在将实体的对象扩大至虚拟对象、将虚拟犯接入传统犯罪的规制场景、将公共场所的空间扩展到虚拟空间等方面。① 元宇宙承袭了网络空间的虚拟化特点，网络空间刑事治理的考量也被沿袭到了元宇宙空间的治理中。对于坚持罪刑法定的刑法理论来说，传统理论对扩大化解释持谨慎态度，并且在解释论上分化出了两种立场，本质上是现代维度的实质解释论和形式解释论之争。形式解释论者认为，即便有法益保护的必要，解释时也要以刑法的明文规定为限，不能随意扩大处罚范围。② 而实质解释论者倾向价值判断，如有法益保护的必要可以突破日常用语的理解来解释条文以弥补立法不足，在解释时不囿于字面意思。③ 对实质解释的导向会造成过度解释的担忧一直存在，但是实质解释论所具有的积极的时代意义让其在元宇宙刑事风险的规制上更具优势。

未来元宇宙中的装备、皮肤以及进入元宇宙的账号本身都会是重要的虚拟财产，而比特币、NFT 等数字资产将成为元宇宙经济的重要支柱，针对此类数字资产的犯罪也会增多，正确规制针对数字资产的犯罪行为将对维护元宇宙空间秩序、促进元宇宙经济发展至关重要。早期传统的刑事理论认为财产罪的对象仅指以

---

① 参见贾宇：《数字经济刑事法治保障研究》，载《中国刑事法杂志》2022 年第 5 期。

② 参见［日］曾根威彦：《刑法学基础》，黎宏译，法律出版社 2005 年版，第 15 页。

③ 参见劳东燕：《刑法解释中的形式论与实质论之争》，载《法学研究》2013 年第 3 期。

物理形态存在的财物，而目前的理论研究已经倾向认可虚拟货币等数字资产的财产性质，并且基于保护法益的考量否认了继续将其解读为数据犯罪的可能性。[①] 一般生活的利益若想上升为刑法法益，需要获得多重承认，首先是个人和社会认可，也即该利益首先被社会中大多数人认同为应当被刑法保护的利益，在社会认可的基础上最后被刑法认可，便会成为法定利益。[②] 因此在讨论虚拟财产是否值得刑法保护这个问题时，最大的争议点其实是虚拟财产的利益是否已经被社会多数人认可为值得刑法保护的利益。此问题在普通互联网视角下的争议确实会比较大，但是当把视角置于元宇宙背景下后，答案会更明确。当元宇宙真正被打造成完全沉浸式的虚拟世界时，人们对虚拟世界中的财物的保护需求会和现实世界无异，对相关法益值得刑法保护的认同度也会随之提升。因此随着元宇宙构建的成熟，财产犯罪将囊括对虚拟财产的规制将是必然趋势。表面上来看这将会导致财产犯罪内涵的扩大，但是这本质上是随着整体环境的转换导致人们对法益认识的变化导致的，是符合立法本意的解读。这样解读还有另一个好处就是平衡了虚拟和现实的关系。认同虚拟财产的价值相当于赋予了其与现实财产同等重要的地位，承认了元宇宙空间的相对独立性。但同时，虚拟财产的价值来自现实中人类社会的集体认同，秉持了元宇宙中的一切活动依然以自然人为责任主体的思想。同样的理论也适用于元宇宙中可能会发生的有组织犯罪、聚众类犯罪的解读。

在当今的互联网世界，“网络并非法外之地”是为人们所熟知的警示，许多在互联网中对他人进行谩骂、侮辱的行为最终受到了刑事法律制裁。但是基于空间的限制，在互联网空间中进行的犯罪行为多为言语的攻击，对于有组织犯罪、聚众犯罪这样需要实际行动参与的犯罪在互联网空间难以实现。互联网空间当然也存在空间秩序，但是这一空间终究只是一个扁平化的易与现实世界体感相剥离的

---

① 参见张明楷：《非法获取虚拟财产的行为性质》，载《法学》2015 年第 3 期；周光权：《刑法各论》（第 3 版），中国人民大学出版社 2016 年版，第 90 页；黎宏：《刑法学各论》（第 2 版），法律出版社 2016 年版，第 291 页。

② 参见欧阳本祺：《论虚拟财产的刑法保护》，载《政治与法律》2019 年第 9 期。

空间,很少有人认同互联网世界的秩序已经到达了和现实社会秩序同等重要的地步。如果把元宇宙中寻衅滋事、聚众斗殴等犯罪作为刑法规制的对象,就需要对此类犯罪保护的法益——现实的公共秩序进行扩大化的解释,将元宇宙虚拟空间的公共秩序也上升为须由刑法保护的法益。元宇宙的深度沉浸式体验,会使"相关行为给其他元宇宙用户呈现出一种公共场所秩序严重混乱的感官体验与现实世界同种犯罪行为所造成的影响如出一辙"①,必然会让人们对此间公共秩序的安定提出更高的要求,当社会中多数人都认同元宇宙虚拟空间的秩序是应当被保护的法益,届时将元宇宙中破坏公共秩序的行为纳入刑法考量将会是顺理成章之事。从历史发展的趋势来看,新的法益保护需求总是伴随社会发展而出现,元宇宙的诞生促进了新一批法益保护需求的诞生,刑法解释的跟进,可以使人们在利益保护的需求变化时迅速扩充现有法益的内涵,在无须改变现有条文的基础上满足刑法规制新的社会风险的需求,弥补立法不足,尤其是在元宇宙发展初期,刑事立法尚不能作为,而各类矛盾又激增时,刑法解释将发挥积极的作用。

第二,积极发挥刑法解释明确法律条文含义的功能,使司法实践中产生歧义的问题得到符合法律内在意义的统一理解。前文提到数据会是未来元宇宙的根基,同时也会是犯罪行为的重点针对对象。目前刑事法律对数据安全的保护主要依赖于计算机系统有关罪名和个人信息保护的相关罪名,但遗憾的是在对计算机系统相关犯罪的应用上就存在不同的认知。司法实践将数据安全法益定位为数据载体保护,因此在涉及对数据的复制、删改等行为时就会认为其破坏了计算机系统,②但学者认为这并没有揭示法益本质,还会加剧有关犯罪的"口袋化"趋势,事实上数据安全法益的本质应该在于保护数据背后信息的安全,体现为数据信息内容的保密性、完整性和可用性。③ 但这一解读也有局限性,仅代表了数据的一

---

① 刘宪权、王哲:《元宇宙空间刑法中危害行为的"异化"及"新样态"》,载《苏州大学学报(哲学社会科学版)》2023年第3期。

② 参见陈丽英:《人民法院报评出2019年度人民法院十大刑事案件》,载《人民法院报》2020年1月12日,第1版。

③ 参见苏桑妮:《从数据载体到数据信息:数据安全法益本位之回归》,载《西南政法大学学报》2020年第6期。

个维度，当前越来越多学者认同代表信息的数据与表示虚拟财产的数据不能绝对等同，所以数据是有多维度性的。在元宇宙中数据可以被分为规则层（系统指令）、数字符号层（系统中的数字化内容如虚拟财产）和信息内容层（能为一般人所知的信息）3个维度。只有对规则层数据的侵犯行为才可以构成真正的侵犯计算机系统犯罪，对其他层面数据的侵犯，则需要结合其侵犯对象代表的法益，以更具体的罪名进行规制。① 以这一思路为前提，可以逐渐厘清数据、信息及计算机系统之间的关系，将数字化的传统犯罪行为从计算系统罪的罪名中剥离出来。但显然目前在刑事规范的有关内容中缺少对数据内涵的解读，对计算机系统犯罪的正确适用也缺乏指引，这些缺位就需要刑法解释来弥补。

重点关注针对虚拟财产的犯罪是因为针对虚拟财产的犯罪在互联网时代已经频发，而元宇宙概念的逐步构建和相关技术的发展，让此类利用了元宇宙部分技术特征的犯罪已经发生并且呈多发趋势。通过上述论证，不管是从必要性、法益类型还是数据维度来看，虚拟财产都应当被视为财产罪的对象。但是规制针对虚拟财产的犯罪在实务中还有另一难点在于虚拟财产包括虚拟货币的价值并不像现实中的财物和法定货币那样稳定，而涉案金额须以法定货币值结算，且为定罪量刑的关键，对于虚拟财产价值的认定需要一个统一的、体系化的方案。仅就理论上已经有学者对虚拟财产数额的计算方法给出了方案，例如，可以标的数额、用户间的交易价格、销赃数额等计算。② 但是这样零散的计算方法并不能解决针对虚拟财产的犯罪数额计算难的问题，此处提到的方案在衡量虚拟财产的价值上有很强的不确定性，多重的计算标准还可能加剧同案不同判的现象。因此需要尽快出台司法解释进一步解读财产类犯罪的保护法益和明确数字资产的性质，将元宇宙数字资产的保护纳入财产类犯罪保护的范畴，同时统一数字资产价值转化的标准。

---

① 参见刘宪权：《元宇宙空间中数据的分类分级与刑法保护》，载《比较法研究》2023年第4期。

② 参见陈兴良：《虚拟财产的刑法属性及其保护路径》，载《中国法学》2017年第2期。

二、刑法规制的前置

新科技的诞生往往伴随新风险的诞生，尤其是近代以来随着工业和科技的高速发展，日常生活中不断增加的高风险因素让我们的社会变成了风险社会。① 元宇宙作为一种虚拟的社会形态，既延续了现实社会的既有风险，又因其特有的技术特征带来了新的刑事风险，新、旧风险的交融会使元宇宙成为一个独特的风险社会。刑事责任的主要目的为何，在不同社会中可能会有不同的答案，而在风险社会的治理过程中，刑事责任的主要目的将为通过法律责任的施加来预防可能的犯罪行为，"预防可能是刑罚的主要的和唯一的普遍目的"②。当以预防为目的来看待刑事法律规范时，在刑事手段上也应有相应的调整。

第一，采取更积极的立法态度，突显刑事手段的预防性特征。刑事古典学派理论的学者并不认同这一观点，他们认为刑法应当严格坚守谦抑性，对法益过早进行保护会过分扩大犯罪圈，妨害公民自由。③ 但是，对刑法谦抑性的理解或许可以持一种相对开放的态度，一味让刑法作为一种对犯罪结果事后的惩罚可能并不利于积极发挥其功效。刑法具有谦抑性是基于刑法是调整和维系社会关系的最后一道防线，且其惩罚的强制手段严于任何部门法，因此对于新出现的社会矛盾，刑法通常不作为首要规制手段，当民法、行政法等法律无法对社会风险进行有效规制时需要刑法进行最后的兜底。刑法不会被用作化解社会矛盾和风险的首要利器，这是刑法谦抑性的重要体现，但这与采取预防性的刑事手段并不冲突。刑法的谦抑性并不拒绝新罪的设立和犯罪构成要件的扩大。④ 因此在元宇宙这样的风险社会中采取偏积极的立法态度，通过法律责任的实施来预防可能的犯罪并非对谦抑性的过分违背，而是在新的治理背景下衡量各方利益后的合乎基本理论基础上的转向。

---

① 参见［德］乌尔里希·贝克：《风险社会》，何博闻译，译林出版社2004年版，第7页。

② ［美］小奥利弗·温德尔·霍姆斯：《普通法》，冉昊、姚中秋译，中国政法大学出版社2006年版，第47页。

③ 参见齐文远：《修订刑法应避免过度犯罪化倾向》，载《法商研究》2016年第3期。

④ 参见周光权：《积极刑法立法观在中国的确立》，载《法学研究》2016年第4期。

第二，在犯罪高发领域增设危险犯种类，提前刑事手段的介入时间。刑事规制前置在立法上可以有多种表现形式，危险犯的设立是其中之一。根据对法益的侵害程度不同可以将犯罪类型划分为行为犯和危险犯，危险犯又可细分为抽象危险犯和具体危险犯。① 刑法中的危险犯事实上就是刑事手段提前介入的体现，危险犯只须满足犯罪构成要件而不以犯罪要件的发生为前提，与犯罪结果发生后再进行规制比起到了预防性的效果。具体危险犯在行为构成犯罪要件后还需要对法益侵害的危险性进行判断，而抽象危险犯只须实施构成要件的行为就能构成犯罪。如刑法中的危险驾驶罪，只要行为人实施了危险驾驶的行为就可构成犯罪。刑法提前介入的另一典型表现是犯罪预备行为的实行化。犯罪的发生分为预备、行为和结果 3 个阶段，多数对犯罪行为的规制发生在行为时或结果发生时，但是对危害行为实行后导致危害结果不可控地扩散的行为，刑法会将处在预备阶段的行为设立为单独的罪名进行规制。最典型就是恐怖活动犯罪，对于准备实施恐怖活动的行为，刑法就以独立的法条进行规制。从近年来的立法趋势来看，将刑事处罚阶段适当前移的规范调整比例不小，如《刑法修正案（十一）》中就增加了危害公共交通工具驾驶罪、危险作业罪等条款，将具有导致严重后果发生的现实危险提前置于刑法的管治范围内，体现了大数据时代注重事前风险防范的刑事立法理念。② 由此可见在风险社会中刑事规制以预防为目的，虽然在学界依然存在争论，但是在近些年的立法倾向中明显表现出了立法者对通过刑法规制来预防社会风险的期望。在元宇宙空间中，犯罪的形态更多样，犯罪的手段更隐蔽，这些元宇宙中的犯罪特性都会导致在犯罪结果发生时再追究行为人的责任困难重重。尤其是基于区块链中信息不可篡改和删除的特性，许多违法信息一旦发布将难以阻断传播，损害结果的不可逆性更需规制手段的提前介入。

在保护个人信息方面，非法获取和非法提供个人信息的行为已经为刑法明确禁止，但是现有的法律规定不但没有对滥用生物识别信息的行为采取针对性措

---

① 参见张明楷：《刑法学》（第 5 版），法律出版社 2016 年版，第 166 页。

② 参见周光权：《刑事立法进展与司法展望——〈刑法修正案（十一）〉总置评》，载《法学》2021 年第 1 期。

施，同时对滥用生物信息的行为没有前置的法律手段而是依赖于对后续行为的刑法评价。[①] 如果未来在元宇宙中他人通过伪造生物识别信息欺骗了身份识别系统而盗取信息所有人的资产，以现有的刑事法律规范只能以诈骗罪或盗窃罪等财产类犯罪进行处罚，但是对伪造生物识别信息这一前置的违法行为不能进行有效规制。但事实上，若非官方行为，私人主体对他人生物信息的采集复制本身就不合理，并且极有可能是后续犯罪行为的预备行为，可以考虑新立法将未经批准的大量采集、复制生物信息的行为规定为行为犯，让刑法在生物识别信息的伪造阶段就介入。在元宇宙空间，个人账号相较互联网空间的账号，其重要程度将大幅提升。首先，账号是连结现实世界和虚拟世界的桥梁，关乎自然人在元宇宙世界的通行自由；其次，账号蕴含大量的个人私密信息和财产信息。在未来实名认证将会是对元宇宙空间进行高效管理和使犯罪行为追溯到个人的有效手段，能够确保账户与使用人保持唯一的对应关系。元宇宙中的许多犯罪如洗钱罪、财产类犯罪等都可能涉及对账户的操控和利用，因此破解认证手段、盗用他人账户的行为应当被视为一种高风险行为，通常会成为财产、金融犯罪的前置手段。可以考虑将破解实名认证、虚开账户或者盗用他人账户的行为纳入元宇宙刑事风险监管的范畴，通过刑法的提前介入有效制止后续犯罪行为的发生。

第三，重视技术手段的运用，提升常规预防手段的比重。当前毕竟处于元宇宙发展的初期，不可能就此进行大批量的新立法，否则将影响刑法的稳定性。与现实世界刑事风险预防工作一样，在元宇宙空间中除了刑事手段上的更新，非刑事制裁的常规预防手段上依然大有可为。代码是元宇宙技术的先天优势，大数据算法是元宇宙的底层逻辑，在元宇宙空间是完全有条件对相关的刑事风险进行监管和预测的。例如，在管制的手段上可以充分利用代码，将法律语言植入源头的代码。在元宇宙程序的编写过程中就通过技术规制设定类似屏蔽性侵、暴力血腥

---

① 参见杜嘉雯、皮勇：《人工智能时代生物识别信息刑法保护的国际视野与中国立场——从“人脸识别技术”应用下滥用信息问题切入》，载《河北法学》2022 年第 1 期。

行为的程序代码，[1]当行为人出现非常规的暴力行为时会出现相应的风险提示。

刑法最基本的任务从来都是惩治犯罪、保护人民，但是个人活动的自由度和公共空间监管的严格程度之间存在一定的此消彼长的关系，是以维护个人自由、防止法外恣意优先，还是以回应管理需要、强调社会保护优先，在先后顺序上存在一定争议。不管是在刑法解释时采实质解释论还是立法时将刑事规制手段前置，都意味着在对元宇宙的刑事风险管控中，刑法应当采取一种更积极主动的态度。但需要特别说明的是，采取实质解释论是为了能在不变动刑法原条文的基础上有效规制新出现的刑事风险，是从维护刑法稳定性的角度出发；而刑事手段介入的提前是一种立法态度的偏向，是当出现新的需保护的法益时，仅以刑法解释无法有效规制风险，须对刑法条文作出必要的改动时应考虑的问题，积极的刑事立法观是立法时在条文设计上的态度偏向，并不会违背刑法的稳定性前提。采取实质解释论和积极的立法观二者出发点本质是一致的，都以维护公共利益优先。元宇宙空间已经在其技术手段和应用场景上尽可能给予行为人最大限度的自由，由此也带来了犯罪风险的扩散，因此需要以更严格的监管加以制衡。金融类犯罪，诸如非法集资、洗钱罪，以及买卖枪支、毒品等非法交易都会因为元宇宙的技术特征在犯罪手段上更灵活和隐蔽，导致犯罪结果更难追查；在人身犯罪上，元宇宙特殊的沉浸式拟真体验会使对同一法益侵害的手段更多样，以现有的刑法规范未必能提供周全的保护。作为一个完全由数据、信息构建的空间，以现有的信息、数据保护力度将不足以应对激增的刑事风险。鉴于元宇宙空间刑事犯罪手段的多样性和犯罪危害的严重性，以主动预防的态度应对可能接踵而至的刑事风险，加强刑事手段在管控元宇宙刑事风险中的力度，是为了在牺牲有限的个人自由的基础上维护一个全体人类可以共享的安全、自由的元宇宙空间。

---

① 参见任文岱：《元宇宙备受关注 法律需做好哪些准备》，载《民主与法制时报》2021 年 12 月 1 日，第 3 版。

第六章　元宇宙诉讼风险预防与治理

第一节　元宇宙中的诉讼风险

一、电子数据证明功能异化风险

肇始于20世纪中期的第三次工业革命将人类社会带入了电子信息时代，电子数据作为一种全新的证据种类陆续在世界各国获得独立的法定地位。随着第三次工业革命不断向纵深发展以及第四次工业革命的悄然发轫，电子数据在当代证据体系中逐渐占据了越发重要的地位。当下，元宇宙不仅促进了数据经济价值的实现以及数字经济的高质量发展，还极大地深化了数据在诉讼证明活动中的功能价值。然而，在现今司法实务特别是民事司法实务领域中，电子数据的司法适用存在严重虚化的困境，[①]这一困境不仅不会因为元宇宙时代的到来而自发消弭，恰恰相反，其可能随着数据在诉讼证明活动中的功能价值一同放大，并最终异化成为诉讼活动中的一项系统性风险。

目前，电子数据在我国司法适用中的虚化困境主要存

① 参见刘哲玮：《民事电子证据：从法条独立到实质独立》，载《证据科学》2015年第6期。

在以下具体表现:第一,电子数据在诉讼证明活动中的采信率极低。学者于2017年开展的统计的结果显示,在当事人提交电子数据作为证据的诉讼中,法庭对电子数据明确作出采信判断的比例仅占7.2%,而其中法庭完全采信以及部分采信的占比分别为29.2%和2.0%。[①] 由此可见,在绝大多数情况下,法院并不会在裁判文书中对电子数据的采信情况进行明确说明,即便是在对采信判断加以明确说明的文书中,不采信的概率也较高。第二,电子数据的独立价值未受到司法者的重视,在诉讼中广泛存在将电子数据转化为其他载体形式进行适用的情形,主要包括转化为书证、视听资料以及证人证言等形式。[②]

由于当前互联网信息技术对人类生活方式的改变仍不彻底,人类活动的形式仍然以线下为主,线下线上相结合为辅,网络仅作为一种工具发挥辅助作用。在许多案件中,即使法庭不采信电子数据,当事人也能够通过提交其他种类的证据完成对待证事实的证明。就算在电子数据对待证事实的证明具有不可替代的关键作用时,法庭也偏向于将其转化为其他载体形式的证据后再进行固定、保全、展示、质证和审查,抑或要求当事人提供更多其他类型的证据加以补强、佐证。得益于此,电子数据名存实亡的虚化困境可被成功掩盖,诉讼程序能够维持正常的运转。

然而,随着元宇宙的勃兴,虚拟世界与真实世界愈渐深度的融合加速了社会范式的转变,互联网已经逐渐从一项工具演变为具有虚拟实在性的数字虚拟社会,[③]这也势必导致电子数据在诉讼证据体系中的地位发生蜕变。故有必要对元宇宙时代下电子数据在诉讼证明活动中呈现出的新特征加以分析总结,以便前瞻性地识别元宇宙发展过程中可能出现的诉讼风险。

首先,人类社会步入元宇宙时代,将使电子数据在诉讼证明活动中的适用频次呈现出指数级增长的趋势。作为一个越发真实的数字虚拟社会,元宇宙完善复

---

① 参见刘品新:《印证与概率:电子证据的客观化采信》,载《环球法律评论》2017年第4期。

② 参见刘哲玮:《民事电子证据:从法条独立到实质独立》,载《证据科学》2015年第6期。

③ 参见罗有成:《"元宇宙社会":内在逻辑与法律治理》,载《西北民族大学学报(哲学社会科学版)》2023年第2期。

杂的系统将为人类社交、娱乐、学习、工作、交易等众多活动提供新生场景。元宇宙用户在现实世界的行为可以通过各类交互设备转化为以“0”和“1”组成的二进制电磁代码进行储存和传输，再通过算法程序分析转化为元宇宙世界中的虚拟行为。而元宇宙中的行为又以相似的路径通过深化感知技术给予用户沉浸式的感官体验。用户在现实世界中实施的行为、获得的感官体验以及元宇宙空间中发生的一切事物等都将以数据形式进行转化存储，而元宇宙丰富的应用场景又足以支撑其深刻渗透人类生活的方方面面，任何现实世界中存在或不存在的事物都可能在元宇宙世界中上演。因此，电子数据在诉讼证明活动中的使用频次将会呈现出指数级增长的趋势。在这一前提下，如果不对当前司法实务中普遍存在的电子数据采信率严重偏低的症结加以补偏救弊，而是放任其延续至元宇宙时代，则可能催生电子数据使用频率高与法庭采信电子数据意愿低之间的激烈矛盾，阻碍元宇宙时代诉讼证明活动的正常开展。

其次，电子数据载体形式的转化可能性降低。元宇宙发展的可能形态，可归结为原生世界与孪生世界两类。① 其中，原生世界是完全架空的与现实世界彻底脱钩的虚拟世界。在原生世界中的事物仅以数据的形式存在于现实世界中，任何载体形式的转化都存在信息失真的风险，难以准确表达其原本面貌。孪生世界则是通过数字孪生技术形成的与现实世界基本对应的虚拟世界。尽管孪生世界的构建整体上以尽可能与现实世界相同为原则，但事实上，除了构建数字博物馆等少数情况外，单纯一比一复刻现实世界并非孪生世界的最终目的。构建孪生世界的目的在于让用户仿佛置身于现实世界的同时又能够取得更加丰富的体验，故也必然存在与现实世界的不同之处。任天堂公司发布的《宝可梦 GO》游戏让玩家在现实世界中抓捕虚拟的宝可梦便是如此。因此，在元宇宙时代，互联网不再是简单地将原本在线下进行的活动转移到线上，或以互联网辅助线下活动，而是对人类活动方式、活动范围以及活动场景进行颠覆式革新的技术。尽管难以通过人类语言直观地认识，但元宇宙中的大量事物只有以电子数据的形式存在才能最准

① 参见张钦昱：《元宇宙的规则之治》，载《东方法学》2022 年第 2 期。

确地反映其本质。当下司法实务中大行其道的电子数据书证化、言辞化处理模式不仅会加重当事人的举证负担,还可能严重影响证据的证明力。

最后,电子数据常常以证据链条的形式存在。在元宇宙中,用户的行为以数据形式进行存储,借助智能合约能够自动履行合同并记录履行情况,通过以区块链技术为基础的元宇宙经济系统可对财产的流通情况进行记录。在元宇宙时代的诉讼中,相互间依次传递相关联系的若干电子数据的组合,得以完成对几乎全部案件事实的证明,诉讼活动中仅存在电子数据等少数几类证据的情况将成为常态,这也有利于减轻当事人的举证负担、进一步降低诉讼成本。然而,如若不对当下电子数据的司法适用中出现的虚化困境加以化解,不但会导致当事人无法从科技进步带来的举证流程高效变革中受益,而且还会使当事人的诉讼权利受到严重侵害,甚至影响诉讼程序的正常运转。

二、证明责任存在分配失衡风险

元宇宙是由算法构筑的数字化世界,算法是元宇宙得以智能、高效运转的引擎。算法是指对特定问题的解决方案的完整描述,包含了数据输入、指令运行以及结果输出等3项过程,在本质上由一系列清晰指令组成。算法正在以前所未有的广度与深度影响着人们日常生活的方方面面。但是,算法为人类社会带来巨大经济效益的同时也存在对民事主体的权益造成侵害的风险。算法歧视侵蚀数据主体平等地位、算法自动关联暴露数据主体隐私信息、算法自动决策压缩数据主体意思自治空间等。[①] 更甚者,人工智能算法的技术力量日益嵌入国家权力运行与国家治理过程,不仅孕育着“技术赋权”的巨大机会,也隐藏着被特定利益集团用于社会控制和政治权力再生产的政治风险。[②] 社会主体的合法权益正面临算法产生的越发突出的侵害风险。

---

① 参见李牧翰:《算法侵权风险下数字用户权益保护法律问题分析》,载《大连理工大学学报(社会科学版)》2022年第2期。

② 参见孟天广、李珍珍:《治理算法:算法风险的伦理原则及其治理逻辑》,载《学术论坛》2022年第1期。

然而,由于算法技术的高度复杂性、保护公共利益的需要、企业公开算法的动力不足以及相关法律制度的缺位等,算法的数据输入端与结果输出端之间形成了人们难以洞悉的“隐层”,对此,学界将其称为“算法黑箱”①。这种原因与结果之间的作用关系不明晰的状态可能使算法侵害引发的诉讼场景中的受害人深陷举证困难的泥潭,进而导致元宇宙时代以诉讼为救济途径的司法救济制度的权益保障目的落空。

根据我国既有的法律资源,在民商事领域中发生算法侵害时,可供受害人选择的法律救济途径包括侵权责任、合同违约制度以及消费者权益保护等制度。然而,上述制度有其特定的产生背景与规制目的,在形成之初并未针对算法侵害的特点进行制度设计,算法黑箱的广泛存在可能导致上述制度难以完全发挥其权利保护的效用。

首先,算法黑箱使受害人难以完成对侵权责任构成要件的证明。诚如霍姆斯所言,“良好的政策应让损失停留于其所发生之处,除非有特别干预的理由存在”②。在侵权责任领域中,此种特别干预之理由,集中体现于归责原则。由于法律未明文规定算法侵害适用无过错责任原则,因此一般应当适用过错责任原则。在过错责任原则之下,受害人主张侵权责任,必须完成对违法行为、损害结果、违法行为与损害结果之间存在因果关系、加害人存在过错 4 项构成要件的证明。③其中关于加害人过错的认定存在多种标准,但无论采取何种标准,都要求受害人掌握“那些足以表明加害人行为意志状态的客观事实”④。然而,受害人所受的侵害是由算法根据输入的数据经过自动运算所产生的结果造成的,若不打开算法黑箱厘清算法运行的逻辑进路,则难以查明加害人的行为意志状态,遗憾的是,侵权责任制度并没有为受害人设定任何能够打开算法黑箱的权利。当然,受害人还可

---

① 参见许可:《人工智能的算法黑箱与数据正义》,载 FT 中文网 2018 年 3 月 7 日,https://www2.ftchinese.com/story/001076567?archive。

② [美]小奥利弗·温德尔·霍姆斯:《普通法》,冉昊、姚中秋译,中国政法大学出版社 2006 年版,第 83 页。

③ 参见《民法典》第 1165 条。

④ 王卫国:《过错责任原则:第三次勃兴》,中国法制出版社 2000 年版,第 253 页。

以考虑主张产品侵权责任以规避对加害人主观过错的证明负担，但这一救济路径同样要受到诸多限制。第一，算法的法律定位目前仍不明晰，算法是否属于产品目前仍存有争议。产品侵权责任是指产品因缺陷致人人身损害或财产损害，《民法典》并未对产品的内涵与外延作出规定，而根据《中华人民共和国产品质量法》的规定，产品是指经过加工、制作、用于销售的产品，通常系指有形动产，在原则上难以涵盖算法等无形动产。[①] 特别是专门为顾客单独定制开发的智力产品则通常不被认定为产品，而应当属于服务，[②]如智能投资顾问等。第二，产品侵权责任的救济范围有限。产品侵权责任只能救济算法缺陷引发的财产或人身损害，对算法瑕疵引发的损害无能为力。[③] 事实上，由算法瑕疵引发的算法侵权比算法缺陷引发的算法侵权更常见。第三，算法的缺陷难以证明。产品缺陷包含制造缺陷、设计缺陷以及警示缺陷。制造缺陷指产品在制造过程中，因质量管理不善、技术水平差等而使特定产品中存在其他同类产品不具备的不合理危险。算法通常以软件的形式进行销售，其生产制造过程简单，一般不存在制造缺陷。关于设计缺陷和警示缺陷，认定标准包括“不合理的危险”以及“不符合保障人体健康和人身财产安全的国家、行业标准”。由于针对算法的相关标准仍不完善，受害者只能通过证明算法的设计或警示存在不合理的危险来证明算法本身存在缺陷。而要求受害人在不了解算法运行过程的前提下证明算法的产品构思、功能原理、程序设置等设计上的事项存在缺陷，近乎是天方夜谭。

其次，算法黑箱的存在使合同法救济路径受阻。仅在当事人之间存在预先成立合同关系，且算法侵害构成对合同义务的违反时，受侵害方才可以请求违约方承担相应的违约责任。但是，由于互联网平台与用户之间在经济实力、信息资源、算法素养等方面存在实质上的不平等关系，双方之间存在巨大的认知差距。知识壁垒的存在，使用户难以及时感受和认识到算法的侵害，而这种认知上的困难并

① 参见王乐兵：《自动驾驶汽车的缺陷及其产品责任》，载《清华法学》2020 年第 2 期。

② 参见温世扬、吴昊：《论产品责任中的“产品”》，载《法学论坛》2018 年第 3 期。

③ 参见周学峰：《生成式人工智能侵权责任探析》，载《比较法研究》2023 年第 4 期。

不能影响当事人意思表示的真实有效。[1] 例如，为了维护淘宝网络平台的安全运行，淘宝网设立风险控制系统，通过算法对用户账户进行风险监测，并对存在异常风险的账户进行处罚。若风控系统认定用户的数据存在异常现象，根据《淘宝平台服务协议》的规定，用户必须遵循协议中约定的违约认定程序和标准，对自身数据异常的现象进行充分举证并作出合理解释，否则用户需要向平台方承担违约责任。[2] 此时由于用户无法知晓风险控制系统作出判断的具体过程和依据，即使风险控制系统出现误判，影响用户对账户的正常使用，用户也很难察觉，而就算用户意识到系统存在错误判断，也很难在不知晓具体算法内容的前提下完成对这一错误的证明。

最后，消费者知情权无法成为打开算法黑箱的权利基础。在《中华人民共和国消费者权益保护法》设置的消费者权利束中，消费者知情权具有基础性的地位，是指消费者享有知悉其购买、使用的商品或者接受的服务的真实情况的权利。[3] 该权利以满足消费者的信息需求为主要功能导向，有助于平衡消费者与销售方之间的信息不平等关系，似乎能够帮助消费者实现打开算法黑箱、追求算法透明的要求。然而，消费者知情权的运用仍需受到以下限制：其一，权利主体范围的限制。顾名思义，消费者知情权的权利主体仅限于消费者。而元宇宙作为技术密集型与资本密集型产业，必然更多地以平台的形式存在。以“商家—消费者”这一简单的二元对立关系为基础构建的消费者权益保障制度将难以满足平台经济中多元复杂关系的治理需求。其二，权利客体方面的限制。消费者知情权的客体包括商品的价格、用途、性能、使用方法说明或服务的内容、规格、费用等有关情况。而算法产品或算法服务的运行逻辑应当属于商品或服务的功能实现原理，除非该

---

① 参见周子琪：《论算法侵害的私法规制》，载《湖南社会科学》2022 年第 3 期。

② 《淘宝平台服务协议》第 6.1 条第 2 款规定：“……淘宝可在淘宝平台规则中约定违约认定的程序和标准。如：淘宝可依据您的用户数据与海量用户数据的关系来认定您是否构成违约；您有义务对您的数据异常现象进行充分举证和合理解释，否则将被认定为违约。”参见阿里巴巴集团控股有限公司：《淘宝平台服务协议》，载阿里云 2022 年 12 月 31 日，https://terms.alicdn.com/legal-agreement/terms/TD/TD201609301342_19559.html。

③ 参见徐骏：《智能时代消费者知情权的困境与变革》，载《中南大学学报（社会科学版）》2021 年第 3 期。

内容的告知可能对消费者的自由选择权构成影响,否则其并不属于消费者知情权的客体范围。

尽管在具体适用上因规制对象特征的不同而存在一定困难,但传统网络空间治理的各项法律机制仍有延伸适用的空间。问题的关键在于,若不将既有法律机制同"元宇宙"的内部秩序相勾连,则无法彻底消除其风险盲区。[①] 算法黑箱使侵权责任中的损害赔偿请求权、合同中的违约请求权均难以发挥其权利救济之效用,而消费者知情权又无法为当事人打开算法黑箱提供有效帮助,考虑算法在元宇宙时代中的应用将进一步得到质的深化,上述矛盾也可能随之加深。因此,在法律层面为算法黑箱的破解提供制度支撑就成了实现算法法治化的必然选择。

三、管辖规则僵化引发交易安全风险

兼备去中心化特征与匿名化特征的区块链技术,契合了人们关于元宇宙去中心化与身份匿名化的蓝图构想,被认为是构建元宇宙经济系统的核心支撑技术。[②] 借助区块链技术及其他相关技术带来的天然信任优势,人们能够实现对元宇宙交易纠纷的自治共管以及在元宇宙交易中保持身份匿名化。但是,元宇宙的自治共管模式过于理想化,交易纠纷的解决最终仍然无法摆脱对司法的依赖。然而,交易主体身份的匿名化又为司法管辖的确定带来阻碍,现有的管辖制度难以适应元宇宙交易中的新特点。

元宇宙自治共管是基于区块链技术的去中心化以及技术自治特征实现的。区块链技术是一种典型分布式分类账技术,但相较其他类型的分布式分类账技术,区块链技术对去中心化的执行更彻底。区块链技术不仅实现了数据的去中心化存储,还实现了数据的去中心化管理。区块链中不存在任何中心管理者,而是由全部用户节点共同担任社区的管理者,只有经过一定比例的节点的验证,才能对区块链中的数据进行更改。这种由用户借助区块链自身的技术性支持进行治

---

① 参见唐林垚:《"元宇宙"的规制理论构建及中国方案》,载《上海大学学报(社会科学版)》2022年第5期。

② 参见刘嘉铮:《元宇宙货币系统的风险分析与法律对策》,载《东方法学》2022年第6期。

理的模式被称为技术主导型治理模式。[①] 该模式设想通过去中心化自治组织构建以代码为表现形式的治理规则,由全体用户共同担任裁决纠纷的仲裁员,通过智能合约对裁决结果进行智能化、自动化执行,从而实现对元宇宙世界内的交易纠纷进行管辖,并主张政府仅对此进行弱干预,甚至排斥司法对交易纠纷进行管辖。但是,这一治理模式本身存在固有的局限性,难以满足元宇宙交易主体对纠纷解决的现实需要。

首先,元宇宙自治共管的治理规则本身难以满足元宇宙社区治理的需要。法律作为具备普遍适用性的社会规范,其自身存在不可避免的局限性,这种局限性主要有以下 3 种来源:第一,人的认识能力的有限性。人的认识能力是无限性与有限性对立统一的,其中,无限性是从人认识能力的本质及其历史的终极目的的角度来说的。而若具体到特定的主体,受社会历史的实践水平等因素的影响,人们的认识能力又是有限的。正是人类认识能力的有限性,使立法者永远不可能制定出一部完美的法律。[②] 第二,法律的调整对象的复杂多变,使法律具有天然的滞后性。正如法谚所云,法律一经制定,便已经落后于社会。法律是立法者对过去经验予以总结的成果,难以及时跟上社会生活的变化。第三,法律文本的语言特性。语言本身具有不确定性、模糊性以及歧义性,而以语言作为表达方式的法律文本自然也就具备上述属性,这将导致法律在具体实施的过程中不可避免地产生漏洞。

而在技术主导型治理模式主张的元宇宙蓝图中,以代码形式存在的治理规则将代为发挥法律的作用。由于代码本身具有极强的逻辑推导性,任何代码治理规则都需要遵循一定的形式规则要求,这通常由“如果—那么”等简单形式规则构成,以便翻译成计算机代码。[③] 此外,这种代码治理规则还必须具有确定性,否则计算机将无法识别运行这一规则。这意味着,相较以人类语言形式表达的法律而

---

① 参见王奇才:《元宇宙治理法治化的理论定位与基本框架》,载《中国法学》2022 年第 6 期。

② 参见吴丙新:《法律漏洞补充理论的三个基本问题》,载《法制与社会发展》2011 年第 2 期。

③ F. Pasquale, *A Rule of Persons, Not Machines: The Limits of Legal Automation*, 87 George Washington Law Review 1 (2019).

言，代码治理规则避免了因语言的不确定性而产生的规则漏洞。但是，与法律相同的是，其仍会因为人的认识能力的有限性和调整对象的复杂多变而产生漏洞，而以人类语言进行表述的法律尚且存在诸多漏洞，用更复杂的计算机语言对各类法律关系进行概括的难度更大，必然存在更多未尽周延的情况。然而，与法律可以通过法律解释填补法律漏洞不同，代码治理规则的形式规则要求以及确定性导致其严重缺乏可解释性，难以通过规则的解释填补可能产生的规则漏洞。这是因为，正是法律规范的不确定性，才丰富了法律解释问题的研究对象，并使法律解释学作为规范法理学的一个分支学科成为可能。[①] 此外，代码治理规则的确定性还决定了其只能适用于简单的、定型化的交易行为。在更复杂、新型的交易行为中，当事人往往无法对交易过程中的一切可能情形予以穷尽，因此当发生争议而合同未作约定时，通常需要借助交易的性质、目的、合同上下文语境以及交易习惯等因素确定当事人的真实意图，而前述交易的性质、目的、合同上下文语境等极具模糊性的内容与代码治理规则之间存在强烈的冲突，交易习惯更是超脱了代码治理规则的涵盖范围，现有的技术尚不足以支撑将这种含糊的合同条款完全技术代码化。[②]

其次，以全员投票实现元宇宙社会司法民主的设想难以实现，这主要存在以下几方面原因：第一，用户的投票参与度较低。在元宇宙社会中，用户参与社区治理的投票权来源于其所持有的通证，而通证本身亦具有一定的经济价值，能够为持有者带来经济利益。从现有的去中心化自治组织的实际运行情况来看，大多数用户并不关心其享有的投票权，而只关心通证价格的变动。甚至大部分用户选择放弃通证所赋予的投票权，向机构抵押通证以获得收益。这直接导致投票结果实际上仅反映了部分用户的意志，更多的用户并未实际参与投票，这与如今大多数中小股东不参与甚至不关心公司的决策，而只在乎二级市场中公司股票价格波动

---

① 参见吴丙新：《法律漏洞补充理论的三个基本问题》，载《法制与社会发展》2011年第2期。

② 参见王淑敏、李忠操：《区块链纠纷的民事管辖权配置：法理创新与立法应对》，载《政治与法律》2020年第5期。

的情形类似。[①] 第二，由于大多数共识算法实行简单多数决策机制（如 POW、POS 及 DPOS 等），仅需要取得过半数用户的同意便可以完成对纠纷的裁决，可能导致多数人对少数人的暴政。实际上，技术主导型治理模式仅考虑了如何以技术赋予全民投票权的问题，却忽视了如何以道德或规范指引用户投票权的行使问题。在当前的去中心化自治组织的运行中，绝大多数用户都是以自身利益最大化作为投票权行使的目的，这种利益驱动型的参与方式必然导致各参与方之间形成严重的利益冲突格局，因为每一次投票都可能切实地影响自身的利益实现，而当前的元宇宙社会又无法真正地实现与司法管辖的脱钩。因此，对于可能严重影响全体用户利益的事项，只要无法在社区内达成完全一致的意见，最终仍会因为持少数意见的用户的起诉而无法实现元宇宙社区的自治共管。

最后，裁决结果的执行受区块链技术的限制。与现有的互联网技术不同，元宇宙通过融合方式跨越物理世界和虚拟世界的界限，进而演化出各种前所未有的交互性组合服务。[②] 未来元宇宙中的大量交易必然穿透于虚拟世界与现实世界之间，交易标的既包含链上财产，又包含链下财产。然而，由于元宇宙的自治共管模式缺乏国家强制力的支撑，元宇宙社区内部的裁决结果只能通过数据修改获得执行，执行的效果范围局限于区块链之内，无法对物理世界中的事物产生影响。因此，对于涉及链下财产的交易纠纷，元宇宙的技术主导型治理模式将难以发挥效用。而即便是针对链上财产的交易纠纷，如果交易纠纷当事人提前将争议标的进行转移，裁决结果将同样无法得到执行。

由于元宇宙的技术主导型治理模式存在前述诸多局限性，无法彻底满足元宇宙交易对于纠纷解决机制的需求。大多数元宇宙交易纠纷实际上仍需通过司法途径进行最终解决。但是，与传统交易方式对信任机制的严重依赖情形有所不同，元宇宙交易的参与者无须第三方机构进行交易背书或者担保验证，只需要信

---

① 参见陈加友：《基于区块链技术的去中心化自治组织：核心属性、理论解析与应用前景》，载《改革》2021 年第 3 期。

② 参见罗有成：《元宇宙的应用困境及其法律规制》，载《北京航空航天大学学报（社会科学版）》2023 年第 4 期。

任算法即可建立互信并达成共识。[①] 在元宇宙交易中，每一笔元宇宙交易的必要信息都会记录于区块链技术所提供的共享账本中，该记录不可撤销、不可更改且向全部用户公开，这种不可伪造、不可篡改和可追溯的公开账簿使即便是素不相识的陌生人之间也能直接开展交易，而无须要求对方提供除公钥以外的其他信息。也就是说，基于区块链技术的元宇宙交易摆脱了对传统信任机制的依赖，因为区块链本身就是一种信任机制，区块链的分布式分类账技术使参与者无须相信其他个体，只信系统结果即可。[②] 因此，在元宇宙交易中，交易主体的真实身份不再是信任产生的基础，元宇宙交易可以在绝对匿名化的前提下进行。[③] 元宇宙交易的匿名化特征使现有法律制度无法对其进行有效规制。法律制度体系功能的实现存在一个重要前提，那就是负责法律实施的公权力主体必须确切掌握社会中人们的真实身份。因为只有掌握人们的真实身份，才能确保国家强制力直达社会中的每一个个体——个体一旦违反了法律设定的行为规则，就会受到有效的制裁，并承担相应的法律责任。[④] 对此，有学者主张搭建全国统一的元宇宙身份认证平台，以确认用户的真实身份。[⑤] 但是，该种构想只能解决公法领域的匿名化问题，元宇宙用户仍有权自主决定是否在民事活动中保持匿名，这既是密码朋克建设区块链的初衷所在，也是元宇宙交易的活力所在。而在匿名化交易的前提下，元宇宙用户要将元宇宙交易纠纷诉诸民事司法，首先面临的挑战就是管辖权难以确定的问题。依据我国现有的管辖权制度，被告住所地是确定管辖权的重要因素，该信息的缺失可能使管辖权无法确定，从而导致元宇宙交易纠纷无法获得司法途径的救济。因此，有必要对我国元宇宙交易纠纷管辖权配置理论加以重

---

① 参见包丁裕睿、迟骋、李世刚：《区块链争议解决与治理范式选择》，载《科技与法律》2019 年第 3 期。

② 参见[美]凯文·沃巴赫：《信任，但需要验证：论区块链为何需要法律》，林少伟译，载《东方法学》2018 年第4 期。

③ 参见王淑敏、李忠操：《区块链纠纷的民事管辖权配置：法理创新与立法应对》，载《政治与法律》2020 年第 5 期。

④ 参见黄锫：《元宇宙的行政规制路径：一个框架性分析》，载《中国法学》2022 年第 6 期。

⑤ 参见阮晨欣：《法益衡量视角下互联网可信身份认证的法律限度》，载《东方法学》2020 年第 5 期；李慧敏：《自由与秩序：元宇宙准入的价值选择与身份认证的元规则》，载《法治研究》2022 年第 2 期。

塑,以构建适应元宇宙交易纠纷的司法管辖权制度。

第二节　元宇宙诉讼风险的规制

一、建立区块链存证平台统一管理体系

电子数据在我国司法适用中的虚化困境是引发元宇宙诉讼风险的诱因之一。因此,应当前瞻性地对虚化困境的产生原因加以分析,寻求可能的破局手段,并在元宇宙的视角下针对该手段的特征给予制度支撑,以期更好地发挥其对元宇宙诉讼风险的预防与治理功能。

电子数据虚化困境的产生可以归结于以下原因:其一,民事主体私力取证的可靠性不足。虚拟性是电子数据的重要特征,其以电子的形式存在,本质上是一串由"0"和"1"组成的二进制电信代码,缺乏现实具体的表现形式。当事人在自行收集、保存和传送电子数据的过程中难免出现数据失真的情况。因此,在司法实践中,电子数据的适用对国家公证具有高度依赖性。[①] 除非是国家公权力机关或其他经过认证的具备相关资质的单位提供的电子数据,否则法官通常会对电子数据持十分保守、谨慎的态度,这实际上是借助法律运行体系,转嫁司法成本。其二,法官鉴真能力得加强。电子数据具有易篡改性的特征。与其他传统类型的证据不同,电子数据的增添、删除和修改十分简便且隐蔽,不通过专业的技术手段难以察觉其是否被篡改。而法官作为非专业人士通常不具备专业的鉴真技术,难以准确判断电子数据的真实性,在对电子数据进行采信时只能完全依靠经验、理性进行抉择,往往无法在判决书中给出具有说服力的采信判断依据。

为了降低电子数据的鉴真难度以及提升电子数据收集过程的可靠性,司法实践中引入了区块链存证技术,区块链是一种以不可复制性、不可篡改性、去中心化、去信任、非对称加密以及时间戳为主要特征的数据信息运载技术。[②] 借助区

---

① 参见张玉洁:《区块链技术的司法适用、体系难题与证据法革新》,载《东方法学》2019 年第 3 期。

② 参见张玉洁:《区块链技术的司法适用、体系难题与证据法革新》,载《东方法学》2019 年第 3 期。

块链技术对电子数据进行存证具备以下优点：

第一，上链后的电子数据具有不可篡改性。区块链采用链式数据结构对数据进行存储，区块之间以线性的形式排列，排列在后的区块会包含前一个区块的哈希值，而修改任意区块中的数据，就会导致该区块以及后续所有区块的哈希值发生改变。因此，无法仅对任意区块中的数据进行修改。而随着时间经过，修改历史区块的难度和成本线性增加。[①] 此外，区块链多节点网络的结构决定了必须取得过半数节点的确认才能对区块链中的数据进行修改，这为保障链上数据的安全留下了巨大的容错空间。

第二，区块链存证有利于降低当事人诉讼成本以及减轻法官鉴真压力。与传统电子数据存证方式不同，区块链存证无须将电子数据本身进行传输，而是计算原始数据的哈希值后，将哈希值存储于区块链中。而哈希值的计算、传输、存储成本低，可全程线上进行，有利于减少当事人的存证成本。对法官来说，其收到当事人提供的原始电子数据后，对其进行哈希运算，将运算结果与链上的哈希值进行比对，便可知晓电子数据在上链之后是否发生变更，基本不需要运用专业知识，可以减少人为因素带来的不确定性、随意性和复杂性，而且能够降低司法成本。[②]

第三，区块链存证能够保障当事人的隐私。区块链存证仅须对电子数据的哈希值进行存储，无须存储电子数据的具体内容，且哈希值的计算是单向不可逆的，存证单位无法通过哈希值反推出电子数据的具体内容，从而实现了电子数据在传输过程中的可用不可见。在区块链存证的采信过程中，能够取得原始电子数据的人员范围大大限缩，当事人的隐私能够得到有效的保障。

尽管区块链存证具备上述诸多优势，但该技术本身的固有局限性以及人们对新兴技术的偏见仍可能限制其功能的发挥。具体而言，司法实践中区块链存证的运用存在以下问题：

第一，区块链技术本身并非绝对安全。区块链的不可篡改性来源于其链式数

---

① 参见蒋鸿铭、吴平平：《〈人民法院在线诉讼规则〉区块链证据规则若干问题探析》，载《法律适用》2021年第7期。

② 参见马明亮：《区块链司法的生发逻辑与中国前景》，载《比较法研究》2022年第2期。

据结构及多节点网络结构。但如果区块链存证平台本身规模较小,区块的数量不足或网络节点数量及安全性不足,仍然存在通过技术手段对链上数据进行修改的可能性。

第二,司法实践中以事后存证为主,民众的事中存证意识有待加强。区块链存证作为一种存证技术,并非生成电子数据的原始系统环境,其只能反映电子数据上链后的真实情况。从电子数据生成到上链期间仍存在篡改风险,对于上链前电子数据的真实性仍须法官加以审查。因此电子数据上链的时间越晚,形成的证据证明力也就越弱,进行区块链存证的价值也就越低。而目前民众事中存证意识不强,通常等到诉讼发生后才考虑将电子数据上传至区块链存证平台,区块链存证和电子数据的生成通常不具有同步性,①使区块链存证对电子数据真实性的保障功能难以得到充分发挥。

第三,区块链存证平台的合法性与中立性判断标准不明。既有法律资源针对区块链存证平台的资质规定仍不完善,《区块链信息服务管理规定》仅采用备案机制而非审核机制、《人民法院在线诉讼规则》仅提供个案判断标准而非普适标准等都导致了区块链存证平台的资质难以认定。就第三方区块链存证平台的主体资格问题,司法裁判中出现了严重的"类案不同判"现象。以"易保全"平台为例,成都市中级人民法院认为其非公证机构、未获相关部门颁发的电子认证许可,否定其作为电子数据保全主体的资格。而同期其他省份的裁判却普遍采信了"易保全"存证的证据。② 这也导致了当事人在选择区块链存证平台时具有不确定性,无从得知自己选择的平台是否具备主体资格,严重影响了当事人进行区块链存证的积极性。

针对司法实践中区块链存证存在的上述缺点,笔者认为,应当建立区块链存证平台统一管理体系,制定统一的区块链存证平台的资质认定标准体系,根据司法程序与诉讼规则、证据规则的要求,打造司法区块链技术标准,实现全流程的合

---

① 参见谢登科、周鸿飞:《区块链电子送达的实践困境与应对》,载《求是学刊》2024 年第 3 期。

② 参见段莉琼、吴博雅:《区块链证据的真实性认定困境与规则重构》,载《法律适用》2020 年第 19 期。

法合规。此外,还须加强对区块链存证平台的合法审查及技术监管,对通过认证或存在风险的区块链存证平台予以公示,促进区块链存证行业的健康有序发展,从而更充分地发挥区块链存证对元宇宙诉讼风险的化解功能。具体理由如下:

首先,建立区块链存证平台统一管理体系有利于降低链上数据的篡改风险,能有效保障电子数据的真实性。世界上不存在绝对安全的系统,区块链存证技术本身亦存在其固有局限性。区块链技术的篡改风险无法彻底去除,只能通过不断增加节点以及区块的数量,使篡改成本远高于篡改数据所带来的收益,从而尽可能地降低篡改的风险。此外,存证平台的系统环境、技术路径、加密方式等也会影响区块链存证的安全性。通过区块链存证平台统一管理体系对区块链存证平台的系统安全性、技术可靠性以及节点的数量、运行状况等进行检验,确保存证平台本身不存在技术漏洞,可以降低链上数据被篡改的风险。

其次,建立区块链存证平台统一管理体系有利于统一法官对区块链存证平台的主体资格的认定标准。“同案同判”是现代法治应当恪守的基本原则,也是国家治理体系和治理能力现代化在司法领域的具体体现。统一认定标准的缺位导致司法实践中出现的“类案不同判”现象不仅可能严重影响司法公信力,还可能引发人们对区块链存证技术的偏见,影响人们对区块链存证平台的信任,进而打击其进行存证的积极性。在统一管理体系建立后,若当事人选择的存证平台在统一管理体系的公示名单上,除对方当事人提供异议并有相应证据外,法官便可直接确认该平台的可靠性。对于公示名单外的平台,对方当事人提出异议并有合理理由的,法官便可按照区块链存证平台统一管理体系制定的主体资格认定标准进行综合判断。

最后,建立区块链存证平台统一管理体系有利于增强当事人对区块链存证的信任,进而形成促进区块链存证发展的正向反馈机制。新技术的诞生往往伴随偏见与担忧。对于个人来说,出于存证意识的薄弱以及对隐私泄露的担忧,通常不会主动对电子数据进行预先存证。对于金融、互联网等企业来说,数据安全关乎企业的核心利益,减少不必要的数据泄露风险尤为重要。因此尽管企业主体涉诉可能性高、存证需求大,但为了减少数据泄露的风险,往往也是等到诉讼发生后才进行存证。然而,作为电子数据技术性鉴真方法,区块链存证仅能为入链后电子数据的形式真实性提供保障。[①] 也就是说,数据从产生到上链间隔的时间越长,受到篡改的可能性越大,最终取得的区块链存证的证明力也就越低。通过区块链存证平台统一管理体系对经过认证的平台予以公示,以国家公信力为区块链存证技术背书,使人们正确认识区块链存证的安全性,结合区块链存证成本低且操作简便的优势,有利于促进各企业与存证平台开展合作,在电子数据产生之初就进行存证,将目前主流的事后存证转变为事中存证。而事中存证能够使区块链存证的证明力更强,大批量数据进行存证又能延长区块链的长度,提升区块链存证的安全性,同时给存证平台带来更大的经济效益。最终形成当事人诉讼成本、证明负担降低,区块链存证行业市场规模扩大,法官鉴真压力降低、诉讼效率提升的共赢局面。

二、实行监管部门算法备案制度

算法黑箱的隐喻准确地表达了人们在面对未知事物时产生的忧虑情绪。面对算法黑箱引发的诸多风险,人们本能的反应便是打开算法黑箱,使算法透明化。通过施加告知义务,向主管部门报备参数,向社会公开参数、存档数据和公开源代码等多重维度的算法透明机制化解人类对算法决策可能失控的风险的忧虑。[②] 但是,支持的声音并非一边倒。反对论者认为,算法透明在可行性与必要性上都存在瑕疵,并非放之四海而皆准的根本性原则,仅能作为算法治理的辅助性手段,以算法问责为代表的事后规制手段才应成为关注的重点。其理由在于:其一,算法透明可能与国家安全、社会秩序和私主体权利等更高位阶的权重因素相冲突,至少在前述领域,算法透明并非算法治理谱系的最佳规制策略。[③] 因此,算法透明不具有作为与基本法律原则所匹配的普遍可行性。其二,算法透明不等于算法

① 参见谢登科、周鸿飞:《区块链电子送达的实践困境与应对》,载《求是学刊》2024 年第 3 期。

② 参见汪庆华:《算法透明的多重维度和算法问责》,载《比较法研究》2020 年第 6 期。

③ 参见李天助:《算法解释权检视——对属性、构造及本土化的再思》,载《贵州师范大学学报(社会科学版)》2021 年第 5 期。

可知，披露对象的技术能力、算法的复杂化、机器学习以及干扰性披露等因素构成算法可知化的四道难以逾越的障碍。其三，算法透明作为一种事前规制方式，在防范算法规制难题的过程中还可能因技术水平、规制程序设置以及第三方因素的介入等事项而影响其规制效用。相较之下，以算法问责为代表的事后规制手段不再过多纠结于技术本质，而是在实用主义导向下着重考察算法在实际运作中的具体结果及其背后的社会关系变化，并针对它们来施以规制，较算法透明有更多优势，应该作为算法治理中的主要手段。①

笔者认为，以算法问责等事后规制手段对算法问题进行矫正确实是算法治理必须关注的问题，但是追求算法问责等事后规制手段不意味着可以对算法透明化予以忽视。事后规制手段注重在算法侵害发生后对算法存在的问题予以纠正，算法本身的问题虽然纠正了，但损害还在。算法事后规制的推崇者仅仅对算法问责进行了宏观构想，丝毫未提及事后规制制度的具体内容，更没有说明如何在不打开算法黑箱的前提下完成对算法侵权损害的救济。甚至在许多情形下，由于算法黑箱的存在，受害人根本意识不到算法侵害的发生。因此，没有算法透明，算法问责便无从谈起，实现算法法治化离不开算法透明与算法问责的二元共治。面对元宇宙时代下算法侵害越发频繁而现有法律资源难以提供有效救济的困境，算法透明化还具备一项特有的重要功能——对算法黑箱导致的证明责任分配失衡予以矫正，这是算法问责等事后规制手段所不具备的。从这一角度来看，算法透明是必要的，其有助于在尽可能保持法律制度稳定性的前提下充分发挥既有法律资源对于算法侵权现象的规制效用。此外，尽管其效果仍需实践的进一步验证，以本质主义为导向的算法透明化思想有助于揭示算法的技术本质与特性，为算法问责等事后规制制度的构建提供认识基础。当“元宇宙”的整体运作机制不为外界所熟知时，“元宇宙”活动的风险源头、风险大小和风险尺度将无从判断，自然就无

---

① 参见沈伟伟：《算法透明原则的迷思——算法规制理论的批判》，载《环球法律评论》2019年第6期。

法通过法律规则去管理风险,进而控制风险乃至消除风险。[①] 至于反对论者对算法透明可行性的质疑,笔者认为,通过设立监管机关负责算法备案与公开事宜,并对算法备案的范围、内容以及程度进行合理限制,算法透明的可行性将得到保障。

在算法透明的范围界定上,应当以算法黑箱的形成原因为标准。普遍性的算法黑箱现象是在多重因素共同作用下的结果。具体而言,算法黑箱的形成原因主要可以归结为以下 4 个方面:第一,算法技术的高度复杂性。算法本身是一种专业性极强的编程语言,其内部逻辑对于普通人来说具有一定的不可读性。而随着人工智能与神经网络等机器学习技术的运用,即使是算法研发人员,也很难对算法的每一个输出结果作出解释。第二,企业规避责任的需要。在算法运行的过程中可能侵犯其他主体的权利,为了避免可能的法律纠纷,企业往往不愿意公开算法。第三,企业保护商业秘密的需要。企业为算法的研发投入了巨大的人力物力成本,算法能够为企业带来巨大的经济利益与竞争优势,企业必然需要为算法寻求法律上的保护。由于目前算法的专利保护仍具有较高的不确定性,[②]算法的版权保护亦未达成一致意见,而财产法保护又囿于传统民法对有形财产的认识,[③]用商业秘密制度对算法进行保护是企业最经济与安全的选择。第四,避免算法博弈的需要。算法博弈是指为了取得特定的输出结果,用户根据算法的运行逻辑,输入特定的数据,从而达到操控算法的目的。算法博弈使算法无法发挥既定的功能,甚至可能对国家、社会公共利益的安全构成威胁。例如,通过算法博弈规避反洗钱系统的监测、改变搜索引擎排序结果以误导公众等。

前述原因中,既有正当性的因素,也有非正当性的因素。反对论者认为,一味地追求算法透明反而可能导致企业、国家、社会利益受到损害。然而,算法透明并非一种机械化的管理手段,而是基于算法黑箱成因的不同而有所区分的治理机制。算法透明的目的在于将其中阻碍算法治理、有违算法正义的部分予以破解,

---

① 参见唐林垚:《"元宇宙"的规制理论构建及中国方案》,载《上海大学学报(社会科学版)》2022 年第 5 期。

② 参见孙建丽:《论算法的法律保护模式》,载《西北民族大学学报(哲学社会科学版)》2019 年第 5 期。

③ 参见李晓辉:《算法商业秘密与算法正义》,载《比较法研究》2021 年第 3 期。

将有益部分予以保留，把算法黑箱这一治理困境转变为保障正当利益的有力工具。对此，算法透明机制的构建需要结合算法黑箱的形成原因探索合理的解决策略，在实现算法的透明化与法治化的同时兼顾企业和社会公共利益。

在算法透明的程度衡量上，以比例原则为标尺。前文对算法黑箱的成因进行分类，并非要根据算法黑箱成因的不同而实施"一刀切"式的管理，而是要对不同成因所反映的利益主张与算法透明之间的利益冲突予以协调，对不同的算法附加不同程度的备案要求，而该程度的衡量标尺，便是比例原则。产生于公法领域的比例原则作为目的理性的凝练概括，是利益衡量的基本方法，在私法中同样具有普适性。① 比例原则由 3 个子原则组成：适当性原则、必要性原则和均衡性原则。适当性原则强调采取的措施对于目的的实现具有帮助作用；必要性原则指除采取的措施之外，没有其他给关系人或公众造成更少损害的适当措施；②均衡性原则要求干预手段与其所追求的目的之间在效果上必须均衡、成比例，因而其也被称为"狭义的比例原则"。在比例原则的 3 个子原则中，地位最重要的当属均衡性原则。③ 在算法透明化的推进过程中，应当以比例原则所体现的适度、均衡思想对数据主体信息利益、救济权利、算法主体的财产权益与国家、社会公共利益之间的冲突予以平衡，针对不同成因的算法黑箱进行不同程度的透明化。在具体的操作路径上，包含算法透明的主体限制、行为限制以及内容限制。主体限制是指限制可接触算法源代码等重要信息的人员数量，缩小相关信息的公开范围。④ 例如，建立专职机关负责所有算法的备案审查工作，审查单位在完成备案审查工作后，根据算法性质的不同，实行分级分类公开制度。对于无保密需求的算法应当及时予以公开，对于有保密需求的算法，则由该机关对备案信息进行处理，形成一份符合保密需要的算法运行说明报告，并且仅对该报告予以公开；行为限制是指利用

---

① 参见纪海龙：《比例原则在私法中的普适性及其例证》，载《政法论坛》2016 年第 3 期。

② 参见姜昕：《比例原则释义学结构构建及反思》，载《法律科学（西北政法大学学报）》2008 年第 5 期。

③ 参见郑晓剑：《比例原则在现代民法体系中的地位》，载《法律科学（西北政法大学学报）》2017 年第 6 期。

④ 参见魏远山：《算法透明的迷失与回归：功能定位与实现路径》，载《北方法学》2021 年第 1 期。

各种手段限制知晓信息者的信息使用行为。[①] 例如，要求专职机关的工作人员签署保密协议并设置合理的从业限制、要求查询或下载算法公开信息的公众签署合理使用保证书等；内容限制是指尽可能避免算法源代码的公开，而是以算法要素、算法说明、决策树以及算法模型的公开来提升算法的透明度，使公众能够理解算法运行逻辑的同时无法复现算法或者操控算法。

在算法透明的内容选择上，以提高数据主体对算法的理解度为导向。对算法透明的内容进行选择，不仅仅是平衡利益冲突的需要，而且还是出于提高算法可理解度的考虑。有学者认为算法透明不等于算法可知，甚至在干扰性披露的情形下，公开得越多，对算法关键内容的理解就越困难。[②] 这种质疑不无道理，同样的困境正在消费者知情权制度中发生。为了减少经营者与消费者之间的信息不对称，立法者赋予消费者知情权，并不断扩张知情权的客体范围，最终反而增加了冗余信息接收成本、专业知识理解障碍和信息价值转化技术困难，进一步加剧了经营者和消费者之间的信息不对称。[③] 算法透明制度的构建必须对此防患于未然，避免这一困境在算法透明制度中复现。其中，将追求算法形式透明的观念转变为追求算法实质透明的观念极为重要。在算法实质透明的观念中，算法透明化的目的在于实现普遍意义上的算法可理解。数据主体通过简单的了解便能知晓算法对自己的数据进行了何种目的的处理、算法作出的决策又是基于哪些方面的考虑、自己是否受到了算法的平等对待等。而非简单地将算法的源代码彻底公开，使企业财产利益、国家利益、社会公共利益暴露于风险之中的同时又强迫用户接受大量无法理解且毫无意义的信息废墟。

毫无疑问，算法透明是一种具备实际意义的算法治理理念，但是如何使有意义的理念转化为行之有效的具体制度，让算法透明真正地促进算法治理、使分配证明责任的天平重归平衡，具体的路径选择显得至关重要。立足于前述3点关于

---

① 参见魏远山：《算法透明的迷失与回归：功能定位与实现路径》，载《北方法学》2021年第1期。

② 参见沈伟伟：《算法透明原则的迷思——算法规制理论的批判》，载《环球法律评论》2019年第6期。

③ 参见徐骏：《智能时代消费者知情权的困境与变革》，载《中南大学学报（社会科学版）》2021年第3期。

算法透明可行性的探讨，笔者认为，应当实行监管部门算法备案制度，建立算法审查机构负责算法备案与公开工作。

首先，实行监管部门算法备案制度有助于平衡各方主体的利益，符合比例原则的要求。设立专门的算法审查机构，各企业将算法源代码、算法的保密需求及理由、算法使用场景、算法功能以及算法说明等信息提交至算法审查机构。审查机构对源代码予以备案，对保密申请及其他信息进行审查以确保其真实性，并在分级分类公开的理念下根据算法的用途、公共属性、产权情况确定算法的保密等级，再根据企业提交的材料制作尽可能详细易懂的算法报告，将符合保密需求的内容向公众予以公开。同时，应当赋予企业复议权，在报告向公众公开前设置法定复议期限，允许企业对算法报告进行查阅，并对其中的不合理之处向算法审查机构申请复议，由算法审查机构另行组成专家小组对复议申请进行审理。通过上述程序的设置，既能避免企业成为算法源代码的唯一控制者，便于在发生大规模算法侵权时进行追责；又能确保公众对算法有足够且必要的了解，能够在算法侵害发生时及时取得法律救济；还能防止算法的源代码被无限制地披露，损害企业财产利益以及国家、社会公共利益。实现普遍意义上的算法可理解、算法可监督和算法受保护，达到有意义的算法透明度。①

其次，实行监管部门算法备案制度有助于实现算法的实质透明。算法透明不等于算法可知，算法公开首先应当是有意义和有特定指向的决策体系的公开，而非一般性的算法架构或源代码的公开与解释。如果机械地对算法架构或源代码进行公开，或者机械地对算法进行"解释"，那么此种公开或解释不但难以做到，而且即使做到了，相关解释也可能没什么意义，因为此类解释无法给相关主体提供有意义的决策参考。② 一方面，受限于对算法技术的理解能力以及算法技术本身的高度复杂性，在算法运行的整个过程中，公众都近乎是处于黑箱之中的算法文盲。即使是直接将算法相关信息向公众公开也不一定能有效提高公众对算法

---

① 参见谭九生、范晓韵：《算法"黑箱"的成因、风险及其治理》，载《湖南科技大学学报(社会科学版)》2020年第6期。

② 参见丁晓东：《论算法的法律规制》，载《中国社会科学》2020年第12期。

的理解度。另一方面,出于企业追求自身利益最大化的本性使然,其可能通过干扰性披露或者误导性披露影响公众对算法的理解。通过设立算法审查机构,由具备专业知识的算法审查机构对企业提交的信息进行审查处理,确保真实、充分、适量的信息以通俗易懂的形式向公众传递。作为与企业对接的信息接收者,算法审查机构比公众多了一份专业,作为与公众对接的信息发送者,算法审查机构比企业少了一份私心。让算法审查机构充当企业与公众之间的信息过滤器与信息传译者,能够真正地提高公众对算法的理解度,实现算法的实质透明化。

最后,实行监管部门算法备案制度有助于强化制度的统一性,形成制度合力。随着元宇宙的勃兴,算法对人类社会的影响必然逐渐加深,对算法透明的需求也会随之加剧。目前,我国《个人信息保护法》第 24 条关于个人信息处理者利用个人信息进行自动化决策的规定已经明确体现了算法透明原则的要求,[①]关于在《中华人民共和国电子商务法》《中华人民共和国反不正当竞争法》等法律中引入算法透明原则的讨论也较为激烈,算法透明原则已经进入了众多立法者的视野。设立专门的算法审查机构负责算法备案与公开工作,有助于统一算法备案工作的各项标准,实现算法备案工作的体系化、算法备案工作人员的专业化,在制度层面提高算法透明的效能。

三、构建元宇宙中的“长臂管辖”规则

根据标的物交付方式的不同,可以将元宇宙交易区分为以信息网络方式进行交付的元宇宙交易和以其他方式进行交付的元宇宙交易。前者主要包含各类网络虚拟财产的交易,如元宇宙虚拟地产、虚拟货币、NFT 数字藏品等;后者则主要包含各类有形财产的交易。该类交易借助元宇宙的数字孪生技术和虚拟现实技术,将现实世界中的物体复刻到元宇宙中,消费者能够在线上获得与线下购物一致的真实体验,例如,淘宝网于 2022 年试运营的“未来城”元宇宙购物平台等。尽

① 《个人信息保护法》第 24 条第 1 款规定:“个人信息处理者利用个人信息进行自动化决策,应当保证决策的透明度和结果公平、公正,不得对个人在交易价格等交易条件上实行不合理的差别待遇。”

管前述两类元宇宙交易在标的物交付方式方面有所不同，但是二者均是通过信息网络方式完成买卖合同的订立，在本质上均归属于电子合同。根据《中华人民共和国民事诉讼法》（以下简称《民事诉讼法》）及其司法解释的规定，在电子合同获得实际履行的情形中，当事人可以选择被告住所地以及合同履行地法院管辖。其中合同约定履行地点的，以约定的履行地点为合同履行地，未约定的，通过信息网络交付标的的，以买受人住所地为合同履行地，通过其他方式交付标的的，收货地为合同履行地；[①]在电子合同未实际履行的情形中，当事人可以选择被告住所地以及合同约定履行地法院管辖，若当事人双方住所地都不在合同约定的履行地的，则仅由被告住所地人民法院管辖。[②] 在上述可能的管辖地中，均存在无法适用的情形。首先，被告住所地这一司法管辖连接点作为“原告就被告”原则的集中体现，被我国一般地域管辖及多类特殊地域管辖所采用，有利于法院送达文书、节约诉讼成本、避免原告滥诉以及案件执行等。但是在元宇宙交易中，交易的顺利完成不依赖于对交易主体个人信息的充分掌握，匿名化的交易方式使交易主体无从知晓交易相对方的住所地，使被告方住所地这一连接点在元宇宙交易纠纷案件管辖权的确定中难以发挥效用。其次，合同约定履行地的适用不仅需要以当事人的明确约定为前提，还需要受到合同实际履行与否、约定履行地与住所地的重合情况等因素的限制。根据我国法律规定，只有在合同获得实际履行，或虽未实际履行，但约定履行地为一方当事人住所地的情况下，合同约定履行地法院才能获得对案件的管辖权。最后，收货地这一连接点的适用虽然不受特殊条件的限制，但无法适用于数量庞大的买卖虚拟货币、NFT 数字藏品等以信息网络方式交付的元宇宙交易。根据以上分析可见，我国现有的管辖权制度无法为元宇宙交易纠纷案件提供充足适宜的连接点。笔者认为，应当构建元宇宙中的“长臂管辖”规则，为元宇宙交易纠纷管辖权的确定提供更普适性的连接点。

---

① 《最高人民法院关于适用〈中华人民共和国民事诉讼法〉的解释》第 20 条规定：“以信息网络方式订立的买卖合同，通过信息网络交付标的的，以买受人住所地为合同履行地；通过其他方式交付标的的，收货地为合同履行地。合同对履行地有约定的，从其约定。”

② 《最高人民法院关于适用〈中华人民共和国民事诉讼法〉的解释》第 18 条第 3 款规定：“合同没有实际履行，当事人双方住所地都不在合同约定的履行地的，由被告住所地人民法院管辖。”

与如今常用于代指一切不合理的域外管辖权不同，长臂管辖权，原指当非法院地居民与法院地间存在某种限度的联系，同时原告提起的诉讼又产生于这种联系时，法院对于被告所主张的管辖权。① 长臂管辖权长期被美国州法院用作州际网络案件中对住所地不处于本州的被告行使属人管辖权的理论基础。② 自 20 世纪末诞生以来，互联网技术为人类社会生活及经济发展带来机遇的同时也带来了许多挑战，大量跨行政区划的纠纷因互联网而发生。网络空间全球化、虚拟化、非中心化等特点动摇了传统管辖权的基础，使法院对网络案件的司法管辖面临挑战。③ 为了适应互联网将人类活动虚拟化的特征，美国一改传统管辖权制度中对物理联系因素的关注，转而在网络案件管辖中考察被告与法院地间是否形成了某种"有意利用"关系，若存在该种关系，则管辖权得以确立。④ 经过长期演化，长臂管辖权的适用范围从美国州际网络案件拓展到各类州际、国际案件，并为许多国家及地区的立法所吸收。为了强化对数据跨境流动的规制，欧洲议会放弃 1995 年发布的《数据保护指令》遵循的属地管辖原则，在 GDPR 中引入"数据实际影响地"这一司法管辖连接点。对此，学者将其称为"数据跨境流动规制中的长臂管辖"⑤。长臂管辖权有助于解决管辖权制度僵化的问题，为司法介入元宇宙交易提供更具灵活性的管辖规则。若在元宇宙交易纠纷案件中引入长臂管辖权规则，至少能为元宇宙交易纠纷诉讼管辖权的确定提供以下连接点：

第一，增加元宇宙平台住所地法院的管辖。元宇宙平台不仅是元宇宙交易得以顺利开展的基础，其对于元宇宙交易纠纷案件的司法解决同样至关重要。首先，元宇宙交易平台是案件送达的最佳途径。元宇宙交易主体身份的匿名化不仅会导致交易纠纷管辖权认定困难，还可能对法院送达工作的顺利开展造成阻碍。

---

① 参见邵怿：《网络数据长臂管辖权——从"最低限度联系"标准到"全球共管"模式》，载《法商研究》2021 年第 6 期。

② 参见钱锋：《网络空间状态下的国际民商事案件管辖权冲突》，载《法律适用》2005 年第 11 期。

③ 参见郭明磊、刘朝晖：《美国法院长臂管辖权在 Internet 案件中的扩张》，载《河北法学》2001 年第 1 期。

④ 参见郭玉军、向在胜：《网络案件中美国法院的长臂管辖权》，载《中国法学》2002 年第 6 期。

⑤ 参见叶开儒：《数据跨境流动规制中的"长臂管辖"——对欧盟 GDPR 的原旨主义考察》，载《法学评论》2020 年第 1 期。

在缺少被告住所地信息的前提下，除公告送达以外的其他送达方式都将难以运用，而公告送达本身又存在程序烦琐、成本高昂以及效率低下等缺点，且仅仅是一种推定送达，无法保证被送达人真正收悉诉讼信息，容易造成对当事人诉讼权利的损害。① 根据学者的调研与统计，公告送达已经成为我国“粗疏送达”的主要表现形式之一。② 事实上，元宇宙平台能为法院提供安全高效的送达途径。在元宇宙交易纠纷中，被告并非完全处于无法通信的状态，相反，在元宇宙社区中的联络是畅通的。③ 只要获取被送达人的公钥，就能将各类送达文书以加密方式向被送达人发送。而要确保元宇宙交易的正常进行，交易主体必须公开的最少信息为公钥。因此，在任何元宇宙交易纠纷中，被告的公钥都是可知的，通过该公钥对被告送达诉讼文书也许是元宇宙时代最普遍的送达方式。其次，由元宇宙平台住所地法院管辖有利于证据的调取。区块链本质上是一个去中心化的共享账簿，元宇宙交易的相关信息都会自动同步记录于区块链之中，因此相关证据的调取需要元宇宙平台的配合。最后，由元宇宙平台住所地法院管辖有利于案件结果的最终执行。元宇宙具有去中心化管理的特点，要修改区块链上的任何数据，都必须经过一定比例的元宇宙用户的同意，因此当案件判决结果涉及对交易行为的撤销或虚拟财产返还等内容时，该结果的执行需要元宇宙平台的配合。综上所述，元宇宙平台不仅作为交易发生的具体场所而天然地与元宇宙交易产生实际联系，而且是进行诉讼送达、证据调取以及案件执行的可靠途径，故应当增加元宇宙平台住所地法院对元宇宙交易纠纷案件的管辖。

第二，限制性地增加原告住所地法院的管辖。为了便于诉讼文书的送达、法院依职权取证、判决的强制执行以及避免被告受诉累的影响和原告滥诉的风险，我国《民事诉讼法》严格限制原告住所地法院对诉讼案件的管辖，将被告住所地作为确定法院管辖权的一般原则，仅在例外情形下将原告住所地作为一般地域管

---

① 参见赵友新：《民事公告送达的实践困惑与价值实现的路径选择》，载《法律适用》2009 年第 5 期。

② 参见陈杭平：《“粗疏送达”：透视中国民事司法缺陷的一个样本》，载《法制与社会发展》2016 年第 6 期。

③ 参见王淑敏、李忠操：《区块链纠纷的民事管辖权配置：法理创新与立法应对》，载《政治与法律》2020 年第 5 期。

辖的连接点。[①] 其中,原告所在地这一连接点只能适用于身份关系的诉讼或被告被羁押或被采取强制措施的诉讼等,无法适用于元宇宙交易纠纷案件。但是,在元宇宙交易中,被告住所地通常难以确定,原告的合法诉权受到了实质性的限制,此时如果仍然出于诉讼经济性以及避免权力滥用的考量,禁止原告住所地法院管辖的适用,反而可能造成对原告诉讼权利的损害,似乎存在本末倒置的意味。因此,为了保障原告合法诉权的行使,应当增加原告住所地法院对于元宇宙交易纠纷案件的管辖。当然,为了避免矫枉过正,原告住所地法院管辖的适用应当在程序上有所限制。笔者认为,可以参考管辖权异议制度,在原告向原告住所地法院提起诉讼的情形中,只要被告在举证期限届满前以提供真实住所地信息的方式向受理案件的法院提出异议,法院应当中止对案件的审理,并根据原告的申请将案件移送至其他有管辖权的法院。

① 参见王次宝:《民事诉讼法典化背景下的管辖规则体系》,载《河北法学》2022 年第 8 期。

结　语

奥本海默在成功研制原子弹后陷入了道德上的不安和惶恐情绪，科技赋予了人类自我毁灭的力量，而彼时的世界却毫无准备。作为新一轮科技革命中至关重要的数字经济增长极，元宇宙在激发社会活力等方面有着巨大的促进潜能，但也可能给社会带来影响深远的结构性冲击。在资本与科技的双重助推下，元宇宙似乎正朝着“技术利维坦”的方向发展，这使很多研究人工智能的科学家认为人类又一次笼罩于“奥本海默”时刻的阴影之下。值得庆幸的是，与彼时的后知后觉不同，元宇宙漫长的萌芽期为人类理性构建元宇宙的法律规制体系提供了关键的窗口期。本书正是在这样的背景下应运而生，旨在前瞻性地识别元宇宙发展过程中可能出现的法律风险，并对其产生原因加以分析，寻求可能的破局手段，在元宇宙的视角下给予制度支撑，以期更好地发挥其对元宇宙法律风险的预防与治理功能。

在元宇宙中，我们面临的法律风险主要来源于以下方面：元宇宙的资本化运营阻碍法律公益性目标实现、虚实交融的元宇宙冲击传统法律体系的建构逻辑、算法黑箱的利维坦瓦解传统治理规范的运行机制、去中心化的特征削减传统治理规范的外部监管效能以及全新的元宇宙关系秩序挑战内蕴传统伦理道德的现行规范等。这些问题的出现,挑战了我们传统的法律观念和法律体系,使我们不得不重新审视和调整我们的法律规则。与此同时,社会范式的转变以及新型风险的产生并不意味着必须在原有治理手段之外另起炉灶。正如卡多佐大法官所说:"新一代人带来的新问题,需要新规则来解决。这些规则可用旧规则做蓝本,但必须适应未来的需求,必须适应未来的正义。"①在新视域下,对现有治理手段的优化,深化挖掘原有制度的治理价值,亦是有效应对元宇宙法律风险的经济做法。在前述认识的基础之上,本书试图从元宇宙的治理基础和治理逻辑两方面构筑起元宇宙治理的理论基础。在治理基础方面,以区块链应用治理、通证经济治理以及总体国家安全观作为元宇宙治理的总抓手,在治理逻辑方面,则根据元宇宙系统的三层次架构对技术、伦理和法律3项元宇宙治理因素的治理逻辑予以明晰。在这一治理理论基础的指导下,本书对元宇宙民事、行政、刑事以及诉讼风险的预防与治理机制进行体系化的构建。

当然,元宇宙对人类社会产生的影响是深远的,一方面,互联网信息技术的发展日新月异,元宇宙技术的迭代创新会不断引发新的法律问题;另一方面,元宇宙的应用驱动生产方式、生活方式和治理方式的变革,将数字文明时代推向全新拐点,这一过程中新的法律问题亦将不断产生。因此,我们需要持续关注元宇宙的发展,不断更新我们的法律知识和法律工具,以应对元宇宙中的法律问题。

① 彭诚信主编,[英]瑞恩·艾伯特:《理性机器人:人工智能未来法治图景》,张金平、周睿隽译,上海人民出版社2021年版,第4页。

主要参考文献

一、中文专著及译著

1. 习近平:《高举中国特色社会主义伟大旗帜　为全面建设社会主义现代化国家而团结奋斗——在中国共产党第二十次全国代表大会上的报告》,人民出版社 2022 年版。

2. 赵国栋、易欢欢、徐远重:《元宇宙》,中译出版社 2021 年版。

3. [美]赫伯特·马尔库塞:《单向度的人——发达工业社会意识形态研究》,刘继译,上海译文出版社 1989 年版。

4. [德]乌尔里希·贝克:《风险社会:新的现代性之路》,张文杰、何博闻译,译林出版社 2018 年版。

5. 刘磊、吴之欧:《数字货币与法》,法律出版社 2022 年版。

6. 陈源、胡慧超、刘蕴如等:《通证学》,机械工业出版社 2019 年版。

7. 程啸:《侵权责任法》,法律出版社 2021 年版。

8. [法]普里马韦拉·德·菲利皮、[美]亚伦·赖特:《监管区块链:代码之治》,卫东亮译,中信出版社 2019

年版。

9. 马长山主编:《数字法治概论》,法律出版社 2022 年版。

10. [美]保罗·戈斯汀:《著作权之道:从谷登堡到数字点播机》,金海军译,北京大学出版社 2008 年版。

11. [英]文森特·米勒:《数字文化精粹》,晏青、江凌、姚志文编译,清华大学出版社 2017 年版。

12. 王迁:《网络著作权专有权利研究》,中国人民大学出版社 2022 年版。

13. [澳]山姆·里基森、[美]简·金斯伯格:《国际版权与邻接权——伯尔尼公约及公约以外的新发展》(第 2 版),郭寿康、刘波林等译,中国人民大学出版社 2016 年版。

14. 沈岿主编:《风险规制与行政法新发展》,法律出版社 2013 年版。

15. 王儒西等:《2020—2021 年元宇宙发展研究报告》,清华大学新媒体研究中心 2021 年版。

16. [日]野口悠纪雄:《虚拟货币革命:比特币只是开始》,邓一多、张蕊译,北方文艺出版社 2017 年版。

17. 张明楷:《法益初论》,中国政法大学出版社 2000 年版。

18. [日]曾根威彦:《刑法学基础》,黎宏译,法律出版社 2005 年版。

19. 周光权:《刑法各论》(第 3 版),中国人民大学出版社 2016 年版。

20. 黎宏:《刑法学各论》(第 2 版),法律出版社 2016 年版。

21. [美]小奥利弗·温德尔·霍姆斯:《普通法》,冉昊、姚中秋译,中国政法大学出版社 2006 年版。

22. 王卫国:《过错责任原则:第三次勃兴》,中国法制出版社 2000 年版。

23. 彭诚信主编,[英]瑞恩·艾伯特:《理性机器人:人工智能未来法治图景》,张金平、周睿隽译,上海人民出版社 2021 年版。

24. 张明楷:《刑法学》(第 5 版),法律出版社 2016 年版。

二、中文论文及译文

1. 王奇才:《元宇宙治理法治化的理论定位与基本框架》,载《中国法学》2022年第6期。

2. 周尚君、罗有成:《数字正义论:理论内涵与实践机制》,载《社会科学》2022年第6期。

3. 王文玉:《元宇宙的主要特征、社会风险与治理方案》,载《科学学研究》2023年第9期。

4. 李桂花:《论马克思恩格斯的科技异化思想》,载《科学技术与辩证法》2005年第6期。

5. 高奇琦、周荣超:《从私权到公权:用公权力来规范私权区块链的发展》,载《学习与探索》2021年第6期。

6. 刘嘉铮:《元宇宙货币系统的风险分析与法律对策》,载《东方法学》2022年第6期。

7. 于伟、王玉荣、易宪容:《数字加密货币的金融风险:特征、机制及其防范》,载《江海学刊》2022年第1期。

8. 于京东:《元宇宙:变化世界中的政治秩序重构与挑战》,载《探索与争鸣》2021年第12期。

9. 郎平:《主权原则在网络空间面临的挑战》,载《现代国际关系》2019年第6期。

10. 余南平、栾心蔚:《元宇宙:从物理世界到数字世界的权力重构与挑战》,载《广州大学学报(社会科学版)》2023年第2期。

11. 孙冲亚:《数字帝国主义时代的文化安全风险及其应对》,载《马克思主义研究》2021年第6期。

12. 张爱军、贺晶晶:《元宇宙赋能数字政治主体:表现、风险与规制》,载《广西师范大学学报(哲学社会科学版)》2022年第5期。

13. 张昌盛:《人工智能、缸中之脑与虚拟人生——对元宇宙问题的跨学科研究》,载《重庆理工大学学报(社会科学)》2021 年第 12 期。

14. 高奇琦:《填充与虚无:生命政治的内涵及其扩展》,载《政治学研究》2016 年第 1 期。

15. 程凡卿:《元宇宙对行政权力行使的阻碍与应对》,载《上海法学研究》2022 年第 11 卷。

16. 唐林垚:《“元宇宙”的规制理论构建及中国方案》,载《上海大学学报(社会科学版)》2022 年第 5 期。

17. 范如国:《平台技术赋能、公共博弈与复杂适应性治理》,载《中国社会科学》2021 年第 12 期。

18. 许可:《算法规制体系的中国建构与理论反思》,载《法律科学(西北政法大学学报)》2022 年第 1 期。

19. 罗艺、佘瑾杨:《元宇宙法律问题的回应性治理》,载《上海法学研究》2022 年第 11 卷。

20. 周志强:《元宇宙、叙事革命与“某物”的创生》,载《探索与争鸣》2021 年第 12 期。

21. 程金华:《元宇宙治理的法治原则》,载《东方法学》2022 年第 2 期。

22. 曾毅、包傲日格乐:《从虚拟现实到“元宇宙”:伦理风险与虚实共治》,载《哲学动态》2022 年第 9 期。

23. 季卫东:《元宇宙的互动关系与法律》,载《东方法学》2022 年第 4 期。

24. 李慧敏:《自由与秩序:元宇宙准入的价值选择与身份认证的元规则》,载《法治研究》2022 年第 2 期。

25. 王开科、吴国兵、章贵军:《数字经济发展改善了生产效率吗》,载《经济学家》2020 年第 10 期。

26. 高奇琦、隋晓周:《元宇宙的政治社会风险及其防治》,载《新疆师范大学学报(哲学社会科学版)》2022 年第 4 期。

27. 罗俊:《元宇宙迷局:集成式创新的路径选择与风险预判》,载《学术论坛》2022 年第 6 期。

28. 吴一楷:《金融法维度下非同质化通证的属性研究与监管构建》,载《上海金融》2022 年第 11 期。

29. 尹华容、王惠民:《非同质化通证的法律规制路径研究》,载《湘潭大学学报(哲学社会科学版)》2022 年第 6 期。

30. 吴楠、耿言虎:《元宇宙是社会发展呈现的新形态》,载《中国社会科学报》2022 年 5 月 23 日,第 2 版。

31. 胡乐乐:《元宇宙与意识形态、国家安全:技术、挑战、治理》,载《云南民族大学学报(哲学社会科学版)》2022 年第 5 期。

32. 韩永辉、刘洋:《元宇宙经济的层次架构、运转规律与治理方向》,载《国际经济评论》2023 年第 3 期。

33. 罗有成:《"元宇宙社会":内在逻辑与法律治理》,载《西北民族大学学报(哲学社会科学版)》2023 年第 2 期。

34. 张文显:《构建智能社会的法律秩序》,载《东方法学》2020 年第 5 期。

35. 梅夏英、许可:《虚拟财产继承的理论与立法问题》,载《法学家》2013 年第 6 期。

36. 杨立新:《民法总则规定网络虚拟财产的含义及重要价值》,载《东方法学》2017 年第 3 期。

37. 李祖全:《虚拟财产保护的物权法借重》,载《海南大学学报(人文社会科学版)》2006 年第 4 期。

38. 钱子瑜:《论数据财产权的构建》,载《法学家》2021 年第 6 期。

39. 李岩:《"虚拟财产权"的证立与体系安排——兼评〈民法总则〉第 127 条》,载《法学》2017 年第 9 期。

40. 龙卫球:《数据新型财产权构建及其体系研究》,载《政法论坛》2017 年第 4 期。

41. 陈旭琴、戈壁泉:《论网络虚拟财产的法律属性》,载《浙江学刊》2004 年第 5 期。

42. 王雷:《网络虚拟财产权债权说之坚持——兼论网络虚拟财产在我国民法

典中的体系位置》,载《江汉论坛》2017 年第 1 期。

43. 宋晓红:《元宇宙数字财产权保护》,载《上海法学研究》集刊 2022 年第 11 卷。

44. 石杰、吴双全:《论网络虚拟财产的法律属性》,载《政法论丛》2005 年第 4 期。

45. 瞿灵敏:《虚拟财产的概念共识与法律属性——兼论〈民法总则〉第 127 条的理解与适用》,载《东方法学》2017 年第 6 期。

46. 李佳伦:《网络虚拟人格保护的困境与前路》,载《比较法研究》2017 年第 3 期。

47. 吴江、曹喆、陈佩等:《元宇宙视域下的用户信息行为:框架与展望》,载《信息资源管理学报》2022 年第 1 期。

48. 杨延超:《网络时代论元宇宙中的民事权利》,载《东南大学学报(哲学社会科学版)》2022 年第 4 期。

49. 张力:《"元宇宙"语境中的数字财产关系探正》,载《学术界》2022 年第 12 期。

50. 李晶:《元宇宙中通证经济发展的潜在风险与规制对策》,载《电子政务》2022 年第 3 期。

51. 李逸竹:《NFT 数字作品的法律属性与交易关系研究》,载《清华法学》2023 年第 3 期。

52. 王清、陈潇婷:《区块链技术在数字著作权保护中的运用与法律规制》,载《湖北大学学报(哲学社会科学版)》2019 年第 3 期。

53. 郑佳宁:《数字财产权论纲》,载《东方法学》2022 年第 2 期。

54. 蒲晓磊、赖昱宏:《制定网络虚拟财产保护法填补法律监管真空地带》,载《法治日报》2023 年 9 月 19 日,第 5 版。

55. 杨延超:《元宇宙中数字财产权的制度建构——以若干 NFT 科学实验为基础》,载《治理研究》2023 年第 2 期。

56. 苗泽一:《论区块链技术的应用与规制——从"腾讯诉老干妈案"谈起》,

载《重庆大学学报(社会科学版)》2023 年第 1 期。

57. 刘艳红:《数字经济背景下元宇宙技术的社会安全风险及法治应对》,载《法学论坛》2023 年第 3 期。

58. 张凌寒:《网络平台监管的算法问责制构建》,载《东方法学》2021 年第 3 期。

59. 汪世荣、陈思思:《“元宇宙”时代:科技革命与未来法治》,载《河北法学》2023 年第 1 期。

60. 邓建鹏:《元宇宙及其未来的规则治理》,载《人民论坛》2022 年第 7 期。

61. 许多奇、王沛然:《货币法偿性制度的历史“原罪”与现实转向》,载《政法论丛》2021 年第 4 期。

62. 鲁照旺:《元宇宙的秩序和规则》,载《学术界》2022 年第 2 期。

63. 袁曾:《“元宇宙”空间货币治理的中国方案》,载《上海大学学报(社会科学版)》2022 年第 2 期。

64. [德]萨法里・卡西亚安托、[德]穆斯塔法・基林茨等:《元宇宙的法律难题》,郑志峰、罗有成译,载《财经法学》2022 年第 6 期。

65. 牛英豪:《元宇宙时代“智慧生态人”的法律塑造》,载《东方法学》2023 年第 3 期。

66. 罗来军、蒋承、王亚章:《融资歧视、市场扭曲与利润迷失——兼议虚拟经济对实体经济的影响》,载《经济研究》2016 年第 4 期。

67. 邓毅丞:《财产性利益的界定标准体系重构——以利益转移罪的认定为中心》,载《当代法学》2022 年第 5 期。

68. 王利明:《迈进数字时代的民法》,载《比较法研究》2022 年第 4 期。

69. 王利明:《论数据权益:以“权利束”为视角》,载《政治与法律》2022 年第 7 期。

70. 苏宇:《非同质通证的法律性质与风险治理》,载《东方法学》2022 年第 2 期。

71. 宋芳斌、甘锋:《NFT 艺术品的风险与二元保护模式》,载《南京社会科学》

2022 年第 8 期。

72. 邓建鹏:《区块链的法学视野:问题与路径》,载《学术论坛》2023 年第 3 期。

73. 赵莹:《数字货币激励性法律规制的逻辑与路径》,载《法商研究》2021 年第 5 期。

74. 柯达:《我国代币票券法律制度的发展与完善——基于加密资产监管的视角》,载《金融法苑》2019 年第 2 期。

75. 陈兴良:《高利放贷的法律规制:刑民双重视角的考察》,载《华东政法大学学报》2021 年第 6 期。

76. 何颖、阮少凯:《论金融产品销售商的投资者适当性义务》,载《财经法学》2021 年第 1 期。

77. 邓建鹏、李嘉宁:《数字艺术品的权利凭证——NFT 的价值来源、权利困境与应对方案》,载《探索与争鸣》2022 年第 6 期。

78. 李晓楠:《网络社会结构变迁视域下元宇宙的法律治理》,载《法治研究》2022 年第 2 期。

79. 杨锦帆:《基于区块链的纠纷解决机制研究》,载《陕西师范大学学报(哲学社会科学版)》2021 年第 4 期。

80. 丁道勤:《元宇宙的法律规制》,载《财经法学》2022 年第 5 期。

81. 邓建鹏:《元宇宙金融规制理论》,载《财经法学》2022 年第 5 期。

82. 杨东:《论反垄断法的重构:应对数字经济的挑战》,载《中国法学》2020 年第 3 期。

83. 袁曾:《元宇宙空间铸币权论》,载《东方法学》2022 年第 2 期。

84. 马光泽:《网约车元规制:功能、合法性及其实践重塑》,载《理论月刊》2019 年第 8 期。

85. 张钦昱:《元宇宙的规则之治》,载《东方法学》2022 年第 2 期。

86. 王首杰:《创新规制的时间逻辑》,载《华东政法大学学报》2022 年第 3 期。

87. 刘洋、韩永辉:《元宇宙赋能城市治理:机理、问题与路径》,载《深圳大学学报(人文社会科学版)》2023 年第 3 期。

88. 何志鹏:《涉外法治中的管辖攻防》,载《武汉大学学报(哲学社会科学版)》2022 年第 6 期。

89. 丁文文、王帅、李娟娟等:《去中心化自治组织:发展现状、分析框架与未来趋势》,载《智能科学与技术学报》2019 年第 2 期。

90. 赵勇:《数字时代推进共同富裕的法治完善》,载《湖北大学学报(哲学社会科学版)》2022 年第 2 期。

91. 汪超、陈雪儿:《网络仲裁程序的司法审查检视——以接近"数字正义"为视角》,载《中国应用法学》2022 年第 1 期。

92. 张卫平:《元宇宙与纠纷解决:应用图景及规制想象》,载《政法论丛》2022 年第 2 期。

93. 邓若玉:《人工智能发展的科技伦理反思》,载《广西社会科学》2020 年第 10 期。

94. 锁福涛、潘政皓:《元宇宙视野下 NFT 数字藏品版权保护问题》,载《中国出版》2022 年第 18 期。

95. 张伟君、张林:《论数字作品非同质权益凭证交易的著作权法规制——以 NFT 作品侵权纠纷第一案为例》,载《中国出版》2022 年第 14 期。

96. 王小伟:《盛世淘金热中的冷思考:NFT 艺术的建构与挑战》,载《中国美术》2021 年第 4 期。

97. 陈全真:《数字作品发行权用尽的解释立场及制度协调》,载《出版发行研究》2021 年第 9 期。

98. 孙山:《数字作品 NFT 交易的著作权风险治理》,载《知识产权》2023 年第 6 期。

99. 初萌:《元宇宙时代的版权理念与制度变革》,载《知识产权》2022 年第 11 期。

100. 李宗辉:《元宇宙中用户身份型数字人及其版权实践的法律考量》,载《编辑之友》2022 年第 10 期。

101. 张金平:《元宇宙对著作权法的挑战与回应》,载《财经法学》2022 年第 5 期。

102. 李想、施勇勤:《非同质化代币技术与版权生态系统有机衔接研究》,载《出版发行研究》2022 年第 6 期。

103. 袁锋:《元宇宙空间著作权合理使用制度的困境与出路——以转换性使用的界定与适用为视角》,载《东方法学》2022 年第 2 期。

104. 蓝纯杰:《元宇宙协同创作对版权制度的挑战及应对》,载《中国出版》2022 年第 13 期。

105. 李毓颖、赵力:《元宇宙下图书馆数字资源管理版权合理使用研究》,载《图书馆工作与研究》2022 年第 7 期。

106. 马强:《元宇宙版权规制理论探析》,载《出版广角》2022 年第 20 期。

107. 江哲丰、彭祝斌:《加密数字艺术产业发展过程中的监管逻辑——基于 NFT 艺术的快速传播与行业影响研究》,载《学术论坛》2021 年第 4 期。

108. 司晓:《区块链数字资产物权论》,载《探索与争鸣》2021 年第 12 期。

109. 黄玉烨、潘滨:《论 NFT 数字藏品的法律属性——兼评 NFT 数字藏品版权纠纷第一案》,载《编辑之友》2022 年第 9 期。

110. 李晓宇:《元宇宙下赛博人创作数字产品的可版权性》,载《知识产权》2022 年第 7 期。

111. 王江桥:《NFT 交易模式下的著作权保护及平台责任》,载《财经法学》2022 年第 5 期。

112. 王鑫、宋伟:《数字出版 NFT 模式下发行权穷竭规则适用探讨》,载《科技与出版》2023 年第 3 期。

113. 林妍池:《论 NFT 数字藏品交易中发行权的扩张——基于对"NFT 第一案"的反思》,载《科技与出版》2023 年第 5 期。

114. 司晓:《区块链非同质化通证(NFT)的财产法律问题探析》,载《版权理论与实务》2021 年第 7 期。

115. 郭玉新、胡晴雁:《非同质化通证数字作品著作权侵权风险与应对研究》,载《上海法学研究》2022 年第 1 期。

116. 王韵、张叶:《非同质化通证技术赋能数字版权保护的应用优势与实践策略》,载《中国编辑》2022 年第 8 期。

117. 熊皓男:《版权链论纲:区块链对网络版权底层规则的重塑》,载《科技与法律(中英文)》2022 年第 1 期。

118. 吴汉东:《人工智能生成作品的著作权法之问》,载《中外法学》2020 年第 3 期。

119. 李晓宇:《"元宇宙"下虚拟数据作品的著作权扩张及限制》,载《法治研究》2022 年第 2 期。

120. 于勇、范胜廷、彭关伟等:《数字孪生模型在产品构型管理中应用探讨》,载《航空制造技术》2017 年第 7 期。

121. 李晶:《论人工智能虚拟偶像的法律性质》,载《浙江社会科学》2020 年第 9 期。

122. 白牧蓉、张嘉鑫:《元宇宙的法律问题及解决路径的体系化探究》,载《科技与法律(中英文)》2022 年第 3 期。

123. 丁凤玲、林冰雁:《元宇宙中数字人的法律地位探析》,载《北京邮电大学学报(社会科学版)》2023 年第 2 期。

124. 马俊驹、宋刚:《民事主体功能论——兼论国家作为民事主体》,载《法学家》2003 年第 6 期。

125. 申晨:《元宇宙技术对人格权的侵害风险及法制应对》,载《中国信息安全》2022 年第 1 期。

126. 陈辉:《虚拟数字人的十大风险》,载《理财》2022 年第 9 期。

127. 周宇婷:《关于元宇宙中虚拟人人格权侵犯的想象》,载《中国传媒科技》2023 年第 4 期。

128. 雷丽莉、朱硕:《人工智能生成稿件权利保护问题初探——基于 Dreamwriter 著作权案的分析》,载《传媒观察》2022 年第 5 期。

129. 王延川:《智能合约的构造与风险防治》,载《法学杂志》2019 年第 2 期。

130. 杨学科:《元宇宙的法律挑战与法律对策》,载《北京航空航天大学学报(社会科学版)》2023 年第 4 期。

131. 刘安怡:《论元宇宙游戏的隐私侵权及治理模式》,载《上海法学研究》2022 年第 11 卷。

132. 聂毅:《网络游戏中虚拟主体的名誉权讨论》,载《青年记者》2020 年第 33 期。

133. 龙晟:《数字身份民法定位的理论与实践:以中国——东盟国家为中心》,载《广西大学学报(哲学社会科学版)》2019 年第 6 期。

134. 陈华彬:《论我国〈民法总则(草案)〉的构造、创新与完善》,载《比较法研究》2016 年第 5 期。

135. 孙益武:《论元宇宙与智能社会法律秩序调整》,载《法治研究》2022 年第 2 期。

136. 金朝榜、欧阳娟:《标榜自由的元宇宙空间:如何被法律监管?》,载《科技与法律(中英文)》2023 年第 4 期。

137. 金耀:《数据可携权的法律构造与本土构建》,载《法律科学(西北政法大学学报)》2021 年第 4 期。

138. 赵精武:《"元宇宙"安全风险的法律规制路径:从假想式规制到过程风险预防》,载《上海大学学报(社会科学版)》2022 年第 5 期。

139. 丁晓东:《算法与歧视　从美国教育平权案看算法伦理与法律解释》,载《中外法学》2017 年第 6 期。

140. 张凌寒:《算法权力的兴起、异化及法律规制》,载《法商研究》2019 年第 4 期。

141. 宋宪荣、张猛:《网络可信身份认证技术问题研究》,载《网络空间安全》2018 年第 3 期。

142. 杨东、梁伟亮:《重塑数据流量入口:元宇宙的发展逻辑与规制路径》,载《武汉大学学报(哲学社会科学版)》2023 年第 1 期。

143. 翟崑:《元宇宙与数字时代的国家战略创新》,载《人民论坛》2022 年第

7 期。

144. 马其家、李晓楠:《论我国数据跨境流动监管规则的构建》,载《法治研究》2021 年第 1 期。

145. 魏远山:《算法透明的迷失与回归:功能定位与实现路径》,载《北方法学》2021 年第 1 期。

146. 苏宇:《优化算法可解释性及透明度义务之诠释与展开》,载《法律科学(西北政法大学学报)》2022 年第 1 期。

147. 王聪:《"共同善"维度下的算法规制》,载《法学》2019 年第 12 期。

148. 帅奕男:《数字时代的司法范式转型》,载《求是学刊》2021 年第 6 期。

149. 杨鹏:《元宇宙中的纠纷与解纷》,载《湖北大学学报(哲学社会科学版)》2022 年第 4 期。

150. 季卫东:《人工智能时代的司法权之变》,载《东方法学》2018 年第 1 期。

151. 焦艳鹏:《元宇宙生活场景中的利益识别与法律发展》,载《东方法学》2022 年第 5 期。

152. 黄伟庆:《网络虚拟的终极形态"元宇宙"视域下刑事法治思维的逻辑转换》,载《上海法学研究》2022 年第 5 卷。

153. 杨东、梁伟亮:《论元宇宙价值单元:NFT 的功能、风险与监管》,载《学习与探索》2022 年第 10 期。

154. 翟振明、成素梅等:《认识元宇宙:文化、社会与人类的未来》,载《探索与争鸣》2022 年第 4 期。

155. 刘宪权:《元宇宙空间中数据的分类分级与刑法保护》,载《比较法研究》2023 年第 4 期。

156. 刘宪权:《元宇宙空间犯罪刑法规制的新思路》,载《比较法研究》2022 年第 3 期。

157. 刘宪权:《人工智能时代的刑事责任演变:昨天、今天、明天》,载《法学》2019 年第 1 期。

158. 陈洪兵:《人工智能刑事主体地位的否定及实践展开——兼评"反智化

批判”与“伪批判”之争》,载《社会科学辑刊》2021 年第 6 期。

159. 刘艳红:《人工智能的可解释性与 AI 的法律责任问题研究》,载《法制与社会发展》2022 年第 1 期。

160. 朱振:《归责何以可能:人工智能时代的自由意志与法律责任》,载《比较法研究》2022 年第 1 期。

161. 皮勇:《人工智能刑事法治的基本问题》,载《比较法研究》2018 年第 5 期。

162. 陈伟、熊波:《人工智能刑事风险的治理逻辑与刑法转向——基于人工智能犯罪与网络犯罪的类型差异》,载《学术界》2018 年第 9 期。

163. 欧阳本祺:《论虚拟财产的刑法保护》,载《政治与法律》2019 年第 9 期。

164. 方敏、段文澜:《元宇宙数字财产权制度构建与法律保护困境之反思与检视》,载《上海法学研究》2022 年第 1 期。

165. 杨东、乐乐:《元宇宙数字资产的刑法保护》,载《国家检察官学院学报》2022 年第 6 期。

166. 刘宪权、王哲:《元宇宙中的刑事风险及刑法应对》,载《法治研究》2022 年第 2 期。

167. 陈兴良:《网络犯罪的类型及其司法认定》,载《法治研究》2021 年第 3 期。

168. 杨志琼:《非法获取计算机信息系统数据罪“口袋化”的实证分析及其处理路径》,载《法学评论》2018 年第 6 期。

169. 孙哲南、赫然等:《生物特征识别学科发展报告》,载《中国图象图形学报》2021 年第 6 期。

170. 王德政:《针对生物识别信息的刑法保护:现实境遇与完善路径——以四川“人脸识别案”为切入点》,载《重庆大学学报(社会科学版)》2021 年第 2 期。

171. 杜嘉雯、皮勇:《人工智能时代生物识别信息刑法保护的国际视野与中国立场——从“人脸识别技术”应用下滥用信息问题切入》,载《河北法学》2022 年第 1 期。

172. 陈吉栋:《区块链去中心化自治组织的法律性质——由 Token 持有者切入》,载《上海大学学报(社会科学版)》2020 年第 2 期。

173. 姜向龙:《元宇宙的社会风险与法治化解》,载《上海法学研究》2022 年第 11 卷。

174. 苏宇等:《NFT 政策研究报告》,载《上海法学研究》2022 年第 11 卷。

175. 李幼埙、付荷爽:《元宇宙中虚拟货币法律规制》,载《上海法学研究》2022 年第 11 卷。

176. 邓建鹏:《元宇宙经济的法律风险及其规制》,载《电子政务》2023 年第 1 期。

177. 丁玮、於兴中:《规范元宇宙:可能性、难题与基本思路》,载《财经法学》2022 年第 5 期。

178. 贾宇:《数字经济刑事法治保障研究》,载《中国刑事法杂志》2022 年第 5 期。

179. 劳东燕:《刑法解释中的形式论与实质论之争》,载《法学研究》2013 年第 3 期。

180. 张明楷:《非法获取虚拟财产的行为性质》,载《法学》2015 年第 3 期。

181. 刘宪权、王哲:《元宇宙空间刑法中危害行为的"异化"及"新样态"》,载《苏州大学学报(哲学社会科学版)》2023 年第 3 期。

182. 陈丽英:《人民法院报评出 2019 年度人民法院十大刑事案件》,载《人民法院报》2020 年 1 月 12 日,第 1 版。

183. 苏桑妮:《从数据载体到数据信息:数据安全法益本位之回归》,载《西南政法大学学报》2020 年第 6 期。

184. 陈兴良:《虚拟财产的刑法属性及其保护路径》,载《中国法学》2017 年第 2 期。

185. 齐文远:《修订刑法应避免过度犯罪化倾向》,载《法商研究》2016 年第 3 期。

186. 周光权:《积极刑法立法观在中国的确立》,载《法学研究》2016 年第

4 期。

187. 周光权:《刑事立法进展与司法展望——〈刑法修正案(十一)〉总置评》,载《法学》2021 年第 1 期。

188. 任文岱:《元宇宙备受关注　法律需做好哪些准备》,载《民主与法制时报》2021 年 12 月 1 日,第 3 版。

189. 刘哲玮:《民事电子证据:从法条独立到实质独立》,载《证据科学》2015 年第 6 期。

190. 刘品新:《印证与概率:电子证据的客观化采信》,载《环球法律评论》2017 年第 4 期。

191. 李牧翰:《算法侵权风险下数字用户权益保护法律问题分析》,载《大连理工大学学报(社会科学版)》2022 年第 2 期。

192. 孟天广、李珍珍:《治理算法:算法风险的伦理原则及其治理逻辑》,载《学术论坛》2022 年第 1 期。

193. 王乐兵:《自动驾驶汽车的缺陷及其产品责任》,载《清华法学》2020 年第 2 期。

194. 温世扬、吴昊:《论产品责任中的"产品"》,载《法学论坛》2018 年第 3 期。

195. 周学峰:《生成式人工智能侵权责任探析》,载《比较法研究》2023 年第 4 期。

196. 周子琪:《论算法侵害的私法规制》,载《湖南社会科学》2022 年第 3 期。

197. 徐骏:《智能时代消费者知情权的困境与变革》,载《中南大学学报(社会科学版)》2021 年第 3 期。

198. 吴丙新:《法律漏洞补充理论的三个基本问题》,载《法制与社会发展》2011 年第 2 期。

199. 王淑敏、李忠操:《区块链纠纷的民事管辖权配置:法理创新与立法应对》,载《政治与法律》2020 年第 5 期。

200. 陈加友:《基于区块链技术的去中心化自治组织:核心属性、理论解析与应用前景》,载《改革》2021 年第 3 期。

201. 罗有成:《元宇宙的应用困境及其法律规制》,载《北京航空航天大学学报(社会科学版)》2023 年第 4 期。

202. 包丁裕睿、迟骋、李世刚:《区块链争议解决与治理范式选择》,载《科技与法律》2019 年第 3 期。

203. [美]凯文 · 沃巴赫:《信任,但需要验证:论区块链为何需要法律》,林少伟译,载《东方法学》2018 年第 4 期。

204. 黄锫:《元宇宙的行政规制路径:一个框架性分析》,载《中国法学》2022 年第 6 期。

205. 阮晨欣:《法益衡量视角下互联网可信身份认证的法律限度》,载《东方法学》2020 年第 5 期。

206. 张玉洁:《区块链技术的司法适用、体系难题与证据法革新》,载《东方法学》2019 年第 3 期。

207. 蒋鸿铭、吴平平:《〈人民法院在线诉讼规则〉区块链证据规则若干问题探析》,载《法律适用》2021 年第 7 期。

208. 马明亮:《区块链司法的生发逻辑与中国前景》,载《比较法研究》2022 年第 2 期。

209. 谢登科、周鸿飞:《区块链电子送达的实践困境与应对》,载《求是学刊》2024 年第 3 期。

210. 段莉琼、吴博雅:《区块链证据的真实性认定困境与规则重构》,载《法律适用》2020 年第 19 期。

211. 汪庆华:《算法透明的多重维度和算法问责》,载《比较法研究》2020 年第 6 期。

212. 李天助:《算法解释权检视——对属性、构造及本土化的再思》,载《贵州师范大学学报(社会科学版)》2021 年第 5 期。

213. 沈伟伟:《算法透明原则的迷思——算法规制理论的批判》,载《环球法律评论》2019 年第 6 期。

214. 孙建丽:《论算法的法律保护模式》,载《西北民族大学学报(哲学社会科学版)》2019 年第 5 期。

215. 李晓辉:《算法商业秘密与算法正义》,载《比较法研究》2021 年第 3 期。

216. 纪海龙:《比例原则在私法中的普适性及其例证》,载《政法论坛》2016 年第 3 期。

217. 姜昕:《比例原则释义学结构构建及反思》,载《法律科学(西北政法大学学报)》2008 年第 5 期。

218. 郑晓剑:《比例原则在现代民法体系中的地位》,载《法律科学(西北政法大学学报)》2017 年第 6 期。

219. 谭九生、范晓韵:《算法"黑箱"的成因、风险及其治理》,载《湖南科技大学学报(社会科学版)》2020 年第 6 期。

220. 丁晓东:《论算法的法律规制》,载《中国社会科学》2020 年第 12 期。

221. 邵怿:《网络数据长臂管辖权——从"最低限度联系"标准到"全球共管"模式》,载《法商研究》2021 年第 6 期。

222. 钱锋:《网络空间状态下的国际民商事案件管辖权冲突》,载《法律适用》2005 年第 11 期。

223. 郭明磊、刘朝晖:《美国法院长臂管辖权在 Internet 案件中的扩张》,载《河北法学》2001 年第 1 期。

224. 郭玉军、向在胜:《网络案件中美国法院的长臂管辖权》,载《中国法学》2002 年第 6 期。

225. 叶开儒:《数据跨境流动规制中的"长臂管辖"——对欧盟 GDPR 的原旨主义考察》,载《法学评论》2020 年第 1 期。

226. 赵友新:《民事公告送达的实践困惑与价值实现的路径选择》,载《法律适用》2009 年第 5 期。

227. 陈杭平:《"粗疏送达":透视中国民事司法缺陷的一个样本》,载《法制与社会发展》2016 年第 6 期。

228. 王次宝:《民事诉讼法典化背景下的管辖规则体系》,载《河北法学》2022

年第 8 期。

三、英文文献

1. Lawrence B. Solum, *Internet Governance: Infrastructure and Institutions*, Oxford University Press, 2009, p. 56 – 57.

2. Marcella Atzori, *Blockchain Technology and Decentralized Governance: Is the State still Necessary*? 1 Journal of Governance and Regulation 6 (2017).

3. Sententia W., *Neuroethical Considerations: Cognitive Liberty and Converging Technologies for Improving Human Cognition*, 1 Annals of the New York Academy of Sciences 1013 (2004).

4. Andujar M. Crawford, *Artistic Brain Computer Interfaces: The Expression and Stimulation of the User's Affective State*, 2 Brain Computer Interfaces 60 (2015).

5. Finnis J., Boyle J. & Grisez G., *Nuclear Deterrence, Morality and Realism*, Oxford University Press, 1988, p. 283.

6. Haihan Duan et al., *Metaverse for Social Good: A University Campus Prototype*, 1 Proceedings of the 29th ACM International Conference on Multimedia 153 (2021).

7. Juliet B. Schor & Steven P. Vallas, *The Sharing Economy: Rhetoric and Reality*, 47 Annual Review of Sociology 369 (2021).

8. Simon Chesterman, *Artificial Intelligence and the Limits of Legal Personality*, 69 International & Comparative Law Quarterly 4 (2020).

9. Rafli D. P. A. D., *NFT Become a Copyright Solution*, 1 Journal of Digital Law and Policy 115 (2022).

10. Fairfield J. A. T. Tokenized, *The Law of Non-fungible Tokens and Unique Digital Property*, 4 Indiana Law Journal 112 (2022).

11. Michael W. Carroll, *Copyright and Progress of Science: Why Text and Data Mining Is Lawful*, 1 U. C. Davis Law Review 893 (2019).

12. Rebecca Carroll, *NFTs: The Latest Technology Challenging Copyright Law's Relevance within a Decentralized System*, 32 Fordham Intellectual Property Media and Entertainment Law Journal 979 (2022).

13. Woodrow Barfield, *Intellectual Property Rights in Virtual Environments: Considering the Rights of Owners, Programmers and Virtual Avatars*. 39 Akron Law Review 695(2006).

14. Shoshana Zuboff, *The Age of Surveillance Capitalism*, 1 New York: Public Affairs 119 (2018).

15. Gary S. Becker & George J. Stigler, *Law Enforcement, Malfeasance, and Compensation of Enforcers*, The Journal of Legal Studies, Vol. 3: 1, p. 32 – 33 (1974).

16. Trevor I. Kiviat, *Beyond Bitcoin: Issues in Regulating Blockchain Tranactions*, 3 Duke Law Journal 65 (2015).

17. See Joshua Hansen, *Virtual Indecent Assault Time for the Criminal Law to Enter the Realm of Virtual Reality*, 1 Victoria University of Wellington Law Review 50 (2019).

18. F. Pasquale, *A Rule of Persons, Not Machines: The Limits of Legal Automation*, 87 George Washington Law Review 1 (2019).

四、主要引用法律法规及其他政策文件

1.《元宇宙产业创新发展三年行动计划(2023—2025 年)》。

2.《关于防范 NFT 相关金融风险的倡议》。

3.《中华人民共和国民法典》。

4.《中华人民共和国著作权法》。

5.《关于防范代币发行融资风险的公告》。

6.《中国数字人民币的研发进展白皮书》。

7.《中华人民共和国民法典人格权编理解与适用》。

8.《关于防范以“元宇宙”名义进行非法集资的风险提示》。
9.《警惕“元宇宙”等炒作，防范新型非法集资》。
10.《区块链信息服务管理规定》。
11.《中华人民共和国网络安全法》。
12.《中华人民共和国个人信息保护法》。
13.《关于规范金融机构资产管理业务的指导意见》。
14.《最高人民法院关于适用〈中华人民共和国民事诉讼法〉的解释》。

五、裁判文书

1. 北京互联网法院(2020)京0491民初5335号民事判决书。
2. 江西省上饶市人民法院(2019)赣1121民初2237号民事判决书。
3. 杭州互联网法院(2022)浙0192民初1008号民事判决书。
4. 浙江省杭州市中级人民法院(2022)浙01民终字第5272号民事判决书。
5. 杭州互联网法院(2022)浙0192民初1008号民事判决书。
6. 西安市碑林区人民法院(2015)碑民初字第05065号民事判决书。